二战经典战役丛书

转折时刻

二战三大会战

二战经典战役编委会◎编译

中国铁道出版社有限公司
CHINA RAILWAY PUBLISHING HOUSE CO., LTD.

图书在版编目（CIP）数据

转折时刻：二战三大会战 / 二战经典战役编委会编译.— 北京：
中国铁道出版社，2017.1（2022.1重印）
（二战经典战役）
ISBN 978-7-113-22327-4

Ⅰ.①转…Ⅱ.①二…Ⅲ.①第二次世界大战战役—史料
Ⅳ.①E195.2

中国版本图书馆CIP数据核字（2016）第211969号

书　　名：转折时刻——二战三大会战
作　　者：二战经典战役编委会

责任编辑：刘建玮　　　　　　　电　话：（010）51873005
装帧设计：艺海晴空
责任印制：赵星辰

出版发行：中国铁道出版社有限公司（北京市西城区右安门西街8号 邮编100054）
印　　刷：永清县晔盛亚胶印有限公司
版　　次：2017年1月第1版　2022年1月第2次印刷
开　　本：787mm×1092mm　1/16　印张：19　字数：424千字
书　　号：ISBN 978-7-113-22327-4
定　　价：69.80元

01

BATTLE

第一篇　会战·阿拉曼／1

03 BATTLE

第三篇　会战·柏林／201

01

BATTLE

第一篇 > 会战·阿拉曼

第1章
CHAPTER ONE

被战火骚扰
的北非沙漠

★10月4日，希特勒在与墨索里尼的一次会晤上，主动提出了愿意提供装甲部队和飞机大炮帮助格拉齐亚尼元帅早日行动起来，但他的这番好意却遭到了他那位傲慢自大的法西斯盟友的冷漠拒绝。

★12月9日早晨刚过7点，尼贝瓦据点的意大利守军还在煮咖啡、烤面包，准备吃早餐。等他们意识到这可能是最后的早餐时，英国的坦克和装甲车辆已进至兵营四周低矮而简陋的围墙，防卫墙上惊呆的哨兵早被英军装甲车上的布朗式机枪所击倒。

No.1 迷 梦

　　在古老贫瘠的非洲大陆北端，有一片浩瀚无垠、黄沙漫漫的不毛之地，它西扼地中海通往大西洋的咽喉要道——直布罗陀海峡，东临欧洲通向中东和近东的必经之路——苏伊士运河，北濒有"欧洲腹部"之称的地中海，与欧洲大陆的三大半岛隔海相望。

　　在这块灼热的土地上，分布着摩洛哥、阿尔及利亚、突尼斯、利比亚和埃及等5个国家，由于其优越的地理位置，丰富的自然资源，加上便利的交通条件，千百年来一直是兵家的必争之地。从古代的腓尼基人、迦太基人、罗马人，直到近代的意大利人、英格兰人和日耳曼人，都曾对它垂涎三尺，必欲得之而后快。

　　1939年9月，第二次世界大战爆发，希特勒在欧洲率先起兵，在兵不血刃地侵占了捷克斯洛伐克之后，又奇迹般地闪击了波兰，而后又挥师西征，直扑荷兰、比利时和法国，进而威逼英伦三岛。

　　希特勒席卷欧洲的巨大成功，强烈地刺激着他那位同样野心勃勃的意大利盟友墨索里尼。墨索里尼是一个天性为虎作伥的家伙，英国在北非的殖民地早已令他垂涎欲滴。

　　1940年6月10日，即法国沦陷前不到两周，这个蓄谋已久的意大利独裁者终于把意大利也拖入了战争，开始正式向英法宣战，北非随即成为了第二次世界大战的又一战场。

　　墨索里尼之所以选择这个时候向英法宣战，基于他自以为是的两大便利条件：第一，德国的凌厉攻势已使英国陷入了极大的困境。虽然英国控制埃及由来已久，先是作为保护国的身份，随后又根据条约向埃及派驻了军队，但英军此时更为现实的想法应该是如何保持自己的大本营。由于两线作战，英军在人力、物力、财力资源上均已大量消耗，作为次要战场的中东地区，英军不可能再有足够的战争资源用以投入。第二，埃及西临利比亚，埃塞俄比亚又与东非的英属殖民地相毗邻，而这两片小小的国土早已成了意大利的殖民地。如果英军不自量力奋起抗争，意大利军队完全可以展开大量兵力，向埃及实施两面夹击。

　　据此，墨索里尼制定出了自己的进攻战略：以东非的军队进攻英属索马里，控制红海南部的出海口；以北非的军队进攻埃及，夺取苏伊士运河。战略目的一旦达成，地中海即可成为"新罗马帝国的内海"。

　　为了早日实现自己的梦想，6月下旬，墨索里尼的军队便侵入了肯尼亚、苏丹和英属索马里。意大利人以10个师的庞大兵力一路高歌挺进，几乎没有遇到任何抵抗就很快向南渗透到肯尼亚，占领了索马里，

从而打开了通往苏丹和埃及的道路。意军像一把巨型钳子从南部和西部向埃及步步逼近，墨索里尼深信这把钳子很快将摧毁驻埃及的英军，那么意大利就会成为赤道以北的头号势力。

1940年6月28日，墨索里尼命令他的意大利军队全面入侵埃及，去努力实现意大利人期待已久的光荣与梦想。8月，当墨索里尼听说德国即将入侵英国时，他迫不及待地向意大利驻利比亚总督兼总司令鲁道夫·格拉齐亚尼元帅下达了第三道进攻命令。

9月上旬，意大利驻利比亚军队终于开始了他们拖延已久的行动，纠集6个师的意大利兵力对埃及发起大规模的进攻。9月13日，一支先遣队越过了边境进入到埃及西部的沙漠，紧接着8万大军在200辆坦克的掩护下，以游行队伍的方式从边境以西3公里处的一个叫卡普佐的村庄浩浩荡荡地出发了。

随着一阵嘹亮的军号声的吹响，一支穿着黑色衬衫、装备着短刀和手榴弹的法西斯突击部队趾高气扬地走在队伍的前面。后面，缓缓开动的是装运着大理石里程碑的卡车。这些大理石里程碑是意大利军队用来标示胜利进程的，也许他们自己并没有意识到，对于一支攻不能克、守不能固的军队来讲，这样的东西显然准备得有些过早了。

意大利的先头突击部队穿过利比亚高原边缘的陡坡，沿着狭窄的海岸平原一路悠闲自得地向前推进，就好像在进行着一次并不正规的长途拉练，用了整整4天的时间，才推进了不足97公里的距离，来到了西迪巴拉尼小镇。格拉齐亚尼元帅一声令下，部队全部停歇下来，一边安营扎寨、修筑工事，一边期盼元首增派更多的人员和提供更多给养。

意大利人浮夸、散漫的天性在这一时刻暴露无遗。他们的军队不仅不擅长作战，就连建起防御工事来都拖拖拉拉、不紧不慢。

格拉齐亚尼元帅命令意军修建的是一个由7大据点组成的呈半圆形的防御要塞，这道要塞从海岸边距离西迪巴拉尼以东24公里的马克提拉村开始，向内陆蜿蜒伸进80余公里。令意大利军官们甚为满意的绝不仅仅是这些要塞军营所具有的防御功能，他们更看重的是那些"军官俱乐部"之类的生活便利设施。有了这些设施，高级军官们就可以在战斗间隙听上一曲美妙的音乐，跳上一支华丽的舞蹈，再品尝一下用高级玻璃器皿盛装的冰镇弗拉斯卡蒂白葡萄酒。如果有可能，意大利人甚至想在沙漠上踢上一场精彩的足球比赛，因为这才是他们真正能引以为傲的游戏项目。

希特勒对意大利军队这种坐观静待的战术行为深感忧虑，德国空军在英国上空所遭受的巨大损耗与重创，无法让希特勒镇定自若地看着他的盟友在北非战场上无所作为。他担心英军迟早有一天会从设在埃及的基地向意大利军队实施猛烈轰炸，这样一来，轴心国在中东地区的利益必将受到严重损害，更可怕的是，这有可能影响到德军即将入侵苏联的"巴巴罗萨"计划。

10月4日，希特勒在与墨索里尼的一次会晤上，主动提出了愿意提供装甲部队和飞机大炮帮助格拉齐亚尼元帅早日行动起来，但他的这番好意却遭到了他那位傲慢自大的法西斯盟友的冷漠拒绝。

10月28日，意大利军队突然入侵希腊，希特勒对此事却一无所知，为了教训一下狂妄的墨索里尼，他决定暂缓给意大利军队提供任何援助。

No.2 挺进利比亚的咽喉

"二战"爆发之初，丘吉尔凭着其无可争议的军事才能，重掌海军大印，步入了英国政府的战时内阁。1940年5月，丘吉尔又在民众的一片呼声中临危受命，出任大英帝国的首相。

面对德意虎视眈眈的严峻形势，丘吉尔果断确定了在欧洲取守势、在非洲取攻势的战略方针，尽最大可能将陆军投送到中东和地中海地区。其中增调至埃及的部队就有3个坦克团——皇家第2、第7坦克团和第3轻骑兵团。丘吉尔认为，非洲是英国唯一能够和敌人周旋的战场，具有较大的作战空间和防御弹性，他始终坚信，意大利帝国的灭亡将是英国在第二次世界大战中能够获得的第一个战利品。

当时英军在东非和北非一共驻扎部队5万人，由中东英军司令韦维尔将军统一指挥，其中有3.5万人集结在埃及。英国皇家陆军第7装甲师是这支队伍中唯一的装甲部队。1940年6月16日，英军一支小分队秘密地越过埃及和利比亚的边境，采取偷袭的战法一举摧毁了意军的一个边境哨所，从此揭开了长达两年之久的非洲鏖战的序幕。

装7师在师长克雷少将的指挥下，义无反顾地冲在了大战的最前沿。面对意军部署小而散的特点，克雷大胆地把部队分成多路奇袭分队，频频越境袭扰，并屡屡得手，载誉而归。该师第11轻骑队战绩尤为突出。他们神出鬼没，经常大胆迂回，深入意军防线后方，以快速灵活的机动战术设埋伏、拔据点，搅得意军寝食不安、无所适从。

9月上旬，恼羞成怒的墨索里尼纠集6个师的兵力对埃及发起了大规模进攻，很快就占领了西迪巴拉尼城，然后安营扎寨，修筑工事，并沿线筑起兵营为盾牌，与东面的英军设在梅沙马特鲁港的防线形成对峙。

面对数量明显占优势的意大利军队，韦维尔将军不是坐以待毙，而是主动出击。他认为：意军步兵数量虽多，但坦克质量老化、火力薄弱，应该充分发挥英军的装甲优势，兵分两路，果断反击，避敌锋芒，直插西迪巴拉尼，然后寻机攻占巴迪亚。

12月7日的夜晚，月明星稀，风沙阵阵。装7师的坦克和装甲车辆如潮水般涌出防线，卷起股股浓密的沙雾，犹如一把利剑，直劈意军防线的间隙。意军急忙调兵遣将实施阻拦，无奈仓促应战，兵力一时难以集中，而且尚未摸准英军的真实意图，不好全力一搏，只有少数坦克在防线上急速射击。出乎意军意料的是，英军坦克并无拼杀之意，只令部分坦克略作抗击，其余则勇猛越障，直向西迪巴拉尼方向穿插。

12月8日晚，一轮明月悬挂在空中，在月光的照耀下，英军开始对意军营地发起进攻。天气奇冷，坦克和卡车的引擎好不容易才发动起来，马上就要投入战斗。营地的意大利军队似乎应该能够嗅到一种不安的气味，但他们什么也没有发现，眼底只有一望无际的沙地。

↑意大利士兵在"二战"中以投降而"闻名"。

12月9日早晨刚过7点，尼贝瓦据点的意大利守军还在煮咖啡、烤面包，准备吃早餐。等他们意识到这可能是最后的早餐时，英国的坦克和装甲车辆已进至兵营四周低矮而简陋的围墙，防卫墙上惊呆的哨兵早被英军装甲车上的布朗式机枪所击倒。

伴随着尖锐的苏格兰笛声，装甲车内的士兵迅速涌出车厢，在"马蒂尔达"坦克的引导下汹涌地冲进了意军兵营。英军坦克里射出的炮弹击毁了20多辆停在营地外的意军M－13型坦克。意大利的反坦克炮火予以还击，但炮弹无法穿透英军坦克的装甲。混乱之中，意军骑兵的战马受惊，引颈长鸣、四蹄乱蹬，搅起一片沙尘。

战至上午9时，意军的第一座兵营便落入英军之手。此战，意军被俘2,000余人，死伤200余人，部分人员仓皇地四处逃散。当英军控制了尼贝瓦据点后，继续向北朝其他据点进发时，炮火刚刚轰了几下，一面面白旗就举了起来。

12月10日，面对失利的战场态势，格拉齐亚尼元帅为保存实力，无奈地放弃西迪巴拉尼仓皇西撤。可刚行至布克镇东侧，就钻进了英军装7师早已设下的伏击圈。一场激烈的短兵相接后，又有1.4万意军成了俘虏，残余人马丢弃火炮近200门，慌忙逃过边境，退守利比亚的巴迪亚要塞。

1941年1月3日黎明，经过英国皇家空军一整夜的猛烈轰炸，澳大利亚军队在附近海上3艘战舰炮火的协同配合下，向巴迪亚发起了进攻。澳大利亚人在一个将近13公里的战线上敲开了意大利人的防御工事，到次日黄昏时分，他们肃清了最后一批防守者，这次的战俘又有4万之众。"电胡子"格拉齐亚尼不在其中，他已逃到靠西边113公里的海港要塞托布鲁克。但托布鲁克也绝非一处避难所。装7师很快就包围了这座城市，澳大利亚军队随后赶到。驻守托布鲁克的意军经过36小时的激烈战斗，最后于1月22日投降。

装7师在短短的时间内，连克3城，战绩斐然，仅俘敌就达7万余人。

意大利军队在托布鲁克战败后，退守于东利比亚弓形海岸西侧的大港班加西，等待来自罗马的援助。2月3日，当他们获悉英军准备继续西进的消息后，又诚惶诚恐地向西利比亚方向撤退。韦维尔将军收到空军侦察发回的情报后，决定展开千里大追杀。他命令部队兵分两路，一路沿弓形海岸从正面突向班加西，另一路直取班加西南侧，切断意军退路。

4日凌晨，克雷师长率领第4装甲旅和第11轻骑队，如期抵达了班加西以南161公里的贝达富姆地区，并迅速构筑起防御工事，建立起主阵地。

6日晨，贝达富姆阻击战全面打响。意大利军队大队人马沿海岸公路向南蜂拥而至，冲在最前面的是100辆巡逻坦克。装7师充分利用仅有的29辆坦克，以逸待劳，依托发射阵地，凭借有利地形准确地向意军射击。英军突然而猛烈的炮火，打得意军顷刻间乱作一团，坦克频频被毁，升起股股浓烟。

渐渐地，意军队伍恢复了原有的秩序，排列着整齐的战斗队形，以绝对优势的兵力向英军阵地猛扑。见此情景，克雷急令第3、第7轻骑队派出轻型坦克实施阵前出击，从侧翼以准确的火力支援正面战斗，打乱敌军部署。意军受到两面夹攻，阵脚再次大乱。夜幕降临时，意军已有半数坦克横七竖八地弃在阵地前沿。

7日，英军顺利地攻占了贝达富姆，并于9日进抵通往利比亚的咽喉——阿盖拉，打开了进攻的黎波里的大门。在这场历时3个多月的反攻战役中，英军以4万兵力击溃了意军第10集团军，俘虏意大利士兵总数达13万，共击毁和缴获坦克400余辆，火炮1,200多门，而英国和英联邦国家军队损失的人加在一起还不到2,000名。同时，英军还向西跃进了1,300公里，夺取了整个东利比亚——昔兰尼加，将意军远远地赶到了利比亚西部，赢得了对轴心国战争的第一个空前胜利。在这场战役中，英国皇家陆军第7装甲师以顽强的斗志和辉煌的战绩，受到了世界的瞩目，他们被誉为"骁勇的不列颠骑士"。

No.3 赫赫有名，非洲军团

北非的意大利军队被英军打得落花流水，溃不成军，自然同英军的勇猛顽强、指挥得力、擅长沙漠作战等特点有紧密关系。然而，意大利军队自身存在的问题和缺陷更是其惨败北非的致命原因。虽然意大利军队人数众多，但由于装备陈旧落后，缺少系统训练以及兵力结构不合理等因素的影响，致使它的军事素质和作战能力普遍很弱。同时，意大利军队还缺乏设计新颖、性能优良的反坦克炮和反战机火炮。此外，意大利军队最糟糕的一点是，它庞大的军队主要是步兵，而且没有充足的运输设备，当时北非意大利军队的各种机动车总共加起来才只有2,000辆，还比不上德国军队一个机械化师所拥有的数量，这使得它根本不可能组织起有效的快速作战行动。除了这些客观缺陷之外，意大利军队糟糕透顶的军事领导班子也是其无法形成战斗力的重要原因。

1940年12月至1941年2月，这个冬天的寒冷对于意大利的独裁者墨索里尼来说，应该是感受得最真切而深刻的。作为三军之长，墨索里尼似乎从未对自己平庸的指挥能力和决策水

平产生过怀疑，即使是最惨痛的失败，那也是临战指挥官的责任，因为领袖的命令永远都是正确的。

眼看着意大利人在北非的地位岌岌可危，情急之下，墨索里尼只好去求助他那位纵横欧洲大陆的德国盟友——希特勒。

希特勒面对意大利人在北非战场的失败，一方面大为恼火，一方面又有些幸灾乐祸。

其实早在12月份，英国重新夺取埃及的时候，意大利的最高指挥部就曾请求过德军的紧急援助。希特勒当时就答应派出100架轰炸机和20架护航战斗机前往西西里岛和意大利南部，用以保护意大利船只和为攻击英国开往埃及的护航舰队。1月11日，也就是在巴迪亚失陷后的第三天，希特勒发出正式指示，命令派遣1支德国狙击部队火速前往北非，全力阻止英国人的挺进。于是，历史上赫赫有名的"非洲军团"很快就组建起来了。

新改编的第5轻型坦克师由约翰尼·斯特莱希担任指挥，它是从第3装甲师中抽调出来的核心力量组成的，是"非洲军团"的第一支部队。刚开始，它只有一个坦克连。第5轻型坦克师按计划本应在2月中旬赶到北非，但由于1月22日托布鲁克的陷落，计划不得不提前了。

最终，被希特勒委以重任的是一位年轻的将军，他在西线战场上出尽了风头，在德国已成为一个家喻户晓的传奇人物，战败的战场上需要他的显赫名声，而且他还知道怎样激励部下，这个人就是曾担任过德国"魔鬼之师"师长、后来被称为"沙漠之狐"的隆美尔。

隆美尔很快挑起了肩上的重任，尽管根据希特勒和墨索里尼之间达成的一项微妙协议，他应该隶属于意大利军官指挥。在他的鼓励下，没过多久，德国空军已经开始绕过意大利人，直接向希特勒请示批准对最近失去的班加西港实施轰炸；而意大利人反对轰炸，因为他们的许多军官在那附近地区有豪华别墅。希特勒与墨索里尼斡旋，最终允许德军轰炸班加西的码头。

接下来，隆美尔劝说已经取代格拉齐亚尼的加里波第将军在的黎波里以东402公里的海边村庄塞尔特修筑一条新的防御线。然后，在意大利两支步兵师和装备着60辆过时坦克的"亚丽埃特"装甲师向塞尔特开进时，隆美尔等待着他的第5轻型装甲师其余部队的到来。

2月24日，在诺菲利亚以东121公里处，德军与英军第一次遭遇。第3侦察分队的装甲车队和摩托化队与英国的装甲车队和反坦克炮队交火。"非洲军团"的第一次战斗就取得了胜利，他们击毁了英军的3辆装甲车，抓获了3名英军，而他们自已却毫无损失。

隆美尔未曾意识到的是，在2月11日，即他抵达非洲的前一天，英国最高司令部已经决定撤走在北非的军队，以组织一支远征队赶赴希腊增援。应该说，对轴心国和同盟国双方来讲，希腊目前的形势都显得异常复杂且充满危险。意大利军队对希腊的入侵像他们在埃及一样，愚蠢而笨拙，根本没有获得任何成功；希腊人尽管装备很差，人员很少，但凭借勇猛和顽强的战斗精神，反而使罗马军团连遭失败。

英国首相温斯顿·丘吉尔本人也怀疑，无论是在利比亚还是在希腊，希特勒都会被迫赶去援救他的轴心国盟友。丘吉尔本人也打算履行他早就对希腊人许下的诺言，即希腊在遭到德国攻击时，英国必须援助。在随后而来的军事冲突中，德国人将把英国人赶出大陆，把战争舞台移到了战略要地克里特岛，在那里展开了大战开始以来最血腥的一次战斗。

然而，眼下让隆美尔感到最要紧的是他的部队竟然出现了延误。第5轻型坦克师中由古斯塔夫·波纳特中校率领的最精锐的第8机枪营于2月25日才到达，这使隆美尔已没有充足的时间来训练他的作战人员。

德军最高统帅部以口头和书面两种形式命令隆美尔继续坚持防守，直到5月下旬第15装甲师如期到来，到那时，他才可以进行有限的进攻行动。如果成功的话，他可以长驱直入，一直打到昔兰尼加西部的阿格达比亚，但是，无论在什么情况下，他都不能把"非洲军团"推进至班加西以北地区。

3月21日，隆美尔失望地飞回北非，为了抓住稍纵即逝的战机他决定违背这项命令行事。他命令部队对英国在塞尔特以东282公里的阿吉拉的先头部队立即采取进攻。

3月24日，由第3侦察大队的摩托车队、装甲车队和汽车队组成的一支混合力量开进了阿吉拉，坦克如潮水般地滚过战场，履带搅起一缕缕浓密的沙土，座舱里的嘈杂声震耳欲聋。随着驾驶员把操纵杆压低或抬起，320马力的引擎时而咆哮时而奔腾，很快，他们几乎不费一枪一炮就攻占了巴比亚峡谷旁边的一座要塞。

英国军队如此快地放弃了阿吉拉，使隆美尔感到奇怪："敌军怎么不像想像的那么强大可怕呢？"事实上，英军的力量比隆美尔感觉的还要脆弱。在派往希腊的经过重新改编的部队中，有两个在北非击溃意大利军队的战役中表现出色的师已经被经验欠缺、实力不足的另一支部队取代了。

3月30日，即占领阿吉拉一周后，"非洲军团"又攻击了英军在梅尔莎布列加的新据点。

随着第5装甲师向前挺进，站在坦克旋转枪架上的杰哈德·克莱因正要开火，但马上看出那个出现的东西只

↓向英军领地推进的德军「非洲军团」。

↑隆美尔正在视察北非前线。

不过是一头被惊吓的骆驼，在它的后面才是咆哮而来的装甲车。英国人不是那么容易被打败的，德国人的进攻在密集的炮火下无法向前推进。但在下午晚些时候，隆美尔命令用"斯图卡"轰炸机俯冲轰炸英军炮队，然后他又派出第8机枪营配合攻击。同时，第2机枪营迅速通过山区，从侧翼包围了防守者。当天晚上，英国人放弃了梅尔莎布列加，于是这座弹痕累累、到处都是白色房子的小镇回响着"非洲军团"的嘹亮口号声。

4月2日，德军在斯特莱克将军率领下追赶了80公里，一直追到海岸公路的下一个城镇阿格达比亚。当天下午3点半，第5装甲团的几支队伍在公路以南进行了一次小规模的战斗，当时他们碰巧撞上一群巧妙隐藏在贝都因人帐篷里的英军巡逻坦克。德军马上从惊奇中反应过来，在威力强劲的88毫米大炮的支持下，他们击毁了7辆英军坦克，而自己损失了3辆。这样的损失对英军来说是沉重的，因为它的第2装甲师现在剩下的坦克还不到50辆。

半小时后，阿格达比亚也被攻下来了。这时的隆美尔比任何时候都更肯定自己的计划。

在接下来的行动里，隆美尔摒弃了所谓"不得分化部队"的传统军事原则。他把他手下的德国及意大利部队打散分化成4支纵队，每个纵队都有坦克、装甲车和卡车运送的步兵。然后他让他们保持大致平行的队伍，分别朝北和朝东挺进昔兰尼加半岛。

一直很活跃的第3侦察大队沿着海岸公路向北挺进，占领英军放弃的班加西港，然后向东穿过沙漠，直捣梅智利的英军基地。第2支纵队跟随第1纵队到达班加西后，继续沿着海岸公路向德尔纳进发。在南边，第3支纵队由波纳特的机枪队和赫伯特·奥尔布里奇指挥的第5装甲团打头阵，将穿越沙漠经姆塞斯绿洲向梅智利挺进。最南边的第4纵队将直奔沙漠中心，通过一条古老的商旅小径前往梅智利以南64公里的腾格德尔。隆美尔希望，通过这4支强大部队的快速穿插，可以截断正在撤退的英国部队，并迫使他们参战。

已经违抗命令横穿昔兰尼加2/3地区的隆美尔于4月10日冷静地告知他的"非洲军团"下一个雄心勃勃的目标：苏伊士运河。作为该计划的第一步，德国必须占领德尔纳以东161公里的战略要地托布鲁克港。该港控制着进入埃及的交通运输线。该城也是班加西以东最好的海港，能够解决隆美尔的后勤问题。

在对托布鲁克发起攻击时，隆美尔急忙调集第3侦察装甲车队、第8机枪营和一支反坦克炮兵营组成先头部队。他不用斯特莱克率领这支部队，而选用第15装甲师师长海因里希·冯·普里特维茨少将。普里特维茨急于参战，他已先于他的部队飞到前线。但是，他的第一次沙漠之战就成了他的最后一次，4月10日临近中午时分，在离托布鲁克10公里的地方，他正站在汽车里指挥他手下的一班新人时，一排反坦克弹击中了汽车，这位将军和他的司机当场身亡。

隆美尔始终认为，他面对的是一支准备作敦刻尔克式大撤退的弱旅。他先是采取深入穿透的进攻法，结果造成的伤亡比预计的高出许多，然后又发动猛烈的轰击。4月12日，第8机枪营和20多辆装甲车一道发动了一次深入穿透，结果深陷在反坦克沟壑里动弹不得。德国人直到陷进去时才知道上了当，第8营只好在寒风中挖了一个晚上的战壕。

第二天正好赶上复活节，隆美尔在地图上谋划了一次类似于在法国进行的"闪电战"进攻，由步兵和装甲兵共同完成。他是这样描述这一战术的："集中优势兵力于某一点，采取强行突破，攻占两翼，然后在敌人还未来得及反应之前像闪电一样穿透进去，直插敌人的后部。"

这次进攻计划定于4月13日黎明时分开始。为了掩护进攻，波纳特上校派遣他手下的一支机械化轻型高射炮部队开到铁丝网边缘，然后命令第18高射炮团用88毫米口径大炮在后面支援。

4月27日，自20世纪20年代以来一直是隆美尔战友的保卢斯中将来到北非，他是德国最高统帅部的一名副参谋长，他正在抓紧宝贵的时间策划对苏联的进攻，这次被派往利比亚，是因为隆美尔的作战行动已使参谋长哈尔德上将大为惊愕。

两天以后，他亲眼目睹了自开战以来对托布鲁克最猛烈的攻击。当天晚上6点半左右，在炮兵队和"斯图卡"轰炸机的一阵轰炸后，德军坦克和步兵从南北两侧向目标山头发动进攻。他们从山后攻占了209号高地，然后转而攻打托布鲁克。他们排成了一个5公里宽，3公里深的楔形队形冲进环形防线以内。夜间，装备着喷火器的战地工兵冲上前去喷射火焰，使附近据点里的盟军不得不跑出来。

第二天早晨，炮兵还在继续轰击这一地区，隆美尔走到已被攻占的掩体之间，像一位前线步兵一样匍匐前进。尽管隆美尔增加了援军，但双方一直僵持不下。5月4日，为了扩大战线，"非洲军团"付出了这次战斗开始以来最惨重的一次伤亡——1,200多人阵亡、受伤或失踪。保卢斯命令隆美尔停止进攻。事实上，他被伤亡的惨重和战斗的艰苦吓倒了，他在回柏林前，坚决要求隆美尔保持防守，直到供应短缺的问题得到缓解。

5月15日黎明时分，英国派出了55辆坦克和步兵大队参加进攻。意军很巧妙地一边打一边从哈尔法牙关撤退，英军坦克一直深入到利比亚境内十多公里的西迪阿则兹，但在那里，他们遇到了顽强的抵抗。意大利军队终于勇敢地战斗了一次。

第二天上午，德国人掌握了战斗的主动权。由隆美尔派过来支援的第8装甲团第1营和一个高射炮队赶到了西迪阿则兹。只剩下15辆坦克的赫尔夫马上在索卢姆对敌军的侧翼发动了一次突然反攻。损失18辆坦克的英军，于5月16日下午向东南方向撤退到哈尔法牙关，这是战斗的尾声了。代号为"英勇"的这场进攻战持续不到两天，英国人损失惨重，最后只是重新夺回了哈尔法牙关，而这个要塞他们将不会坚守得太久。

如果隆美尔允许他的对手占据哈尔法牙关高地，那他的部队在托布鲁克外围将很容易遭到尾部进攻。同样重要的是，哈尔法牙关高地高达152米的悬崖把埃及的沿海平原和利比亚的沙漠高原分隔开来，它是装甲车朝东西两个方向进攻的主要通道。

于是，5月26日晚上，隆美尔再次派遣汉斯·克拉默上校的第8装甲团及其支援力量从西南方向攻打关隘，同时让第104步兵团的一个营从东北方向发动正面进攻，步兵们冲上蛇形道路，与防守者展开了徒手搏斗。几个小时后，他们到达了关隘的顶部，与相反方向开过来的装甲兵会合。

这一天是5月27日，是埃尔文·隆美尔第一次看见浩瀚的北非沙漠后的第15周。在这段时间里，他的"非洲军团"挽救了德国的意大利盟军并向东推进了1,600多公里。现在，已经重新夺回哈尔法牙关的德国人站在了通往埃及心脏地带的门户上。

第2章
CHAPTER TWO

沙海中的搏杀

★正在正面战场上聚精会神地准备次日进攻的英军万万没有想到隆美尔从侧面杀来，顿时陷入到混乱之中。隆美尔当机立断，决定来它个乱中求胜，他命令自己的两个装甲师向英军发动坚决的钳形攻势，用他的话说："一直打到坦克的汽油烧完为止。"

★在英军发起强大的攻势时，由于行动隐蔽，计划周密，致使德意军队事先并无丝毫察觉。虽然有消息报告说有一队坦克沿途驶来，但隆美尔误以为只是英军的小股侦察分队，是试探性行动，因此未加理睬，仍一心一意地在拜尔迪耶指挥部筹划对托布鲁克的进攻计划。

↑前线上，隆美尔通过电话正在对部下发布命令。

No.1 再见，北非

1941年的春天，隆美尔过得并不愉快，因为他和他的"非洲军团"屡次对托布鲁克发动进攻，却皆以失败收场。不过，他也从中总结出了一些经验教训，这令他对自己的最终胜利充满信心。

哈尔法牙关既控制着通往索卢姆的海岸公路，又控制着埃及沿海平原和利比亚沙漠之间的交界地区，战略位置非常关键。隆美尔把哈尔法牙关的指挥权交给了威勒姆·巴赫上尉，这是一位曾经当过牧师的狂热的好战分子，他最引以为傲的即是自己曾带领部队参加了5月底那次夺回哈尔法牙关的战斗。

隆美尔命令从哈尔法牙关向着沙漠高原修筑要塞防线，这条新修筑的防线有多处据点，其中包括卡普佐村以南8公里左右的206号据点和俯视卡普佐南翼的哈菲德山梁上的208号据点。如果巴赫指挥的德意军队能够守住哈尔法牙关，那么其他据点就会形成一个很宽的弧形，逼迫英国装甲部队进入沙漠作战。

6月14日，隆美尔通过监听敌军电台得知，英军的进攻将于第二天早晨开始，他命令所有部队保持警戒。为了预先阻止托布鲁克的英军发动任何入侵行动，他在当天晚上月亮升起时便开始用大炮轰击城里。隆美乐的战斗命令简洁明了、一语中的："哈尔法牙关一定会守住的！敌人一定会被打败！"

英国和英联邦国家的军队则远没有这么充分的准备，当然也就缺乏足够的自信。由于"英勇行动"计划的失败，韦维尔将军心里承受着来自伦敦上司们的巨大压力。为了在北非挽回一些面子，他精心策划了一个代号叫"战斧行动"的进攻计划。该计划由佩尔斯爵士中将具体负责实施，目标是摧毁隆美尔在哈尔法牙关的部队，以缓解托布鲁克的压力，然后把轴心国部队尽可能地往西驱赶。

6月15日拂晓，英军的进攻全面展开。

中路的坦克团向着卡普措堡方向前进。由于该团全部装备是令人生畏的"马蒂尔达"重型坦克，所以防守阵地的德军第8机枪营对它毫无办法，反坦克炮弹打在装甲上全被弹了回来，这使德军官兵一筹莫展。毫无顾虑的英军坦克在德军阵地上纵横驰骋，来回碾压，将一门门德国大炮碾得粉碎，德军炮手们惊恐万分，四散奔逃，卡普措堡被英军顺利攻下了。

中路英军攻击得手，但北路的英军则没有那么走运。虽然他们也拥有令人生畏的"马蒂尔达"坦克，但这种坦克的威力被隆美尔在情急之下闪现出来的一个灵感火花给抵消了。

目睹了英军坦克在德军反坦克炮面前横冲直撞，隆美尔心急如焚，他知道这场战役的胜负将决定于他能否找到一种对付这种坦克的办法。突然，这位学生时代的数学高材生将目光停留在了几门88毫米的高射炮上，他立即命令巴赫和他的士兵们把炮管放平，时刻准备着向前来进攻的"马蒂尔达"坦克射击。

巴赫上尉和他的手下人穿着汗渍斑斑的衣服在哈尔法牙关上的据点里彻夜等待着，他们忍受着沙漠跳蚤的无情进攻，一有空闲就偷偷打个盹儿。沙漠中的白昼来得很突然，凌晨4点时，月光已变成了阳光。随着一阵马达声的响起，远处出现了股股沙尘。当轰隆隆的装甲车队跃入眼帘时，人们的神经开始绷紧了。炮弹的刺耳声宣布了英军又一次攻击的开始。

随着盟军的脚步声越来越清晰，久久等待的德军终于忍不住了，巴赫上尉终于发出了开火的命令。88毫米的大炮发出印度军队以前从未经历过的响声。很快，其他反坦克炮火也加入进来，好几辆"马蒂尔达"坦克顷刻间冒出浓烟，停了下来，履带、炮架和金属碎片散落一地。被毁坏的坦克后面的印度步兵拼命地试图往前冲，但在密集的炮火下，这是根本不可能的。英国的大炮瞄准意大利的炮兵阵地一阵猛打，但还是无法压制住。同时，德国的炮队继续轰击，迫使英军节节撤退。

巴赫上尉和他的部队顽强地守住了关隘。

到了夜间，疲惫的英国人停止了进攻，这使隆美尔赢得了宝贵的调整部署的时间。一向动若脱兔的他马上命令第5轻装甲师和第15装甲师全部撤出战斗，集中全力于拂晓前插到英军的侧翼，以一记漂亮的右勾拳把英国人赶下地中海。

正在正面战场上聚精会神地准备次日进攻的英军万万没有想到隆美尔从侧面杀来，顿时陷入了混乱之中。隆美尔当机立断，决定来它个乱中求胜，他命令自己的两个装甲师向英军发动坚决的钳形攻势，用他的话说："一直打到坦克的汽油烧完为止。"

当天的战斗结束后，隆美尔把他手下各位军官的报告以及无线电窃听到的情报结合在一起，得出了一套很清晰的作战思路。当晚，他便有了一个大胆的计划：由第15装甲师向卡普佐的梅塞韦部队发动反攻，同时，第5轻型装甲师向西迪欧马进发，然后转到东边攻打西迪苏莱曼，最后与哈尔法牙关的德军会合，切断英军的通讯联络线。

6月16日黎明，第15装甲师向卡普佐的英国第22护卫大队和第7装甲大队发动了反攻，但经过5个小时的激烈战斗，共损失了80辆坦克中的50辆，不得不被迫停止反攻。到中午时分，英军攻克了位于卡普佐和索卢姆之间的穆塞德，威胁着巴迪亚。但在那里，它们的进攻逐渐弱了下来，因为装备精良的英国坦克修理站设在遥远的后方，为数不多的随军修理队人员自然感到十分恐慌。

当夜幕降临时，梅塞韦越来越担心他的左翼。他的担心是很有道理的，他的第4装甲大队在超负荷地抵抗着德军的第15装甲师，而第7装甲大队和各个支援小组在一场猛烈的坦克大战中被德军的第5轻型装甲师击退了，这场坦克大战发生在哈菲德山梁和西南方向的西迪欧马之间的沙漠中。

除了突然袭击外，德军随后的许多胜利都要归功于一种大胆的新战术：德军装甲师不采用坦克对坦克的作战方式，而是用反坦克大炮来对付英国的坦克。这种反坦克大炮由一种特别设计的拖车拖运着，一旦碰上敌人，司机马上停车，炮手架起大炮就能立即开火，这凶猛的火力具有足以致命的效果。

6月17日凌晨，第5轻型装甲师的先头部队攻进了西迪苏莱曼，那里的英军装甲部队只剩下22辆巡逻坦克和17辆"马蒂尔达"坦克，即将陷入全军覆没的危险。这天的战斗还在进行之中，隆美尔的信号窃听部截获到一则无线电报告："焦躁不安的英国人正在抱怨燃料和军火严重短缺。"显然，英军虽然守住了前线，但他们与后方的联系已被德国人切断了。

6月17日中午，佩尔斯和韦维尔一同飞往梅塞韦的指挥部，希望调

↑潜望镜不仅在潜艇中使用，在陆军中也有使用。一名德军士兵正用潜望镜观察敌情。

集第7装甲师发动一次反攻。但是，形势已无法挽救了，梅塞韦早就正确判断出他的部队将在卡普佐和哈尔法牙关被诱擒，所以已经命令印度第4师撤回，他特别强调责任由他本人来负。

韦维尔被这消息惊呆了，他取消了要求第7装甲师发动反攻的命令，并要求全线撤退。韦维尔认为梅塞韦的决定是明智的，尽管作出这个决定没有得到上级的同意。事实上，正是这次撤退挽救了第8军。在3天的战斗中，英国和英联邦国家的军队伤亡人数总共不到1,000人，然而，士兵们的生命虽然保住了，但他们的士气却受到了严重的打击，它们的装甲部队更是呈现出一片惨烈的景象。

1941年的整个6月，对于隆美尔来说都是令人愉快的日子。他以卓越的战斗和严格的训练赢得了胜利，以至连盟军将士们每每谈起隆美尔和他的坦克时，都不免流露出敬畏的神情。在国内，隆美尔的声誉也同样达到了顶点。在希特勒的提议下，49岁的隆美尔被晋升为上将。自开战以来，在短短两年时间里，他由一名中校一跃而成了一名德军陆军中最年轻的上将。

然而，对于韦维尔来说，这场失败终止了他在北非的长期军旅生涯。他给英国最高司令部的报告显示了他无所畏惧的勇气："我不得不遗憾地向大家报告：'战斧行动'失败了，而全部责任都在我……"将一切过失归于自己是韦维尔的一贯作风。将军一夜之间老了10岁，头发全白了，步伐都变得异常沉重。

No.2 丘吉尔寄厚望于"十字军"

令韦维尔解职的这场战役却使隆美尔握紧了帅印。隆美尔的装甲部队第一次决定性地战胜了同样强大的盟军。另外，还进一步证实了他原来取得的胜利不是纯粹依靠运气，还在于他大胆的战术和亲自督阵指挥的作风。

到北非接替韦维尔中东英军司令职务的是克劳德·奥钦莱克将军。上任伊始，奥钦莱克按照丘吉尔的指示，将西部沙漠部队扩编为第8集团军，由在东非肃清意军作战有功的艾伦·坎宁安中将任司令。集团军下辖第13军和第30军，分别是由戈德温·奥斯汀中将和诺里中将任军长。这样，整个北非的英军共拥有4个师3个旅，总兵力达13万人，配备"马蒂尔达"、"瓦伦丁"等坦克710辆，其中200辆为步兵坦克。

面对英军大兵云集之势，隆美尔不敢继续玩弄他那"瞒天过海"的把戏，遂针锋相对地调兵遣将、改编部队。他将第5轻型装甲师改为第21装甲师，并重新组建一个"非洲师"，还把麾下的意军从3个师扩编为1个装甲师、5个步兵师。

11月18日，英军在经过4个多月的精心准备之后，主动发起了迄今为止英国在沙漠战场上最大的一次攻势——"十字军战士行动"。其战略目的是拖住并消灭德军装甲部队，解救围困于托布鲁克的守军，重新夺回整个昔兰尼加，并最终占领的黎波里。丘吉尔对这次战役寄予极大希望，他希望"十字军"行动能成为与布莱尼姆和滑铁卢之战相媲美的战斗。

奥钦莱克已经仔细考虑过了：由阿兰·坎宁安中将指挥的第8集团军来执行此次行动，作为主要的进攻部队，第30军的装甲部队将穿过马达莱纳附近的埃及边界，然后呈一个大弧形向西北方向进军到一个叫加布沙的地方，奥钦莱克希望在这里迫使隆美尔的装甲兵作战。在击败"非洲军团"后，第30军将继续推进到西迪雷泽周围的一片高地，与托布鲁克守军中的一支突围出来的部队会合。同时，位于第30军北翼的第13军步兵推进到索卢姆－西迪欧马防线，英军将尽力战斗到最后一刻，直到第30军歼灭那两支德国装甲师。

11月17日，即英军进攻日的前一天，一场前所未有的大暴雨袭击了轴心国占领的昔兰尼加地区。这场罕见的暴雨使干涸的河床上突然间发了洪水，冲毁了桥梁，淹没了装备，大洪水使他们的机场成了一片泥潭，飞机根本无法起飞降落。一切侦察飞机都暂停了。正因为如此，英军在沙漠中新建立起的好几处供应站都未被德军侦察机发现。

18日晌午时分，英军开始进攻。英国皇家陆军第7装甲师在新任师长戈特中将的率领下，再度领衔主演，活跃在战场的最前沿。左翼装7旅一马当先，沿托布鲁克向西迪拉杰特前进，敏捷地穿过一条横跨沙漠的古老的贩运奴隶的小道，顺利地抵达目的地。右翼装4旅正与德军外围的游动侦察分队进行小规模的冲突，第22装甲旅则从另一路快速穿插，在傍晚时分便停顿休整，距目的地仅20公里。

在英军发起强大的攻势时，由于行动隐蔽，计划周密，致使德意军队事先并无丝毫察觉。虽然有消息报告说一队坦克沿途驶来，但隆美尔误以为只是英军的小股侦察分队，是试探性行动，因此未加理睬，仍一心一意在拜尔迪耶指挥部筹划对托布鲁克的进攻计划。

18日整个下午，克鲁威尔将军和他的高级指挥官们对侦察部队看到几股分散敌军的报告开始警觉起来。克鲁威尔命令第15装甲师开进沙漠腹地，以对付可能发生的袭击，然后于晚上10点钟赶到隆美尔设在甘布特的总部，向他汇报情况，隆美尔仍坚持认为，英军只是想骚扰一下德军，并嘲讽道："我们千万不能神经错乱。"尽管隆美尔反对，克鲁威尔并没有收回他的命令。这对隆美尔来说真是幸运，德国的"非洲装甲车"与英国的第8集团军即将展开角斗，这是战争史上最壮观的装甲车火并战之一。

19日清晨，英军装7师第22旅向比尔古比发起了猛烈的攻击，这是一支由义勇军骑兵联队改建的装甲部队，是第一次参加沙漠作战，经验相对缺乏，但他们英勇强悍，求胜心切，发扬骑兵冲锋时的作战风格，全速冲击意军阵地。无奈这种勇敢的精神缺乏灵活性和针对性，好像红了眼的赌徒一样容易给精明的对手看出破绽。结果第22装甲旅在意军强烈的反坦克火炮的打击下，伤亡惨重，4个小时之内便有半数以上坦克被毁，另有30多辆坦克因各种故障而瘫痪在沙漠里不能动弹。虽然也有个别坦克侥幸躲过猛烈的炮火，单枪匹马地冲进了意军阵地，但终因后续不力，缺乏步兵协同而退出阵地。

英第22装甲旅在付出惨重的代价之后，终于慢慢地进至托布鲁克郊区。与此同时，英装7师第2坦克团和第7轻骑兵队袭击了托布鲁克西南侧的西迪拉杰特，抢占了飞机场，焚烧了跑道上的飞机，并以机场为中心，四处扩大战果，对德军空中运输线造成了极其严重的威胁。

有关第7装甲师活动的报告使克鲁威尔将军相信，英国人的确正在准备发动一次大规模的进攻战，征得隆美尔同意后，克鲁威尔从第21装甲师抽调出一支由120辆坦克、12门野战炮和4门88毫米大炮组成的部队，前去支援侦察部队。这支前去增援的部队刚好与盖特豪斯的第4装甲大队迎头相撞，在这场双方坦克数量相当的猛烈战斗中，德国人大占上风，他们把23辆"斯图亚特"坦克打得动弹不得，而自已只损失了几辆装甲车。

　　11月20日，双方都想更清楚地搞懂对方的意图。克鲁威尔做出了自己的行动计划，他假

↓奥钦莱克接替韦维尔出任中东英军司令。

设敌军分成了三部分：一部在加布沙利，另一部在西迪雷泽，第三部就是曾经把第3侦察分队一直追过卡普佐的那支部队。他决定不采取一系列小规模冲突的作战方式，而应该集中他的装甲力量，全力消灭敌军纵队。

第一次遭遇战将在加布沙利打响。坎宁安的监测器偷听到了克鲁威尔的计划，使得英军的准备相当充分。隆美尔意识到他的部队正面临的危险，决定把"非洲军团"集中在西迪雷泽。当天下午，德国的装甲部队给英国人来了个措手不及。机场周围高地上的88毫米大炮和反坦克大炮重创英国第22装甲大队，迫使它撤退，79辆坦克只剩下了34辆。第7装甲大队情况更惨，只剩下10辆坦克。同时，德军的第15装甲师从对面的西边开过来参加战斗。很碰巧，德国人开往战场的道路要直接经过英国第4装甲大队扎营的地带。夕阳西下后不久，德军装甲师冲进第4装甲大队的指挥部，俘获了267人和50辆坦克。

这次战役使双方都遭受了空前损失。遭到克鲁威尔部队最猛烈进攻的南非第5大队作为一支战斗力量已不复存在，它损失了几乎所有的炮兵部队和反坦克大炮，还有224人阵亡，379人受伤，2,791人被俘。在参战的德国150辆装甲车中，有70辆已失去了战斗力。德军机械化步兵师的大多数军官和军士已伤亡。

西迪雷泽的这次坦克大战具有决定性的意义，但战斗还没有结束。隆美尔认为威胁托布鲁克的大部分力量已被摧毁，现在，必须趁敌军撤退之机最大程度地给予突然打击，尽快把德军的全体部队推向西迪欧马。

21日夜，战场渐渐地平静下来，英德双方似乎有了约定一样，都在利用短暂的时间补充油料弹药和给养。装7师师长戈特面对上任伊始的战争惨败，陷入到深深的痛苦之中。这位被称为"扫荡者"的中将，素以勇猛著称，但是他缺乏沙漠作战的指挥经验，对战争的复杂性认识不足，对作战部队缺乏统一的调度，致使部队处于兵力分散，被动挨打的局面。

要想赢得胜利，必须先发制人，这是戈特痛苦反思后得出的主要结论。可正当英军厉兵秣马准备于天亮前出其不意发起攻击时，德军已抢先一步。其第15装甲师早已趁夜色迂回到英军装7师背后，占据了西北侧的有利地形，于22日拂晓向装7师发起了攻击。戈特一夜冥思苦想的计划化为泡影。正准备披挂上阵的英军遭到了德军猛烈的炮火打击，一时阵脚大乱，只得连连后撤。

No.3 铩羽而归

11月24日，隆美尔的车行驶在第21装甲师的最前面，指挥德国装甲兵开始了一次疯狂追击，完全不顾英国军队对他们侧翼的威胁。当天下午晚些时候，隆美尔到达了边境线一带，他身后的"非洲军团"在沙漠上拉开了长达60多公里的战线。他的大胆行动使第30军陷入混乱。

在沙漠里，坦克是首要的战斗武器，坦克手必须是精心挑选的勇猛之士。对于步兵来讲，他们将在空旷无垠的沙漠里，处于完全暴露的情况下进行长期艰苦疲惫的战斗，他们将在坚硬无比的土地上挖掩体，将在缺乏水源的地方忍受干渴，将寸步难行地去作战，然后再疲惫不堪地返回。而坦克手的情况却令人振奋，甚至让人感到骄傲。他们指挥的是一个重20多吨、怒吼着喷射出火焰的钢铁怪物，能够很轻易就驶过一道道砖墙或灌木丛，而且只要路面结实，汽油充足，就能毫不费事地跨过茫茫荒野。驾驶员、报务员和指挥员虽然互相看不见，然而坦克里的无线电接收机却把他们紧紧联系在一起。然而，对坦克手来说，也有他们感到痛苦的事，舱里永远是燃料、炮油和汗的恶臭味，舱盖放下时，热气几乎使人窒息。在非洲的阳光照射下，金属烫得炙人，再加上引擎和枪炮的热度，温度上升到使人无法忍受的地步。

隆美尔直接向东推进的决定做得太仓促了，对敌军的动向没有充分地理解，尽管德军的推进使英军出现了大溃退，但一些德国部队也遭到了猛烈的攻击。"非洲军团"的将士们正变得越来越疲惫，并且缺乏食品、水和燃料。这次反戈一击已变成一场噩梦。

当隆美尔最终带领"非洲军团"开始打回托布鲁克时，已恢复元气的英国第7装甲师从南边进攻他的侧翼。但是，德军的第15和第21装甲师就在那附近位置稍偏的地区，他们准备进攻托布鲁克城外的新西兰军队。11月29日，第21装甲遭受了一次沉重打击，新西兰人抓获了它的师长约翰·冯·拉文斯坦将军，以及他随身携带的所有地图和文件。

"非洲军团"无法继续向前推进更长的距离。当英国人的前线源源不断地得到增援的坦克时，隆美尔的后备力量却耗尽了。表面上，德国人好像打赢了这场战斗，但付出的代价太沉重了。装甲部队已被拖垮，一切很快明朗起来，只有一条路可走，那就是从昔兰尼加全面撤退。

然而，隆美尔拒绝接受这样的结局。12月3日，他命令"非洲军团"的几支分队向东边的巴迪亚要塞再次提供补给。他仍抱有希望，要把那里的敌军赶入他的各个防守据点沿线的地区。但是，德军小分队的力量太弱，无法通过英军封锁线，结果很快又退到了西迪雷泽。

12月5日，英国第70师攻下了关键的艾尔杜达－贝尔哈默德高地。同一天，意军最高指挥官给隆美尔带来了更坏的消息，他的装甲部队在1月份之前无望获得增援力量。又经过两天的激烈战斗后，隆美尔终于决定从托布鲁克地区撤回到意大利人曾修筑的一道防线，位于64公里以外的加扎拉南部。

接下来的战况悲壮而惨烈，一直攻无不克的隆美尔无法面对自己的失败，狂怒之下，他命令第5轻装甲师全部投入战斗，发起了一轮又一轮自杀性的攻击，但在英军的顽强而坚决的抵抗面前，一批又一批德国士兵倒在了守军密集的火网之下。进攻不得不停下来。

应该说，奥钦莱克的判断是对的。隆美尔虽然征战以来连续得手，但在英军接二连三的攻势行动中，损失也极为惨重。他在向希特勒不断传送捷报的同时，也频频告急，要求补充坦克、增援部队。但是，当时马耳他岛上空的争斗十分激烈，地中海的海上交通线成了双方反复争夺的目标，隆美尔决定于12月7日带着仅存的60辆坦克向西撤退，在托布鲁克以西50公里的加扎拉，建立新的防线。

12月13日，奥钦莱克亲自督阵，指挥部队向加扎拉防线发起了猛烈的攻击，企图给"十字军战士行动"画上个圆满的句号。其战略企图是：以第30军大部兵力从加扎拉正面实施突击，以第4装甲旅为快速穿插部队，迂回至敌军纵深，断其退路并协同主力部队对敌形成围攻态势，力求全歼。

正面战场的攻击如火如荼地展开了。第7装甲师与第1南非师并肩作战，直指加扎拉防线。面对英军隆隆驶来的强大坦克纵队，隆美尔感到了从未有过的巨大压力，只有使出全身招数，凭借坚固的防线拼死一战。

该防线以加扎拉为中心，沿其西南方向延伸约64公里，是轴心国部队预先修筑的一道撤退性防线。在防线前沿3公里范围内设置有反坦克壕，其中种植了密密麻麻的扎人的骆驼刺，并利用断断续续的垣壁，构筑了多道反坦克射击工事和暗堡。在防线内，修筑有几十座碉堡、弹药储存洞库和交织的壕沟，且互相掩护，难以在短期内被敌军突破。

面对德军坚固的防御工事，戈特中将陷入深深的沉思。他知道，上任以来的连连失利皆因为他指挥协同的失误，他没有很好地发挥部队的整体作战能力，而是实行条块分割，各自为战，结果屡屡遭到德军的分割包围。在痛定思痛的同时，他认真地研究制定了下一步的战法，更增强了他对德作战的勇气和决心。

战斗打响后，皇家空军先期对德军阵地进行了空中火力突击。在航空兵的掩护下，戈特率装7师进至德军防线前沿，并迅速展开队形，装22旅担任火力掩护和扫残任务，装7旅则先行协同扫残，开辟通路后向敌阵内攻击。一时间，双方炮声大作，硝烟四起，开始了一场突破与反突破的激烈争斗。

战斗中，德军的防坦克障碍在英军空中火力和地面直瞄火炮的准确打击下，砂石纷飞，不断被毁，不可逾越的反坦克壕也被炸开了几个宽宽的缺口。

见此情景，戈特急令装7师发起冲击，但由于被毁坦克的阻拦和通过坦克数量的有限，其坦克队伍只能是依次蛇行般地缓缓前进，没能实现大部队同时突入所形成的巨大震撼力。经过几次反复冲击，虽有少数坦克突入阵地内，但大多数还是被阻于阵地前沿，不得突入一步。

与此同时，装4旅早已奉命向敌后实施穿插，准备断其退路，围点打援。可是精明狡猾的隆美尔早有准备，未等装4旅到达指定位置，已组织部分步兵先行撤退，担任巡逻和先遣任务，以保证配有装甲车辆的部队安全退却。见此情景，装4旅迅速插入德军队伍当中，将撤退的部队斩为两截。一时间，德军队伍大乱。

一向精明过人的隆美尔此时也叫苦不迭，他心里清楚地知道，如果被英军围困，则有导致全军覆灭的危险。他决定主动放弃正面抗击，迅速组织部队突围。

担任正面攻击的装7师，见防线内德军火力突然减弱，人员仓皇退却。装22旅在实施迂回追击中，也不幸遭到德军的反包围。德军在混乱中苦战了3天后，才以损失70辆坦克的代价杀出了重围。

戈特边率部追击，边调整部署，他命令装7师展开3路队形，从3个方向并肩向德军进逼。隆美尔则率部边打边撤，并不时地反身一击。

隆美尔命令全线撤退的决定给轴心国的最高指挥部引来了一场危机。12月16日，他在加扎拉与他的几位上司进行了一系列会谈。放弃昔兰尼加是对墨索里尼的声誉的一次可怕打击，而撤退的命令像一道霹雳闪电击中了意大利人。巴斯蒂柯将军要求无论如何要撤销这一命令，但隆美尔自作主张，他的部队边打边撤。

也许是戈特深谙"归师勿遏，穷寇莫追"的道理，他们对余威尚存的德军的追击格外谨慎，也不大胆贴近追杀，只在德军队伍后面小心跟进，每至傍晚时分便四处设置警戒，安营歇息。就这样追追停停，打打追追，于12月下旬又打回班加西，大体上恢复了1941年年初的态势。

撤退一直持续到1942年1月初，这时候，他们已到了布雷加港和艾尔阿吉拉，当然也得到了新的部队、坦克和补给品。

此次战役，隆美尔的10多万兵力仅存3.5万步兵，30辆坦克和部分车辆，大部分被俘，伤亡的步兵为意大利士兵和德军后勤人员，德军的主力阵容还筋骨未断。而英军则损失坦克500多辆，兵员1.8万，其中不乏受过严格训练的沙漠老兵。

在遥远的东边，8,800名德意驻军在巴迪亚失败了，接着又是拥有6,300名部队的索卢姆驻军被打败，然而，战斗并没有结束。直到1月17日，一直坚守哈尔法牙关的巴赫上校不得不屈服于这样的结局——投降，从而结束了长达10个月之久的托布鲁克争夺战。

↓意军终究抵挡不住英军的攻势，最后选择了撤退。

第3章
CHAPTER THREE

准星锁住
托布鲁克

★得不到大本营的增援，沮丧的隆美尔只能调整部署，暂取守势。对于一个极擅进攻的将军来说，采取防御姿态无疑是痛苦的，但在接下来的对付英国人进攻的作战行动中，隆美尔还是用他的出色表现证明了自己同样也是一个防御的行家。

★据点里的大炮直接瞄准轴心国部队的两条通道，以致任何东西要想运过通道几乎不可能。隆美尔义无反顾地要执行他的新计划，所以他下决心要摧毁这座据点。接下来的几场战斗是在令人窒息的尘土和灼热中进行的，激烈的战斗，使这一地区成了有名的"沸腾的大锅"。

No.1 隆美尔自有主张

进攻托布鲁克的失败，使得隆美尔深感到自己在兵力上的不足，人数众多的意大利军队除了每天消耗大量的本已紧张的供应物资外，几乎难以有所作为。无奈之下，他不得不电请柏林派德军增援。此时此刻，德国正在全力以赴地准备实施进攻苏联的"巴巴罗萨"计划，它的大部分兵力要保证在东线，而此时的北非，只不过是大本营的战略家们饭桌上一碗可有可无的小汤罢了。

得不到大本营的增援，沮丧的隆美尔只能调整部署，暂取守势。对于一个极擅进攻的将军来说，采取防御姿态无疑是痛苦的，但在接下来的对付英国人进攻的作战行动中，隆美尔还是用他的出色表现证明了自己同样也是一个防御的行家。

德国人仍然有机会对围攻他们的英国军队反戈一击，这个机会只有隆美尔和他的几位高级参谋官才看得到。

德国特工人员窃听到了美国驻开罗军事参赞发给华盛顿的无线电报告，隆美尔从这些窃听到的报告中得知，英国军队已脆弱得不堪一击。穿越沙漠追击德军过分拉长了他们的供应线，而德国空军对班加西的狂轰滥炸使他们无法利用这个附近的港口。另外，日本于12月7日的参战也迫使英国人把部分飞机、坦克和两个整步兵师从北非派遣到马来西亚和其他受到威胁的亚洲殖民地。

此时，柏林给隆美尔注入了新的活力。在地中海水域的德国潜艇已增加到20多艘，另外陆军元帅阿尔伯特·凯塞林的空军编队"空军2号"已把总部从苏联前线移到西西里岛，所能提供的保护力量明显加强了，所以坦克、部队和供给能够以不断增长的数目抵达的黎波里。

1942年1月5日，停泊在的黎波里港的一支护卫舰队运来了54辆坦克，这对于在10个月的征战中已损失掉90%装甲力量的隆美尔来说，当然是梦寐以求的一大笔财富。当这些新的兵员和装备抵达艾尔阿吉拉时，隆美尔的情报官员告诉他，他现在实际上比他身后的英军拥有暂时的优势。隆美尔决定趁英国人能够纠集起足够的力量恢复优势之前，在1月21日发起攻势，甚至要把英国人追到埃及内陆。

隆美尔以最严密的安全措施包装着这次具有毁灭性的进攻计划。他只是让他的几位重要下属知道，连他的名义上的意大利上司和他在柏林的真正老板都未曾告诉。他故意散布谣言，说他打算向西撤退，并且通过大胆地把大批运送车队向后方转移来支持他这骗人的谎言。

在原计划进攻日之前的那个晚上，他让他的手下人用火把烧毁了沿海岸线的一些旧房子和附近布雷加港里的已被废弃的船只，顷刻间，火光冲天，明显地表示出他要撤退。正如他所期望的那样，英国间谍看到了这一切，他们当晚给开罗发送无线电信息，这使英国人进一步确信，隆美尔确实是在准备全线撤退了。

然而，当英国人正在自信地等待着隆美尔撤退时，隆美尔却从他的元首那里获得了新的鼓励，要他大胆地向敌人采取行动。

早晨8点30分，隆美尔派遣的两支纵队在德国空军俯冲式轰炸机的掩护下发动了进攻。

由隆美尔在前面开路，首先击散了挡在道路上的一支孤立的英军大队，到第二天早晨，德军抵达了离艾尔阿吉拉97公里的阿格达比亚。然后，两支纵队离开公路，深入内地切断敌军的逃路，朝东北方向疾行，再穿过茫茫沙漠到达安提拉特，并于当晚继续推进到桑奴，两天内推进的路程共达160多公里。

隆美尔洋洋得意地说："我们的对手好像被马蜂蛰了一样，只顾奔走逃命。"

次日，德国人召集了他们的反坦克部队，并很快在一处坑洼地架好了50毫米大炮。大炮吐出致命的火焰，同时，十多辆装甲车朝着英军坦克隆隆地开去，英军坦克马上就撤走了。

在继续推进的过程中，德军坦克和反坦克大炮交替行动，一方提供炮火保护，另一方则全速冲刺。这是一种新的攻击方法，到傍晚时分，德军已把英国第1装甲师的大部人马赶到阿格达比亚以东的一个很危险的地方。为了阻止该师向北撤退，隆美尔当晚在阿格达比亚至安提拉特和桑奴沿线设立了一道武装包围圈，以夹击敌军的装甲部队。

隆美尔的这次大胆袭击正在转变成一次规模庞大的进攻战。意大利最高指挥部本来对这次行动的高度保密就已满怀愤怒，现在则变得大为震惊了。

卡瓦勒罗出于义愤暂时收回了他的两个意大利军，而隆美尔照样推行他的计划，决心要击溃撤退中的英国坦克力量。隆美尔十分清楚，英军第1装甲师由于没有经验，注定将不堪一击，他们是完全地替换部队，不像德国人那样，能够及时向北非的现有部队不断补充兵员，所以英军根本无法有效保证部队作战的延续性。

另外，隆美尔还握有突然袭击的法宝：英国人把他的坦克实力低估了一半，而且认为他的反戈一击绝对只是试探一下实力。然而，令隆美尔震惊的是，在采取行动的当天，英军的大部分坦克已经溜走了，这不仅使他慨叹："在沙漠里包围武装部队是多么的困难！"

尽管如此，隆美尔却不服气。1月25日，他的装甲部队重新开始追击，向北朝姆苏斯方向追去，他们多次追上了行动缓慢的英国坦克编队，把他们打得四处乱逃。由于隆美尔的装甲部队缺乏足够的燃料，无法穿越将近137公里的开阔沙漠地带，所以他最终选择重新攻下西北113公里外的班加西港，这样也可以与德国的运送舰队连接起来。

1月27日晚，他派遣他的装甲部队佯攻梅智利，英国人被愚弄了。他们把装甲力量集中在梅智利，留下班加西没人防守。1月29日，隆美尔的军队攻进了班加西城，在那里，他们得到了英军丢下的1,300辆卡车，这让德国人在接下来的几个月里派上了用场。

接下来，他的部队横扫昔兰尼加半岛，7天以后，更是靠近了加扎拉，这离他的出发点有400多公里，而离托布鲁克只有64公里。隆美尔知道英国人已在加扎拉重新集结，并且正在掘壕固守，于是他便命令部队停止了前进，等待供给品和增援部队的到来。

No.2 死斗，加扎拉

在隆美尔和托布鲁克之间，矗立着一道坚固的防线，英国人利用前线战火暂停阶段修筑的这条防线从海岸边的加扎拉向南蜿蜒64公里，然后一个急转弯，朝东北方向的托布鲁克又延伸了32公里，加扎拉防御工事布下了最为密集的地雷区，50万枚地雷，护卫着英国人称作"盒子"的一排排的据点。

设计这些间隔距离没有规律的"盒子"是为了用作英军夏季攻势的跳板。另外，一旦隆美尔先发起进攻，也可用作防御要塞。每处"盒子"大约1.6公里见方，周围用铁丝网圈着，布满了大炮。每处"盒子"可以容纳一个大队或更多的步兵，以及被围困时足够抵抗一个星期的补给品。支援这些"盒子"的是里奇的机动后备军,坦克编队可以援救某一个被围困的据点,或者加入进来,穿过地雷区的安全缺口,冲出去发起攻势。

驻守在加扎拉防线的英国军队和武器在数量上占有明显优势。大约12,500名英国人面对11,300名德国人和意大利人。此外,英军大约有850辆坦克,敌军有560辆,其中还有228辆是低劣的意大利型号。对隆美尔来说,更糟糕的事情是,英军比轴心国部队多出10倍的装甲车,而且在大炮和飞机上也保持几乎2/3的优势。

隆美尔在一定程度上可以依靠作战质量来扭转他数量上的不足和劣势。在战场上,他的88毫米大炮的威力和他那几支技高一筹的装甲师,可以给英军规模虽大但连贯性较差的坦克部队予以沉重打击。在空中,他的战斗机能够绕着圈子飞过英国皇家空军的战斗机,而且在轰炸的准确性上,英国没有任何飞机能比得过德国的俯冲式轰炸机。

5月26日下午,隆美尔发起了他的攻势,代号叫"威尼斯行动"。两点钟,一次诱敌深入的行动在沿加扎拉防线北翼和中心地带的32公里的战线上拉开了。

隆美尔的大炮在轰鸣,俯冲式轰炸机尖声叫着冲向由南非第1师和英国第5师据守的那些"盒子"。战斗工兵匍匐着前进,穿过地毯式的地雷区清除道路。在他们的身后,是4支意大利步兵师和德国第90轻型坦克一个大队的步枪和机枪组成的炮火,全部由能干的克鲁威尔中将指挥。在背后远处,隆美尔设计安排了一次蔚为壮观的装甲兵大阵容,事实上,只有几辆坦克是真的,其他都是模仿得很逼真的放置在汽车上的假装甲车,安装在汽车尾部的飞机发动机搅起阵阵尘土,造成装甲纵队意欲冲来的假象。

然而,由于"超级机密"小组的人员窃听破译了德军电报,英国人知道一次进攻战即将到来,所以已作好充分的反击准备。

英军觉得他们的数量优势可以对付隆美尔的优势,不过,仅从轴心国的步兵行动来看,还看不出这次大规模的进攻即将进行,而由于下午的一场沙暴,更看不清隆美尔布置的装甲车大阵容。这使得英军指挥官们无法采取必要的行动步骤,把装甲车派上前去迎接假想中的正面进攻。同时,沙暴给隆美尔的主力进攻部队提供了很好的掩护,使之顺利地在加扎拉防线中心地带的对面集结。

当晚10点30分,隆美尔带领他的庞大车队载着睡眼惺忪的步兵和足够4天用的食品、水和军火,开始了行动。在与敌军交火之前,隆美尔的纵队得穿越无路可寻的沙漠,对付沙漠中一夜行军的各种危险。

5月27日将近黎明时分,在行进50多公里之后,这支没有再遭遇上什么不幸的军队在贝尔哈凯姆的东南部暂停一个小时,休整和补充燃料。

隆美尔和他的指挥官们几乎不敢相信他们的好运,英国人没有作出明显的举动来应对针对其后方的大规模威胁,这使得隆美尔暗想,他的侧翼行动一直未被察觉。实际上,南非的装甲车一直在悄悄地跟踪隆美尔的部队,已通过无线电向第7装甲师的总部做了报告。这些报告对英军的指挥阶层没有多大影响,他们仍然以为会有一次正面进攻,不愿认为这只是佯攻。

天亮后不久,隆美尔的纵队与暴露无遗的英军部队开始交火。德军乘坐卡车和装甲车一

↑ 隆美尔从他的装甲指挥车中一跃而下。

路轰轰隆隆地行进，很快向北急驰，攻占了英军第7装甲师的指挥所。他们甚至还抓获了该师师长弗兰克·梅塞尔韦少将，不过当时并未意识到这一点，因为梅塞尔韦摘掉了他的军衔徽章，于当晚设法逃跑了。

在27日上午十点钟左右，德军装甲师在贝尔哈凯姆和艾尔阿德姆之间的半路上遭遇了英军第4装甲大队的大约60辆重型坦克。在德国88毫米的高射炮之前，英国的这些庞然大物发动了三次快速出击。但德国的大炮向迎面冲来的英国坦克射出雨点般的炮弹，同时，装甲师盯住英军的侧翼，以协调得很不错的攻击方式摧毁了英军将近一半的装甲力量。英军的残余部队朝艾尔阿德姆方向撤退，在那里，他们报复性地轰炸了德军的第90轻型装甲师。

在这次行动中，隆美尔偏爱走在部队最前面的做法取得了很大的收获，可是，这种直接带领部队穿插的做法给指挥带来了很大的麻烦，在他频繁的突袭行动中，有时他甚至会与他的流动指挥所失去联系，从而与他那些分散在四处的地面部队和空军无法联系，它们的调度派遣全都得靠他的指令。这导致前线指挥所的秩序异常地混乱。

他的装甲部队本来呈一个巨大的弧形包围着加扎拉防线，但现在他确定，防止部队被击溃和分解敌军的唯一办法是完成圆形包围。他要暂时放弃进攻托布鲁克，把他分散的部队集中在加扎拉防线中部的后面，从东至西突破雷区，从而恢复自己的供应渠道，以巧妙的一击切断英军的防线。

这一行动的目标加扎拉防线以内的一个地方，在贝尔哈凯姆以北大约24公里处，在一片茶碟形的洼地周围，英军的防守系统好像有一处宽大的缺口，这是隆美尔的部队最惊人的发现。原来在两边地雷已被清除的洼地中间，蜷缩着一个德国侦察机以前不知为什么没有发现的英军据点，第150大队的好几千英国兵在80辆"马蒂尔达"坦克的支持下驻守着据点。

据点里的大炮直接瞄准轴心国部队的两条通道，以致任何东西要想运过通道几乎不可能。隆美尔义无反顾地要执行他的新计划，所以他下决心要摧毁这座据点。接下来的几场战斗是在令人窒息的尘土和灼热中进行的，激烈的战斗，使这一地区成了有名的"沸腾的大锅"。

在对英军要塞形成包围圈后，隆美尔于5月31日早晨命令3个师的兵力发起了进攻。他的炮队发射了一轮又一轮的炮弹，俯冲式轰炸机从空中呼啸而下，装甲车轰隆隆地开上前去，第104步兵团的地雷工兵引领战友们穿过了最后一道地雷防线，进入英军据点。德军挥起一面白旗，对方马上举起手帕和围巾作为应答。炮火渐渐平息下来，当天，有将近3,000名英国军人投降，隆美尔通过加扎拉地雷区的生命线现在有了保障。

"沸腾的大锅"被牢牢控制在手里后，隆美尔挥师南下，攻打贝尔哈凯姆。6月2日，这个位于摇摇欲坠的加扎拉防线南端的坚固据点再一次抵抗住了来自于第90轻型装甲师的大规模进攻。这个据点是英军整个防御工事中地雷埋得最为密集的地区，估计有1,200个炮台供机枪和反坦克大炮使用。而且，它的3,600名将士中绝大多数都有一股抗击敌人的顽强斗志。

三天过去了，炮击和轰炸几乎没有停过，但防守者仍然拒绝放弃。直到6月10日，经过两周艰苦折磨的防守者已筋疲力尽，没有水和弹药，另外还遭到一支已渗透到他们北侧的攻击小分队的威胁，无奈之下英军只好放弃了坚守。

No.3 加扎拉大逃亡

在6月11日发布的命令中，隆美尔说得言简意赅："托布鲁克，一切为了托布鲁克！"

为了全歼挡在他和托布鲁克这个港口之间的剩余障碍，他派遣那几支曾围攻贝尔哈凯姆的部队以扇形运动开向英军在乃茨布里奇和艾尔阿德姆的据点，同时，第21装甲师和"阿里埃特"师从"沸腾的大锅"向东转移。作为回应，英军指挥官尼尔·梅休因·里奇撤回了他的左翼，这样一来，被截短的加扎拉防线现在成了一个"L"形状。

和以往一样，隆美尔依旧先用一系列令英国人眼花缭乱的战术手段来展示自己的风采。他命令一部分德军大张声势地向巴尔迪亚推进，做出一付要进攻埃及的样子，而且一路上故意弄得尘土飞扬，黄沙漫漫，等到英国人准备全力以赴地迎击他对埃及的进攻时，狡猾的隆美尔却回马一枪，大部队突然出现在了托布鲁克城下。

德军装甲师疯狂地包抄乃茨布里奇据点，使已经在那里顽强地坚守了两个星期的英国驻军没有什么选择，只好趁还有机会逃走的时候当晚撤离了那个据点。当乃茨布里奇据点陷落后，里奇的新防线崩溃了。徒劳无益的坚守使他丢失了将近140辆坦克，只给他剩下了70辆，还不到隆美尔的坦克数量的一半。

6月14日，当他的南部前线彻底崩溃时，里奇终于命令撤走从一开始就坚守在防线北部的两个师。他的这一命令使英军纷纷逃往安全地带，这便是有名的"加扎拉大逃亡"。

6月16日稍晚时分，隆美尔的部队攻下了里奇损失惨重的防线上的剩余一个据点——位于托布鲁克以南的艾尔阿德姆。第二天，最后一批英国装甲部队在又损失了32辆坦克后，跟随撤退的步兵穿过边境进入埃及。6月18日，隆美尔从陆地上的三面完成了对托布鲁克的包围。

对成功充满信心的隆美尔又玩起了他很在行的骗人花招。他让他的机动部队朝边境地区开去，好像要把英军赶入埃及似的。然后，为了迷惑英军，让第90轻型装

甲师继续向海岸城镇巴迪亚推进，同时，马上命令装甲部队掉过头来，以破釜沉舟的气势向托布鲁克开进。当他的部队于当晚赶到托布鲁克东南部的战斗地点时，他们找到了上一次埋藏在那里的炮弹，一颗未丢，完好无损。

6月20日凌晨5点20分，进攻战在排山倒海的大炮声和空袭声中拉开了序幕。已经分批到达指定位置的"非洲军团"的装甲部队和意大利的第20军团，在德国海军的助攻下，对这座孤悬已久的濒海要塞发起了猛攻，在经过激烈的炮火准备之后，德军坦克和步兵展开了大规模协同作战。一心想攻克托布鲁克然后再去入侵马耳他岛的凯塞林从北非、西西里、希腊和克里特岛集结了150多架轰炸机。一波又一波的空袭在托布鲁克东南部扔下了将近400吨炸弹，引发了地雷区连锁反应式的爆炸。轰炸进行了一个小时左右之后，步兵开始冲上前去。

8点30分，隆美尔指挥的第15和第21装甲师的首批125辆坦克轰隆隆地开过了已淤塞起来的防线沟壑。9点钟时，装甲部队就已渗透进入迷宫似的钢筋混凝土碉堡区，这使隆美尔难得一次这么早就宣告取得胜利，尽管战斗不过才刚刚开始。

在德国人的突然打击面前，惊惶失措的英军根本组织不起有效的抵抗，到夜幕降临时，英军的这座困守了近两年之久的海滨要塞便宣告易手，要塞司令克洛普将军和他的33,000多名下属高举双手向隆美尔递交了投降书，隆美尔和他的"非洲军团"有效地控制了托布鲁克。

1942年6月22日，大战之后的托布鲁克显得格外的宁静，身心疲惫的隆美尔终于沉沉地睡了。他有充分的理由安然地进入梦乡，他麾下的这支非洲装甲军团已经久经战火，变得无坚不摧，那些原本是不堪一击的意大利士兵也在战火中得到了锻炼，重新树立了信心。假以时日，他要率这支军队彻底消灭英国人，征服埃及，征服整个非洲。

↓ 隆美尔正在审讯被俘英军将领。

第4章
CHAPTER FOUR

决不让敌人
越过防线

★奥钦莱克把英国和英联邦国家军队部署在一条战线上，这条战线从地中海边的梅沙马特鲁向西南方向延伸了32公里，一直到一个名叫西迪哈姆扎的悬崖边。英军阵地在前面布置了成千上万的地雷。

★隆美尔对阿拉曼防线的进攻确实是失败了，连他自己也不得不承认这一点。奥钦莱克以他的战略头脑、大将风度以及出色的指挥才能终于在阿拉曼站稳了脚跟。尽管他在7月的苦战中也损失了近2万人，但毕竟达到了阻止德军前进的目的。

No.1 炮声连天的梅沙马特鲁

隆美尔要进攻埃及。6月23日晚上，轴心国先头部队的坦克和卡车轰隆隆地开过边界进入埃及，两天后，先头部队抵达了海滨城镇梅沙马特鲁的防区。

德国人的速度太快了，他们很快就用光了供应的物资，第21装甲师的坦克通过用虹吸管抽干供应车的燃料，才得以前进，却使供应车陷入困境，装甲车最终也不得不停下，遭受英国沙漠空军的狂轰滥炸。

奥钦莱克把英国和英联邦国家军队部署在一条战线上，这条战线从地中海边的梅沙马特鲁向西南方向延伸了32公里，一直到一个名叫西迪哈姆扎的悬崖边。英军阵地在前面布置了成千上万的地雷。

尽管隆美尔的军队在人数和坦克两个方面都有优势，但他依靠的仍然是他一贯运用得很好的战术：速度、机动性和突然袭击。不幸的是，正是这种快速度意味着物资不足的德国空军无法在沙漠里快速地建立起前沿基地，以提供有效的空中掩护。即使是这样，隆美尔还是于6月26日下午发起了攻击。他的第21装甲师和第90轻型装甲师进攻英军防线的中部，他们惊奇地发现，他们击中的正是防守者的弱点。

奥钦莱克本以为隆美尔会进攻他们的两翼，努力在那里形成包围圈，从而切断同盟国的军队。所以，这位英国将军把他的大多数兵力都部署在两端的防线上。在北边，他布置了第10印度军，由英国第50师和第10印度师组成。在南边，即悬崖边，驻扎着第13军的两个师，他的机动部队第1装甲师和安插在他后边的第2新西兰师，第7装甲师的两个大队也协同防守。在这两个师之间的大约16公里的地带，地雷较少，由分散的步兵和炮兵混合的据点把守着。

进攻中的德国军队一路横扫挡在他们面前的小股分队，直接插入英军腹地。第90轻型装甲师向北攻击海岸公路，第21装甲师朝东南推进。隆美尔第二天亲自率领第21装甲师从北边包抄第2新西兰师和第1装甲师，然后，从后面发起进攻。

与此同时，隆美尔南翼的第15装甲师冲进了英国第1装甲师的正面。隆美尔的大胆再一次得到了回报。只有23辆坦克和600人的第21装甲师却要攻打一支力量强大得多的敌军——仅英军的第1装甲师就有159辆坦克。如果这些坦克协助新西兰部队发动进攻，那么德国军队第21装甲师就可能全军覆没。

在激烈的短兵相接的战斗中，新西兰部队突破了第21装甲师的防线，与向东撤退的英军第1装甲师会合。第21装甲师转向东北，朝梅沙马特鲁东南64公里的一个村庄富卡进发。这支部队切断了海岸公路，攻击了该村庄西南部的高地，与此同时，在北边，德军第90轻型装甲师抵达了格罗拉附近的海岸公路，切断了英军右翼第10军的撤退路线，第90轻型装甲师准备猛攻格罗拉城及其防守阵地，这里的大多数英军已被切断。

但是，在6月28日晚上一场疯狂的混战当中，英国人突围出来，有一次甚至冲进了隆美尔的流动指挥所，德军参谋部高级军官们迅速抓起冲锋枪扫射，使英军步兵们在帐篷之间乱

↑ 呼啸而来的德国坦克。

成了一团，只顾逃命。

6月29日早晨，第90轻型装甲师进入梅沙马特鲁城，标志着隆美尔的军队在两周内取得了第二次显著的胜利。当时，所有没被抓获的英军士兵都仓皇地向东北方向逃跑。德国人抓获了近8,000名俘虏，还缴获了大量的武器和供给品。

最近几周持续的激烈征战，已经使得隆美尔手下的许多士兵筋疲力尽。他们是多么渴望在湛蓝的海水里游游泳，放松一下紧张的神经，然后再美美地睡上一觉。然而，战争是残酷的，隆美尔不允许他们有丝毫的懈怠和停歇，他始终坚信，在英军获得部队和新的武器装备之前，彻底击败他们是非常重要的。

就在他的部队占领梅沙马特鲁的那一天，他命令乔治·布里尔上尉带领的第606高射炮分队组成一支战斗小组开向亚历山大，一直要开到郊区时才能停下。他告诉布里尔："等我明天赶到时，我们一起到开罗去喝咖啡。"布里尔服从地向前开去，一路没有遭遇到多大的抵抗，到6月30日时，他们小组离亚历山大只有80公里了，靠近了一个名叫阿拉曼的小村庄。

No.1 死 守

关于英第 8 集团军向阿拉曼防线撤退的广播，隆美尔也听到了。他对此深信不疑，英军肯定要在阿拉曼决一死战了。于是，隆美尔决定将进攻时间推迟24小时，以便他的"非洲军团"能准备得更充分一些。他没有想到的是，正是他的这个决定给奥钦莱克和他的军队赢得了难得的一天时间，此时此刻对于奥钦莱克来讲，时间甚至比坦克更重要。

奥钦莱克用这点时间加强了阿拉曼的阵地工事，还调来了更多的部队。这道防守线有64公里长，由一系列被英国人称为"盒子"的据点组成。这个错综复杂的地雷区由铁丝网紧紧包围着，还有钢筋水泥做的碉堡、防空洞和土木工事。这道防线从蔚蓝色的地中海向南延伸到一排嶙峋的山地，这里是卡塔拉谷地的边缘地带，在海平面208米以下，重型车辆根本无法通过。这使得阿拉曼防线不可能从侧翼包抄，隆美尔就算再怎样神奇也只能从中间穿过。

与此同时，奥钦莱克也在准备应付可能的失败。6月30日，他命令霍姆斯去后方组织尼罗河三角洲的防御，第二天，他发布命令：必要时从阿拉曼撤退。

部队部署停当，奥钦莱克在他紧靠前线的司令部里等待着隆美尔的进攻。

当其余的军队赶上布里尔的小组后，隆美尔准备用他在梅沙马特鲁取得成功的那套作

↓沙漠中的自然环境非常恶劣，经常会遭遇到沙暴。

战方案来进行一次新的进攻：由第90轻型装甲师在意大利第13军的支持下，直插英军在阿拉曼以南的第30军的防线，然后转向北边切断海岸公路，封锁英军的撤退路线。在较远处的南边，德国"非洲军团"和意大利第20军攻击由英国第13军据守的防线中部，并且扰乱它的后方。在德国侦察部队的支持下，用"利托里奥"师来迷惑英军，佯攻南边。

隆美尔将开战时间定在7月1日凌晨3点。

届时，德国步兵、机枪手和第90轻装甲师的士兵重新爬进自己的卡车，编成宽阔的队形，向阿拉曼发动了进攻，目标直接指向英军防线的右翼。他们计划突破这一地段之后，第90轻装甲师便向北扑向海岸，截断阿拉曼英军。然而，一场沙漠风暴使他们迷失了方向。德军像没头的苍蝇一样，慌乱中正好闯入英军的防御阵地，右翼南非旅的猛烈火力铺天盖地而来，打得第90轻装甲师抱头鼠窜，溃不成军。

与此同时，在较远处南边展开进攻的第15和第21装甲师在德尔据点遭遇了未曾预料到的英勇抵抗，经过残酷的战斗，毫无作战经验的印度第18大队全军覆没。但是，在交战过程中，德国坦克也遭到英国皇家空军的重创，然后，又遭到英国反坦克大炮的射击，损失也相当惨重。

隆美尔不得不投入仅有的一点后备队，并亲自驱车上阵，重新组织进攻。在隆美尔的威逼下，德军向阿拉曼以东发起了冲锋，英军的猛烈炮火从四面八方袭来。只听一声凄厉的

呼啸声，一颗炮弹刚好在离隆美尔小车6米的地方爆炸，猛烈的气流将他们掀出车外。他的随从在密集的炮火下，发疯似的挖着坑，在以后的3小时里，隆美尔一直躲在这坑里动弹不得，无法前进，也无法下达命令。

接着一场大雨倾盆而下，泥泞的道路使他们的车辆无法开动。不久，无休无止的空袭也随之而来了。

"非洲军团"仅剩下37辆坦克，而第90轻装甲师只有正常兵力的1/6。隆美尔仍然命令这个师重新发动起进攻。大亮前一小时，第90轻装甲师疲惫不堪的步兵们在没有任何炮火掩护的情况下，又恪尽职守地开始了一次新的进攻，但仅仅前进了一小段距离就被英军势不可挡的炮火和机枪扫射阻止住了。

隆美尔知道，他的部队已经失去了强劲的势头，不过，他还是决定继续前进。

第二天，他命令装甲部队重新发动进攻，他们的目标是抢占鲁威萨特山梁，这是沙漠中耸起的一片长达3公里的高地，就在德尔防线的东边。在英军第1装甲大队的坦克和大炮西侧，德国的两支装甲师没有多大进展，甚至还遭到了反攻，只是英军反过来又遭到"非洲军团"88毫米大炮的打击。在南边，"阿里埃特"师试图推进，但受到阻止，结果变成了一次意大利人的大溃退。

7月3日，隆美尔在各地的进攻都遭到了挫折。自加扎拉之战以来，隆美尔的部队已持续作战5个星期，期间没有休整，没有补充，战斗力不断减弱。而英军开到阿拉曼之后则补充了两个师的兵力，运达前线的坦克和大炮也越来越多，其抵抗没有垮下去，而是变得更加坚强起来。据此，隆美尔决定暂停进攻，战场的主动权就这样落到英军手中。

从此，德意军与英军展开了拉锯战，奥钦莱克不断向敌人发起进攻，尤其是进攻意大利人，取得了可观的战果。英军的这些有限进攻给隆美尔带来极为严重的战术后果。使德军装甲军团失去平衡，并把隆美尔计划用来作为进攻用的库存汽油和弹药也耗尽了。

7月13日，俾斯麦和他的第21装甲师按隆美尔的命令开始行动。轰炸机一顿打击，英军的炮兵真的哑巴了。俾斯麦的坦克开始摇摇晃晃地前进。隆美尔手持望远镜，一直目送他们远去。突然，一阵古怪的旋风在灌木丛之间旋转，转瞬间就变成了时速113公里的狂飙，搅起几百万吨滚烫而细小的黄沙，铺天盖地地卷过沙漠，队伍很快就被吞噬了。

隆美尔则亲自动身到了前线，他想掌握战斗的整个进程，只可惜，他什么也看不见。

直到下午5点钟，隆美尔才获悉装甲部队在卡萨巴以南的一个高地停止不前，同时空军也在闲等着进一步的命令和指示。最后，6点30分，瓦尔道第二次派轰炸机发起攻击，坦克才又开始向前推进。

在此之后，战斗被分成了零碎的小块。

夜里英军开始反攻了，没用多久，意大利的两个师就崩溃了。

隆美尔对阿拉曼防线的进攻确实是失败了，连他自己也不得不承认这一点。奥钦莱克以他的战略头脑、大将风度以及出色的指挥才能终于在阿拉曼站稳了脚跟。尽管他在7月的苦战中也损失了近2万人，但毕竟达到了阻止德军前进的目的。

第5章
CHAPTER FIVE

登场，
沙漠之鼠

★7月底，战斗仍在进行中，但很明显，进攻者不再打算突破了，英军的空中掩护控制着战场。隆美尔在打一场他无法得胜的消耗战；他的兵员和供给品都快要给耗尽了。夜幕降临时，他指示部队原地掘壕固守，然后给凯塞林发电文，说他已暂停了进攻。

★针对第8集团军存在的问题，上任之后的蒙哥马利所做的第一件事就是在军团内树立起他的威信，并恢复全集团军人员对集团军高级军官的信任，同时让士兵们树立起必胜的信念。

No.1 "为我们的生存而战"

英军在阿拉曼成功阻止住了"非洲军团"的进攻，当时的隆美尔的军队物资缺乏，兵力不足，如果英国人在那个时刻能够发起一次强大的进攻，那么这次沙漠战争有可能就此结束了。隆美尔的参谋官梅伦廷少校在回忆录中这样写道："毫无疑问，当时我们已没有力量顶住第8军的一次顽强攻击了。"

奥钦莱克选择的是暂停重组，这样就给了"非洲军团"一些时间来休息和补充新兵及供给品，有些是从的黎波里穿过沙漠长途跋涉1,931公里运来的。双方现在沿着一条静止不动的前线面对面地对峙着，这种作战方式是隆美尔极度厌恶的，但他的装备更优良的对手却很喜欢。好在德国俯冲式轰炸机重新又出现在同盟国军队的上空，这总算给德军的士气注入了一点活力。

当隆美尔获悉英国人已放弃了防线南线的卡雷特拉布特据点时，暂停的状态就结束了。

他派遣第21装甲师和意大利"利托里奥"师占领了这一地区，令人不解地是英国人撤退出了这一重要地区，给了隆美尔一次难得的机会，直捣他认为已快崩溃的英军后方。

然而，当英军的大炮开始向前线的靠海的那一端轰击时，一切神秘顿时明朗起来。

奥钦莱克将军已把主力转移到北边，希望先击败那里相对软弱的意大利军队，在接下来的同盟军进攻中，澳大利亚第9师的老兵们从阿拉曼附近的掩体里一窝蜂式地冲了出来，他们向西攻击，战胜了意大利的"萨布拉塔"师，沿着海岸公路一直把这支部队追到了特勒艾莎高地，并且还攻占了这块高地。疯狂逃命的意大利士兵乱作一团，跑进了前线后面几公里的德军指挥所，梅伦廷把这一情景描述为"最后的恐慌和溃退。"

澳大利亚人的进攻使隆美尔丧失了他最关键的情报部门——在监听同盟军通讯信息方面一直表现卓越的"信号窃听部"。该部的领导和他的大多数部下都已阵亡，他们的密码本及其他装备也被毁掉了。

次日，隆美尔又一次发起进攻，他的意图一直没有变——切过澳大利亚军队在特勒艾莎的突击部队，抵达海边。但是，在一阵猛烈的空中打击后，澳大利亚步兵在火炮的配合下把德国军队再次打得退了回去。

在接下来的几天里，战斗的势头在同盟国军队和轴心国军队之间来回转换，一会是冲锋，一会是倒退。后来，奥钦莱克把他的注意力转向防线的中部，因为那里是不会打仗的意大利军队。这一招果然有效，隆美尔不得不用炮轰才挡住了盟军咄咄逼人的进攻，他还被迫把德军和意大利军队紧紧地捆在了一起，以加强抵抗的力量。

7月底，战斗仍在进行中，但很明显，进攻者不再打算突破了，英军的空中掩护控制着战场。隆美尔在打一场他无法得胜的消耗战；他的兵员和供给品都快要给耗尽了。夜幕降临时，他指示部队原地掘壕固守，然后给凯塞林发电文，说他已暂停了进攻。

始于5月26日，非洲装甲部队原本胜利在望的这次进攻战，最后停顿了下来，有那么一会儿，隆美尔好像已把埃及抓握在手中，但那一时刻已成为过去。

奥钦莱克此时已成为英国最耀眼的明星，就连隆美尔都对他称赞有加，然而，正当奥钦莱克率领第8集团军与隆美尔展开血战并获取胜利的时候，有一个人却对他大为不满。

　　这个人就是英国首相丘吉尔，他刚刚在议会受到不信任动议的抨击，好不容易才将自己解脱出来。

　　在美国与罗斯福总统会晤时，丘吉尔就听到了托布鲁克失守的消息，当他迫不及待地

↓向意军发动进攻的澳大利亚军队。

一面对镜头，英国首相丘吉尔面带微笑举起了象征胜利的手势。

飞回英国时，他的私人秘书佩克告诉他："国内情况不容乐观，一定要把问题考虑得严重些为好。"

丘吉尔的表情十分凝重，他问佩克："保守党这边情况怎么样？"

"离您的选区不远的埃塞克斯选区的议席，以前稳操在保守党议员马尔登手中，但现在这位被正式提名的候选人已败下阵来，席位已落入左翼无党派候选人——汤姆·德雷伯格手中。此外，保守党比较有势力的议员约翰·沃德洛提出一项动议，明确表示对中央有关战争的指挥工作不予信任。"

丘吉尔气急败坏地说："实在不行，就让下院再举行一次信任投票。"

佩克放缓了语气："首相，您知道，在托布鲁克沦陷前不久曾经举行过一次信任投票，现在再要求下院投一次，恐怕不太合适。"

丘吉尔轻轻地挥了挥手："行了，我清楚，托布鲁克失守自然会引起他们对政府的不满，但我会处理好的。"

此时的英国议会大厦像个混乱的菜市场。议员们三三两两地聚集在一起，互相窃窃私语着什么。在后座席位上，保守党财政委员会主席沃德洛早早地就在那里等待了，他对自己发起的这项不信任动议充满自信。

终于轮到他发言了。

女士们，先生们，我首先要说的是，这项动议并非指向在战场英勇作战的官兵们，而是明确地指向我们的政府。大家应该清楚，迄今为止，英国已经遭到了一连串的失利和溃败，在北非，托布鲁克失守，政府却没有给我们任何解释。我认为失败的原因主要在我们的内阁，最关键的错误就是让首相兼任了国防大臣。

他这开门见山的动议把大家的目光都吸引去了，这不禁使他心中暗喜。接下来的话当然说得更有底气。

我们必须有一位有力的专职人员担当参谋长委员会的主席，我们需要的是一个有魄力而不受任何方面牵制的人来任命军队的将领。我们之所以遭到失败，从根本上讲，是由于我们尊敬的首相缺乏对国内事务的细致审查，也由于缺乏从国防大臣或其他掌管军队的官员那里得到的应有的指示……

他的话本来已得到了一些议员们的认同，但接下来他却表现得不那么尽如人意了，他突然冒出这样一句话："如果国王陛下同意，任命格洛斯特公爵殿下出任英军总司令的话，那将会得到大家的一致认同。"

本来平静的议会厅里突然一片哗然，议员们最讨厌的就是把王室牵涉到引起严重争执的责任当中来，这是这个民主制国家所不能容忍的，他们再也不想听这位愚蠢的人讲下去了，沃德洛几乎是被叫喊声赶下台去的。

接着由一名工党议员发言，他的意思大概就是说政府对军事指挥干涉太少了，这与以"首相不适宜干涉军事指挥"为由，提出的不信任动议大相径庭，互相矛盾，导致工党内部的议员之间反倒互相指责起来。

这样的局面当然对丘吉尔是有利的，他本来有些紧张的脸上渐渐泛出了一丝笑意。

经过两天的激烈争论，最后，丘吉尔开始答辩了。他沉着老练、胸有成竹，相信自己一定能够渡过难关。在这里，他又一次向众人展示了他那无与伦比的智慧和口才。

……我们正在为我们的生存而战，为比生命本身更宝贵的事业而战，我们无权设想我们一定能够胜利；只有我们恪尽职守，胜利才是必然的。严肃而建设性的批评，或者在秘密会议中的批评，均有很大的益处；但是，下议院的责任在于支持政府，或者更换政府，如果下议院不能更换政府，就应当支持它。在战时，没有什么中间方案可以执行。

……我是你们的公仆，你们在愿意时有权来解除我的职务。你们没有权力做的是，要求我负起各种责任而又不给我有效行动的权力，要求我担负起首相的责任，却又如同那位尊敬的议员所说的那样，'在各方面受到权威人士的钳制'。

……我可以证明，在全世界，在美国，在苏联，在遥远的中国，在每一个遭受敌人践踏的国家，我们所有的朋友都在等待着，看看在英国是否有一个坚强团结的政府，英国的国家领导是否会遭到反对。如果那些攻击我的人减少到微不足道的比数，而他们对联合政府所投的不信任票转变成对这一动议的制造者们的不信任票，毫无疑问，英国的每一个朋友和我们事业的每一个忠诚的公仆都会为之欢呼！

最后，下议院举行了表决，沃德格的不信任动议被击败，丘吉尔永远记住了这危急的一天，1942年7月2日，这一天，他以自己的坦诚和威望赢得了大家的信任，然而，只有他自己清楚，这样的结果是多么的来之不易！

No.2 新指挥，蒙哥马利

当丘吉尔首相还在伦敦为自己的职责苦斗之时，在北非，隆美尔的部队与奥钦莱克的部队正陷入一场僵持的局面。奥钦莱克如此地卖力或许并没有产生什么实际作用，在丘吉尔眼中，阿拉曼防线暂时守住并不能同加扎拉防线失守、托布鲁克沦陷相提并论，当议员们用锐利的眼光、犀利的语言攻击着这位屡战屡败的首相兼国防大臣时，丘吉尔只能把责任全部都推到奥钦莱克将军身上。

如果说在此之前的非洲舞台上隆美尔是当仁不让的唯一主角的话，那么现在，另一位主角粉墨登场了。一代名将蒙哥马利被推上了历史舞台。

↓蒙哥马利，可能是隆美尔一生最不愿意在战场上遇到的对手。

在任命蒙哥马利为第8集团军司令的当天，丘吉尔的私人参谋长伊斯梅就来到了蒙哥马利的办公室，来向蒙哥马利介绍近两年北非战况的。

8月13日天刚刚亮，蒙哥马利便离开了开罗英军总部，驱车前往第8集团军，对于目前的状况，他早已料到了。

蒙哥马利有一个非常坚定的信念：如果要让士兵们使出最大力量，就必须使他绝对信任指挥他们投入战斗的人。一个指挥官的成败决定于他的能力，即被他的下属所公认的能力。他认为，士兵们想知道的是，领导他们的军官可不可以信赖，他们的生命就掌握在这个人的手里，他能有效地照管他们的生命吗？

针对第8集团军存在的问题，上任之后的蒙哥马利所做的第一件事就是在军团内树立起他的威信，并恢复全集团军人员对集团军高级军官的信任，同时让士兵们树立起必胜的信念。

另外，在蒙哥马利看来，作战计划慎而又慎，能够化险为夷，胜利时注意节制，这是一个指挥员的指挥要旨。蒙哥马利非常强调作战准备工作，无论大仗还是小仗，部队训练、物资储备、欺骗伪装及气候等条件，哪一方面不准备充分，他都不打仗。

蒙哥马利还改革了第8集团军的司令部，将司令部分为一个小型"作战司令部"和一个"主司令部"。小型"作战司令部"设在离"主司令部"相当远的前沿地域，它是参谋长德·甘冈的活动场所，所有详细的计划和行政管理工作都在那里进行。在"主司令部"，蒙哥马利只保持极少量的参谋、通信、机要人员和联络官。这种做法不仅使蒙哥马利能够摆脱忙碌得如蜂房一样的司令部工作，而且还使他能与实际指挥战斗的将军们保持密切的接触。每当蒙哥马利向一个下属，比如一个军长发布命令时，他总是要给更下一级司令部打电话，以检查对他命令执行的情况。

一切准备就绪，接下来就是考虑如何收拾面前的这个对手——隆美尔了。

对于蒙哥马利来说，正确判明隆美尔的下一步行动方向，将是他赢得下属们尊敬的关键，他认识到：隆美尔将在不远的将来发动一场进攻。虽然隆美尔的空中保护随着大批飞机被调到东线而不复存在，油料和弹药也消耗殆尽，但隆美尔逃不过这样一个铁的事实，那就是希特勒决不允许隆美尔后撤。刚愎自用的希特勒已经将"非洲军团"在北非的存在与苏联方向上的德军南下的战略联系了起来。为了实现希特勒的这一伟大目标，对于隆美尔来说，除了进攻，他没有别的选择。

为了对付隆美尔即将发起的进攻，蒙哥马利向中东司令部申请了1,000门威力强大的远距离大炮，并为此而构筑了科学严密而且伪装良好的大炮阵地。他还以骁勇善战的新西兰师的南侧为基础，在箱形阵地与著名的哈勒法山之间的缺口内部署了精锐的第22装甲旅，把新到达的第44师两个旅配置在陡峭的哈密瓜勒法山脊上，将第23装甲旅置于第22旅的后面，作为一支强大的预备队。蒙哥马利为隆美尔精心设下一个可怕的陷阱，不论隆美尔采取什么样的方法进攻，这样的部署都能够保证将他堵住。如果隆美尔真敢无视对手的充分准备而发动一场进攻的话，等待他和他勇敢的"非洲军团"的将是万劫不复的地狱。

第6章
CHAPTER SIX

扬威，
第8集团军

★夜幕降临时，德军进攻英军战壕阵地，击毁了几十辆"格兰特"重型坦克，但他们自己也造成了重大伤亡。当时的双方伤亡都很大，但防守者还在顽强坚持，德军只好原地挖掘战壕，忍受着英国皇家空军整整一夜的连续轰炸。

★9月1日凌晨，缺少燃料的隆美尔只好让第15装甲师一支部队进行有限制的进攻。由于坦克现在快要用完燃料了，隆美尔知道他的部队不可能再前进了，甚至连生存都很危险。

No.1 隆美尔局面尴尬

8月是一个受人欢迎的月份，又有长达一个月的休战期。双方的部队在到处都是地雷的灼热沙漠里相互对峙着，谁也不敢轻举妄动。他们都在忙着重新组合编队。

在休战的期间里，隆美尔与英军的力量差距正在缩短。他得到了5,400名新补充的兵员和新组建的第164轻装甲师的两个先头团。8月初，一支空军精锐部队，第1伞兵旅也被派往北非由隆美尔来指挥。与此同时，炮兵也陆续到达，弹药库也在修建，密集的布雷区和地雷箱已用计划好的方式细致地埋设妥当。

新的意大利军队——弗尔格尔伞兵师也到达了，这是一支第一流的部队。

整个8月，隆美尔的军队都保持原地不动。灼人的高温和接近尼罗河三角洲的不利处境，不仅使装甲军团的士兵付出了高昂的代价，而且使隆美尔自己也病倒了，这对于这个意志顽强的元帅来说，还是来沙漠作战以来的第一次。

此时隆美尔的部队中有1万多名士兵失去了战斗力，病员的数量也达到了到非洲以来的最高峰——共有9,000多名官兵患上了不同的流行性疾病。

尽管如此，隆美尔还是将8月30日确定为发起进攻的日子。按计划，"非洲军团"将投入200余辆德国战斗坦克，其中包括100辆经过精心改装的高速坦克；同盟国这边，蒙哥马利准备了760辆坦克，并且还拥有120辆能够发射6磅炮弹的新型反坦克炮。双方从实力对比上可以看出，同盟国军队要明显占优。

然而，对于"沙漠之狐"隆美尔来讲，兵力上的劣势并不是作战的主要障碍，因为在此之前，他曾多次取得"以少胜多"战役的胜利。此时，他最担心的是战备物资，特别是燃料的供应问题能否得到及时有效地解决，因为他那两个身经百战的装甲师的汽油，仅够在正常条件下行驶160多公里了。

隆美尔的战术计划将再次依靠速度和突袭，从而弥补相对的弱点，抵消敌军在数量上的优势。该计划要求新到来的非洲第164轻型坦克师和拉姆克伞兵大队以及意大利的几支部队协同作战，从北部和中部困住英军，同时，"非洲军团"进攻南边的卡塔拉谷地附近地区，然后转向英军的左翼。装甲师将以最快的速度向北挺进，攻占第8集团军腹地的一个战略要地——哈尔法山梁。

隆美尔指望英军指挥官们会做出很慢的反应，也希望用一条好计迷惑他们，他已命令对前线北部和中部的坦克和大炮阵地实行伪装保护。但是在南边，将要发起进攻的地方，他部署了一些假的坦克，部署的方式很讲究，要让敌人通过近距离观察能够认出它们是假的，这一招骗术将使敌人认为，主要进攻可能是在其他地点。

1942年8月30日晚上10点钟，一轮苍白的月亮照耀着卡塔拉谷地波浪起伏的沙漠，隆美尔的装甲部队开始朝东向着敌人的布雷区推进。奈宁将军指挥的"非洲军团"的左翼是意大利的装甲部队——利托里奥和阿雷艾特师，右翼是第90轻装甲师。士兵们晃动着小型的手灯，传达着把他们带往自己布雷区缺口的命令，随后他们便踏上了自己的征途。

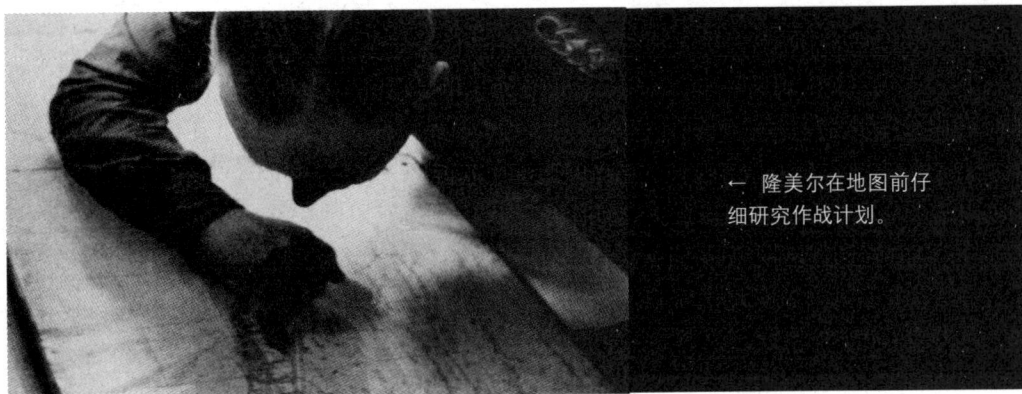

← 隆美尔在地图前仔细研究作战计划。

隆美尔的计划不可谓不周密，不过，事实很快证明，隆美尔的妙计并没有愚弄住任何人。英国特工通过监听无线电话通讯，已知道了隆美尔的主要进攻方向，于是蒙哥马利特别加强了那一地区的力量。

进攻一方立即陷入了困境，他们不得不在沙漠中走了48公里才开始进攻，而这一地区的大多数路段都埋有地雷。他们遇到的地雷比预计的要埋得更多、更密。英军的装甲车，大炮和机枪给正在清除地雷的德意士兵以及紧跟在后面的作战部队予以重创。在照明弹的映照下，英国皇家空军瞄准正在等待着地雷清除后驶来的德国坦克，这表明英国皇家空军的优势在这场战役刚开始时就占据了主导地位。

8月31日凌晨，隆美尔的活动指挥部紧跟着他的军团搬到了克拉克山，他确信英军在这一防区的布雷和防御都很薄弱。然而，情报部门的工作却做得十分糟糕，就在同时，他的士兵们闯进了密集的布雷区。在那里，配备有重型机枪、大炮和迫击炮的顽强的英军步兵扼守着这片布雷区。更为严重的是，凌晨2点40分，整个阵地被英军伞兵的照明弹照得通明透亮，无休无止的空袭也同时开始了。

装甲军团的先头部队被死死地挤在布雷区里，成为飞机轰炸的目标，而地雷工兵们在前面拼命地为德军打开一条狭窄的路。卡车、运兵车和坦克纷纷被炮弹击中，燃起了熊熊的大火。火焰和伞兵部队的照明弹把整个战场照得如同白昼，爆炸声、叫喊声和重机枪的嗒嗒声响成一片。

显然，蒙哥马利一直在等待着德军的这一进攻。也正是在这里，冯·俾斯麦将军被迫击炮击中身亡。几分钟后，一架英军战斗轰炸机袭击了奈宁的指挥车，摧毁了他的电台，他手下的许多军官被子弹打死，奈宁自己身上也尽是弹片留下的窟窿。拜尔林立即换乘另一辆汽车，临时担任"非洲军团"的指挥。

看来，隆美尔打算依靠速度来取胜的那份时间表已经不管用了，原计划于黎明后向北进军的部队在太阳升起时仍然困在地雷区。此时，已有了好几个关键部门的德军指挥官倒下，"非洲军团"司令瓦尔特·内林中将受重伤，他的好几位参谋部成员阵亡。隆美尔考虑取消

↑ 向德军阵地发起猛烈炮击的英军。

进攻计划。

此时，英军第22装甲旅正隐藏在阵地上，注视着越来越近的德军坦克。中午的时候，沙漠中的热浪已经开始袭来，云层低垂，干燥的南风掀起一阵沙暴，铺天盖地席卷着整个战场，"非洲军团"行动迟缓，先是沙暴的阻挡，然后是细沙的妨碍，使坦克步履艰难，增加了燃料的消耗。直到下午4点，东进的装甲部队才开始转向北进。

对隆美尔来说，更糟糕的是，新的燃料还不知道在什么地方。

下午6点时，他们不得不停顿下来休整，正前方就是山脊上的据点——132号高地了，此时天已经晴了，集结在山脊上的英军坦克和大炮立即开火。接着，轰炸机也飞来了，对准困在沙漠里的德军猛烈轰炸。很明显，英军事先就知道了德国人的意图，早已加固了那一带的防线，准备了充足的火力。

这一次，大约有400辆坦克集结待命，另外，英军第2装甲师把它的"格兰特"重型坦克隐藏在沙丘后的地洞里。炮兵队已操练了几周时间，已经趁着夜色各就各位了，他们期待着这一重大时刻的到来。他们的新型63磅反坦克大炮首先保持沉默，等敌军进入到366米范围内才开始开炮。

夜幕降临时，德军进攻英军战壕阵地，击毁了几十辆"格兰特"重型坦克，但他们自己也造成了重大伤亡。当时的双方伤亡都很大，但防守者还在顽强坚持，德军只好原地挖掘战壕，忍受着英国皇家空军整整一夜的连续轰炸。

No.2 捷报，阿兰哈尔法胜利

8月31日的夜晚是属于英军的夜晚。当时，照明弹把撒哈拉大沙漠照得亮如白昼，英国皇家空军的轰炸机又开始对完全暴露的"非洲军团"进行猛烈轰炸，空气几乎令人窒息，冰雹一样打来的致人死命的岩石碎块加大了爆炸的威力。一时间，到处是火光，到处是燃烧的坦克和大炮，英军的大炮发出的怒吼，把炮弹准确地倾泻到德军混乱不堪的阵地上。

9月1日凌晨，缺少燃料的隆美尔只好让第15装甲师一支部队进行有限制的进攻。在同盟军大炮和飞机的强大轰击下，进攻很快减弱下来，密集的炮火使德军坦克和步兵一直无法动弹。由于坦克现在快要用完燃料了，隆美尔知道他的部队不可能再前进了，甚至连生存都很危险。

9月2日，隆美尔决定撤退，但是，燃料的短缺使大规模的撤退都变得异常艰难，兵员和坦克只能逐个地撤退。

夜间，敌人的空袭加剧了。

当弹片再一次落在隆美尔的脚下时，已是上午8点25分了。隆美尔再也无法忍受这种折磨了，于是他命令装甲军团逐步撤退回8月30日出发时的阵地。

事实上，蒙哥马利之所以打败隆美尔，与其说是物质上的胜利，倒不如说是心理上的胜利。隆美尔利用保留被占领的英军布雷区和重要的卡伦特·希梅麦特高地进一步增强了自己的防御线，这就使他能够清晰地观察到蒙哥马利的南翼。德军伤亡并不算严重，536人死亡，其中有369名德国人，38辆坦克被击毁。而英军，尽管他们牢牢地站住了脚跟，而且处于防御地位，却损失了68架飞机，27辆坦克和更多的人员伤亡。

然而英军能够及时弥补这些损失，隆美尔却无能为力。特别是经过6天的战斗后，他已经消耗了400辆卡车，正如局势表明的那样，11月间他将为运输工具的不足而深感忧虑，而此时英军物资储备丰富，官兵们士气正旺，这样的部队是不可能不取得胜利的。

在隆美尔宣布停止进攻的同时，蒙哥马利也下令停止这次战役。因为他考虑到凭借目前的英军的实力，还无法彻底打败隆美尔的军队。而且第8集团军的士气和训练都较差，装备还没有处于绝对优势，如脱离阵地追击，非但不能追上退却之德军，如德军回头痛击，还有失败的可能。所以没像人们预想的去做，而是让他的部队继续做好准备，在确有胜利把握的时候才会面向隆美尔发起进攻。

阿兰哈尔法战役的胜利，是蒙哥马利来到非洲后指挥的第一个胜仗，这一胜利，犹如一针兴奋剂，使英军第8集团军士气空前高涨。与此同时，蒙哥马利也成了英军官兵心目中的英雄，他们对蒙哥马利产生了极大的信任和敬仰。蒙哥马利的指挥车驶向哪里，哪里的官兵们就向他欢呼。他那人们熟悉的戴双徽贝雷帽的身影，足以使官兵们群情激昂。

为了彻底消灭隆美尔的"非洲军团"，英国政府为第8集团军运来了大批的援军和装备。到10月底，初尝胜果的第8集团军已经成了拥有7个步兵师、3个坦克师和7个旅共计23万人的强大兵团，仅坦克就有1,100辆，其中还包括400辆先进的美制"格兰特"坦克。而此时的"非洲军团"人数尚不足8万，坦克也只有540辆，两相比较，其实力简直不可同日而语。

接近弹尽粮绝的"非洲军团"无望而坚决地同英军对峙在阿拉曼一线。在此期间，没有后勤供应之忧的蒙哥马利一直在悄悄地积蓄力量，准备在适当的时候对"沙漠之狐"发起致命一击。由于蒙哥马利采取了一系列近乎完美的战场欺骗行动，使得隆美尔对英军即将开始的大进攻毫无察觉。所以当阿拉曼战场上万炮齐鸣时，"非洲军团"的精神领袖隆美尔正在德国的医院里无奈地养病。

↑阿兰哈尔法战役胜利后，蒙哥马利成为了英军官兵心目中的英雄。

第7章
CHAPTER SEVEN

蒙哥马利
运筹帷幄

★在北方隐藏进攻意图的同时，伪装专家们还在南方装成要发动进攻的样子。在南部地带，他们建立了大型模拟补给仓库，建造加油站和燃料库，铺设油管，而且故意放慢速度，为的是让德国人相信，11月以前英军不会竣工，所以也就无法进攻。

★黎明时分，英军在穿越"魔鬼花园"时，步兵的推进不得不缓慢下来。因为防守炮火十分顽强地抵抗，新增援的第164非洲轻型坦克师在发动局部的反攻战。第443炮兵营在视野空旷的条件下开火，封住了英军的一次突破包围。

No.1 魔鬼的花园

盟军在阿兰哈尔法的胜利让隆美尔和他的德军指挥部有了一个清醒的认识——随着这次进攻战的失败，轴心国军队夺取苏伊士运河的企图只能是奢望了，很可能他们已经失去了争取荣誉的最后一次机会。

隆美尔对此次失败的原因总结了三点：第一，情报部门工作太差劲，他们战前掌握的英军实力与实际情况大相径庭，德军战前准备不够充分；第二，他们没想到英国皇家空军如此轻而易举地就取得了制空权，德军过分依赖曾经发挥过巨大作用的88毫米高射炮，而这一次战斗它却没那么"灵"了；第三，也是最关键的因素，德军的物资和燃料严重缺乏，官兵们持续奋战，却连温饱都不能保证，这怎么能打胜仗呢？

根据隆美尔的判断，由于英军无法对战线进行侧翼包围，蒙哥马利很可能会从正面插入。为了减少英军炮火和空中轰炸的影响，隆美尔设计了十分全面的防御系统。他认为，英军的主要攻击目标必将是连绵的德军布雷区战线，因为那里所有的布雷区均无人驻守，所以应该在那里布下成千上万的地雷和陷阱，从而建成一条坚固的防线。这条防线的前沿将由德军战斗前哨部队守卫，每一个步兵营抽出一个连的兵力。

这些主要的防御地带便是有名的"魔鬼花园"。大多数地雷的威力都足以炸断坦克的履带或摧毁一辆卡车，而其中3%的地雷具有多种毁灭性的杀伤力，或通过电线引爆，或是一触即响，接着这些地雷就会迅速爆炸开来，无数的钢球将飞溅到四面八方。在蒙哥马利发起进攻之前，即9月到10月间，隆美尔的部队沿着64公里的前线埋下了将近50万颗地雷。在某些地段，地雷分几层埋下，这样可以使英军地雷工兵不知所措。即使他们发现并清除了上面一层地雷，下面还有一层地雷会爆炸。另外，德军还埋设了一些手榴弹和炮弹，与地雷拉线并联在一起，这也成为地雷阵的一部分。在地雷阵的后面，依次部署着步兵、炮兵、反坦克兵和装甲兵。

9月份，同盟国和轴心国的军队似乎形成了难得的默契，他们谁也不主动攻击，数日来硝烟弥漫的北非大漠突然间安静了许多。这个时候最高兴的当然是那些很久都没有休息过的前线官兵，轴心国这边尤其显得热闹。9月19日，接替隆美尔的人终于到了，他就是坦克专家格奥尔格·施图姆将军。

阿兰哈尔法战役结束后，蒙哥马利就开始研究怎么样才能在阿拉曼彻底击败隆美尔。

通过"超级机密"和各种侦察手段，他对隆美尔的防御部署一清二楚。但是，隆美尔所建立的防线，是一种由工事和爆炸性障碍物组成的绵亘防线，在沙漠作战的历史上，还没有人遇到过这样的防线。如何才能突破这种防线呢？这一直是困扰蒙哥马利的头等问题。

蒙哥马利接下来的工作就是调整一下第8集团军的高层指挥员，把在他眼里认为不合适的将军统统换掉。第一个被革职的居然是就是第30军的军长拉姆斯登将军。在接下来的时间里，蒙哥马利还任命赫伯特·兰姆斯登将军担任他的精锐部队第10军的军长，这位将军曾经在沙漠指挥过第1装甲师，在中东早已久负盛名，深得蒙哥马利的信任。此外，蒙

哥马利还作出了一个惊人的决定，撤换曾经被称作"沙漠之鼠"的英国皇家陆军第7装甲师的师长伦顿。

在做好高层指挥官的调整工作后，经过反复思考，蒙哥马利确定了对付隆美尔的作战方案，准备分三路同时出击：

在强大的炮火掩护下，奥利弗·利斯将军的第30军的4个步兵师将从北边进攻，长达10公里的战线北起海边的特艾沙山，向南一直到来特尔牙山梁，步兵和地雷工兵将清除沿途的地雷，攻下德军步兵阵地和炮火掩体。然后，赫伯特·兰姆斯登将军的第10军的坦克将冲上前去，砸碎轴心国军队的防线。在南边，布莱恩·霍洛克将军的第13军将主动出击，牵制住那一地区的德军装甲部队，进一步使德军搞不清第8集团军的真正目的。

同时，盟军飞机将轰炸德军阵地，袭击轴心国的机场，使敌军飞机在防守中发挥不了作用，这一作战方式被蒙哥马利将军称为"粉碎性作战"。

"粉碎性作战"是蒙哥马利创造的一种新式的沙漠地作战战术。他一改过去的以密集的装甲部队歼灭敌军装甲部队、继而再扑向暴露的步兵的战法，而是首先歼灭德军的非装甲部队，同时将德军装甲部队隔开，不让他们前往接应，最后再来对付失去步兵保护的装甲部队。

为了保障战役成功，蒙哥马利还进行了充分的"骗敌计划"，它是沙漠战中迄今为止最精巧的欺骗计划，代号为"伯特伦"。

他们要做的是将6,000吨储备补给品悄声无息地隐藏在战线方圆8公里的地方。巴卡斯在那里发现了一年前修建的纵横交错的石砌掩壕，他那双经过训练的眼睛马上看出，如果将油桶堆在里面，不会有光线或阴影方面的变化。拍出的航空照片果然证实了他的判断。只用了3个晚上，2,000吨汽油便安全地藏在掩壕里，他们又用了3个晚上将另外4,000吨作战物资堆积成10吨卡车的样子，并且修了顶盖，看上去好像兵营一样。

下一步该隐藏火炮了，蒙哥马利计划要在北部以1,000多门大炮齐射，拉开"捷足"战役的序幕，尽管伪装大炮很难，但专家们还是想出了简单易行的方法，把它们藏在假的3吨卡车下面，仅用了一晚上时间，包括牵引车、前车和火炮在内的3,000件装备便伪装成1,200辆卡车的样子，开战前夕，火炮进入发射阵地后，1,200辆假卡车要迅速装配起来，以掩饰已经撤走的火炮。

在北方隐藏进攻意图的同时，伪装专家们还在南方装成要发动进攻的样子。在南部地带，他们建立了大型模拟补给仓库，建造加油站和燃料库，铺设油管，而且故意放慢速度，为的是让德国人相信，11月以前英军不会竣工，所以也就无法进攻。

蒙哥马利高度赞扬了克拉克及其手下人的这些杰作，现在他已经一切都准备就绪，就等着隆美尔前来进攻了。

就在10月19日，蒙哥马利还通过"超级机密"了解到，隆美尔的燃料仅够用一周，以目前的情况来计算，"非洲军团"的口粮也只够吃3个星期，轮胎和零件也十分缺乏，约1/3的待修车辆放在修理车间已达2个星期，现在各种弹药加起来也只能打9天仗。这使得蒙哥马利信心倍增。

No.2 打响阿拉曼战役

隆美尔所担心的盟军空中优势，已变得越来越明显。

10月下旬，英德两军在空中力量的情况是：英军有605架战斗机和315架轰炸机，德军有347架战斗机和243架轰炸机，连隆美尔都不得不承认："已经没有真正的回应力量，来对付敌军的空中优势了。"

与此同时，"魔鬼花园"后面的步兵仍然什么东西都短缺，他们需要坦克、大炮、弹

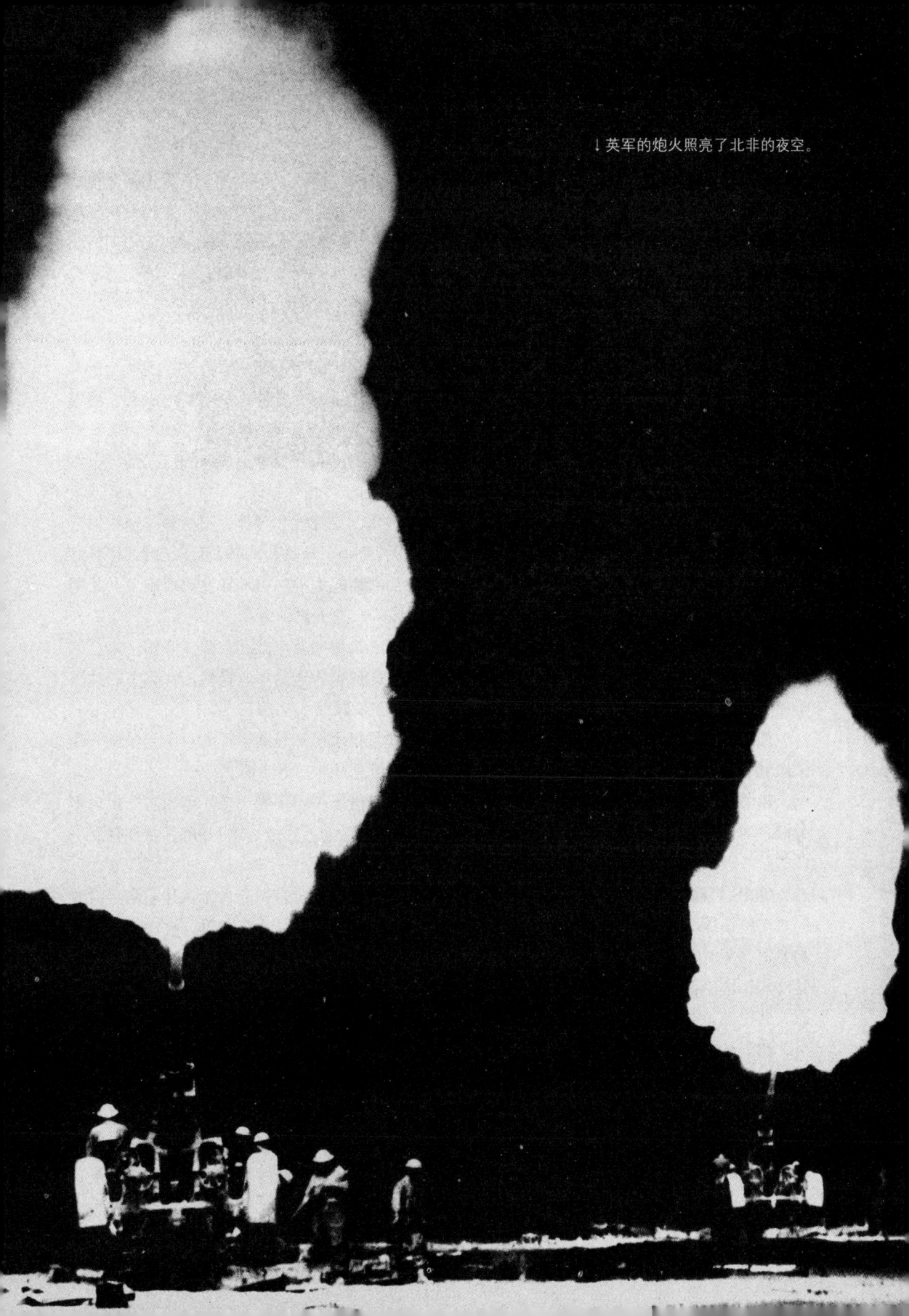

↓英军的炮火照亮了北非的夜空。

药、卡车、食品，当然还有燃料。

1942年10月23日的夜晚，广袤的北非大漠上皓月当空，微风习习，月光下的大沙漠像镀上了一层银箔，泛着一种幽幽的白光，给人一种强烈的荒凉、肃穆之感。突然间，大地发出了一阵剧烈的颤抖，炮弹的呼啸声瞬间便撕碎了静谧的夜空。英军阵地上的1,000多门大炮同时向德军的炮兵阵地、堑壕、碉堡和地雷场展开了猛烈的炮击。一时间，大地震动，铺天盖地的炮弹挟着尖锐的啸声冰雹般地砸向德军，炽热的炮火把整个地中海海滨的天空映得火红。

在二战史上具有重要意义的阿拉曼战役打响了。

在强大的炮火掩护和空军飞机支援下，英国第30军和第13军的士兵们冒着战场上令人窒息的烟雾尘埃，向德军阵地发起了潮水般的进攻。月光下，一排排头戴钢盔的士兵，随着尖厉而急切的风笛声向前挺进，只见刺刀闪光，发出逼人的寒气。在战斗开始阶段，训练有素的德国士兵以其特有的顽强和勇敢的牺牲精神抵消了英国士兵在数量上所占的巨大优势。然而，在英军突如其来的猛烈炮火之下，"非洲军团"遭到了可怕的损失。

22时，炮火目标移向隆美尔的"魔鬼花园"，地雷、炮弹竞相爆炸，阿拉曼阵地很快变成火光冲天、硝烟弥漫的地狱。零时，英国第30军的7万余名步兵和600辆坦克，借助探照灯和轻高射炮对固定战线发射的炮弹，开始向轴心国防线靠左边的中央地域发起攻击。与此同时，第13军在南部也发起佯攻，一时间，整个战线成为一片火热的海洋。

德军司令部一片忙乱，电话呼叫声，电传打字声夹杂着叫骂声此起彼伏。开始，来自前线的报告就支离破碎，数量很少，越往后就几乎没有任何报告送回了。显然，在英军的猛烈炮击下，德军通讯已瘫痪了，午夜已过，施图姆仍然没有摸到头绪。

施图姆果断地命令轰炸机和战斗机投入战斗，并且指示第90轻装甲师的后备力量进入作战地域，粉碎英军在德防线后方登陆的企图，大炮和坦克开始扫射海面。

黎明时分，英军在穿越"魔鬼花园"时，步兵的推进不得不缓慢下来。因为防守炮火十分顽强地抵抗，新增援的第164非洲轻型坦克师在发动局部的反攻战。第443炮兵营在视野空旷的条件下开火，封住了英军的一次突破包围。

施图姆将军此时仍然不是十分清楚战斗的情况，就在他决定带领一名参谋开车亲自看看时，他的指挥车遭到了澳大利亚机枪手的袭击，那名参谋军官被打死在车里，在司机开足马力急速调头时，施图姆因心脏病突发而死，而且被抛在了车外，恐惧的司机根本没有注意到这一切，所以德军一度认为施图姆失踪或投降了，而不是阵亡。司机无法解释清楚当时的情况，这使德军指挥部再次陷入一片慌乱中。

激烈的战斗持续了一天一夜，意大利"利托里奥"师和德国第15装甲师竭尽全力顶住英军对28号高地的压力，这个重要的山头尽管比周围的沙漠平地只高出几米，但却控制着整个战场。由于轴心国军队的顽强抵抗，双方伤亡人数都在急剧上升，装甲部队相互也攻打得十分激烈。两天内盟军就损失了250辆坦克，而德军的第15装甲师也损失了它的119辆坦克中的88辆。无时不在的英国皇家空军向轴心国军队的阵地投掷了雨点般的炸弹，前不久刚刚接管"非洲军团"的里特·托马将军继任了施图姆的全部指挥权。

第8章
CHAPTER EIGHT

血火硝烟
阿拉曼

★丘吉尔在伦敦与英国总参谋长阿兰·布鲁克交谈时说："如果蒙哥马利的全盘计划就是打一场掉以轻心的仗，他为何还对我们讲只需要7天就可以获得胜利？难道我们找不出一个能打赢一场战斗的将军来了吗？"他宣布，中午召集一次参谋长联席会议。

★也许是由于这两天前线相对平静无事，也许是由于安排好了退路，也许是由于一艘意大利船历尽坎坷终于运来了600吨燃料，隆美尔精神状态好一些了，也能睡着觉了，他或许在想："看样子，我又能渡过难关了！"

↑蒙哥马利与中东英军总司令亚历山大。

No.1 困兽之斗

当蒙哥马利的进攻打响时，隆美尔还在奥地利的山庄里养病，与他的妻子和儿子呆在一起。他们正为远离斯大林格勒，远离惨遭轰炸的鲁尔城市，远离埃及而感到庆幸。

就在10月24日，隆美尔得知北非蒙哥马利发起进攻消息后，即刻向希特勒请战。希特勒终于来电话了："装甲军团判断蒙哥马利的总攻已迫在眉睫，这将是一场旷日持久的艰苦鏖战，看来你必须立即回到前线，重新指挥战斗。"隆美尔于1942年10月25日夜回到非洲前线担任全军总指挥。

10月25日的夜晚，英军密集的炮火始终没有间断过，最后炮声汇集成一阵持续不断雷霆般的轰鸣。隆美尔确信蒙哥马利企图在北部发起主攻。他在10月26日下午，将后备队从南部防线调集过来，包括第21装甲师和炮兵主力部队。这是一场孤注一掷的大赌博。如果他的判断失误，部队就再也调不回去，因为装甲车的汽油已濒临耗尽。结果证明他是正确的，第二天，隆美尔挫败了英军的一次突破企图。

下午3点，隆美尔投入装甲和步兵主力向28号高地发起反攻，反攻未能得手，在根本无法隐藏的地段上，德军进攻部队遭到英军空军的无情轰炸。

有一项战术措施本可以击退一部分英军，这就是后撤几公里，退出敌军炮火射程之外，再诱敌深入，使对方的坦克卷入激战。但可惜空军无能为力，插不上手，而且隆美尔没有足够的汽油将此抉择付诸于实践，继运载汽油和弹药各1,000吨的"特吉斯蒂"号被击沉后，载油2,500吨的"普罗塞比娜"号又告遭难，这无异给了隆美尔当头一棒！

他确信蒙哥马利将进行大规模突破的尝试，所以他把南部的德军全部调往北面，仅把意大利人和不能打仗的德军留了下来。当天下午，他看到一张缴获的英军地图，证实了蒙哥马利的意图是突破北部角落的主要防线，然后长驱直入，打到达巴海岸。隆美尔在赶往前线途中，从望远镜里看到密密麻麻的英军经过惨重的伤亡之后，方才楔入德军布雷区。晚上9点时，震撼大地的炮击开始了，10点钟，总攻的序幕拉开了。

突击28号高地北部的英军部队是莱斯利·莫西德将军率领的身经百战的澳大利亚第9师，这支部队在1941年4月间曾使隆美尔的部队在托布鲁克港吃过苦头。正如隆美尔所预料的那样，英军的进攻被迫转向靠海岸北部的布雷区纵深地带，扼守这一地段的德军是125坦克步兵团第2营，这支部队厮杀了整整一夜，显示了极强的战斗力。此外，隆美尔还在这一地段设置了强有力的反坦克屏障。黎明时分，澳大利亚师的进攻被阻挡住了，这使得蒙哥马利被迫考虑新的战略部署。

No.2 隆美尔想到了撤退

和隆美尔一样，那一天，蒙哥马利在司令部里同样度过了一个阴郁的日子。

经过5天的战斗，英军伤亡几近一万人，被摧毁的坦克约有300辆，超过隆美尔拥有坦克的数量总数。坦克兵只剩下900多名，更成问题的是步兵，由于打的是一场步兵消耗战，蒙哥马利实际上已没有步兵后备队，所有的步兵师都部署在前线了，特别是新西兰师和南非师，几乎没有得到兵员补充，最糟糕的是，尽管付出如此惨重的代价，仍然未达到预定的在24日要实现的目标，也就是说前线的进攻似乎并未超过先前的战略突破点。下一步该怎么办？蒙哥马利也觉得有些不知所措了。

丘吉尔在伦敦与英国总参谋长阿兰·布鲁克交谈时说："如果蒙哥马利的全盘计划就是打一场掉以轻心的仗，他为何还对我们讲只需要7天就可以获得胜利？难道我们找不出一个能打赢一场战斗的将军来了吗？"他宣布，中午召集一次参谋长联席会议。

在这次会上，布鲁克声辩说："蒙哥马利正在策划一次新的更大规模的进攻。"其实他很清楚，这纯粹是自圆其说，事实上蒙哥马利已被狠狠地揍了一顿。

蒙哥马利在这一时刻能够得到一位关心自己前途的参谋总长的支持，不是依靠运气，而是依靠战绩。在敦刻尔克的那些日子里，以及在敦刻尔克以前和以后的日子里，布鲁克一直都对蒙哥马利极为信任。

蒙哥马利作为一个战场的指挥官，无论过去和现在都只按"军事需要"来考虑问题和采取行动，对处理各种"关系"却考虑不够，这自然会使人们对他产生误解并对他的能力失去信心，他的某些未经说明的行动使别人对他产生怀疑和不良的看法，但他缺乏移情能力或直觉，未能预见到这点而采取预防措施。他万万没有想到，他自认为是完全合乎逻辑的军事行动，竟会以截然不同的面貌呈现在伦敦的焦急不安的上司们面前。

经过连夜的深思熟虑，蒙哥马利决定改变计划，实施大面积的机动，并通过重新部署部队来建立一支强大的预备队，以实施猛烈的最后打击。他下令第1装甲师撤出战斗，重新编组，第30军也暂时退出战场。将这次战役打响后尚未参加过激烈战斗的南非师和第4印度师从侧翼调到右边，替下精锐部队新西兰师，让他们作一次短暂的休整。蒙哥马利的这一决定还没有实施，伦敦方面就派人来了，显然，丘吉尔对他目前的表现并不十分满意。

那是一个阴沉的上午，德·甘冈突然推开了蒙哥马利的门："将军，中东部队总司令亚历山大将军和他的参谋长麦克里里少将，还有国务大臣凯西一行前来视察。"

正在忙于制定"增压"行动计划的蒙哥马利感到有些诧异："这么突然，怎么事先没有通知一声？"

"看来对于我们重新调整部署，伦敦方面很不放心。"

"有什么不放心的，由我来说服他们吧，要是实在不同意就请他们找别人好了！"蒙哥马利对伦敦方面的这种做法感到有些不快。

尽管如此，出于礼貌，蒙哥马利还是亲自出去迎接了亚历山大等人，并对他们的到来表示热烈欢迎。

亚历山大开门见山："将军，还是先介绍一下目前的战况吧。"

蒙哥马利也直接切入主题："根据战斗的进展情况，我已于27日开始抽调一些师留做后备队。具体做法是，让开战以来一直担负主攻的新西兰师撤到休整区域，把本战役中尚未参加过激烈战斗的南非师和印度师从侧翼调往北边补充缺口。由于隆美尔已将其全部装甲部队调到我们的北部走廊对面，为减少伤亡，我已把该地区作为防御正面，那里的第1装甲师也抽出来作为预备队，诸位想必急于知道，我重新部署部队加强后备力量的目的吧？"

蒙哥马利继续说道："我是想实施最后一次决定性的打击，我把这个新计划叫做'增压'行动。澳大利亚师在30日夜至31日凌晨之前向北猛烈攻击，到达海边，把德意军队的注意力引向北面。然后，在10月31日夜至11月1日凌晨前，在北通路北面，以新西兰师为主，在第9装甲旅和2个步兵旅增援下，向意军发起强大的攻势，打开一个深远的缺口。之后，第10装甲军通过缺口，穿过开阔的沙漠，绕到德军阵地的后面并将其消灭。"

亚历山大听了蒙哥马利的介绍后，一直没有表情的脸上顿时出现了笑容。

麦克里里还提出了自己的见解："我看，突破点可以再往南一些，避开敌人组织严密的防御阵地，这不更好？"

蒙哥马利对他的建议表示接受。

国务大臣凯西似乎还是没太弄清楚这些将军们的意图，他还是把伦敦方面的担忧对蒙哥马利表明了："首相认为将军的这次行动进展并不顺利，而且在实力明显占优的形势下似乎有些迟缓误事。"

听到这里，还没等凯西把话说完，蒙哥马利就急忙插上一句："我本来就说是打10天，现在只不过才过了一半，首相急什么？"

"你的意思是你的'增压'行动在4天内可以完成？"凯西似乎觉得这个有点不太可能。

"对，这个绝对没有问题。"蒙哥马利向他保证。

听到这两个人的话明显充满火药味，亚历山大将军忙着劝道："别说了，蒙哥马利将军，就按你想的去做吧，我们都会支持你。"然后，他又对凯西说："您也不用着急，伦敦方面由我来解释。"

凯西说："好吧，尽管这样，我还是需要给首相发封电报，让他也在思想上做好失败的准备。"

"可以发，但是我敢断定，如果那样，你的政治生涯会提前结束的。"蒙哥马利毫不客气。

凯西无奈地走了。

通过"超级机密"，蒙哥马利获悉28日夜与澳大利亚师交战的德国部队是第90轻型装甲师的第155战斗群，这不仅表明隆美尔的全部精锐部队已投入了北面作战地段，而且还表明隆美尔在手头已没有德军预备队了，在这次战役开始之前，蒙哥马利曾经说过，德国部队和意大利部队是交错地配置在一起的，如果能够把他们分开，那么突破由意大利部队构成的正面就不成问题了。现在看来，德军和意军完全分开配置了，这种情况的出现，为集中力量攻击战斗力较弱的意军提供了绝好的机会。

蒙哥马利决定抓住这个机会。

夜色朦胧，淡淡的月光洒在海岸公路上，十几辆大小汽车正轰鸣着沿公路向西驶去。隆美尔坐在他的指挥车上，浓眉微耸，双唇紧闭，嘴角边的线条更深了，显出一副严厉的神态，坐在一旁的威斯特法尔上校知道，元帅的心绪很乱。

自昨天中午起，隆美尔就获悉英国装甲部队在腰子岭一带集结。他估计，蒙哥马利企图再度取得决定性的突破。可是，整个下午没有什么动静，隆美尔想先发制人地发起反击的企图也被英国空军的一通轰炸给粉碎了。

晚上9时，来势凶猛的英国炮火开始轰击腰子岭以西地段，紧接着数百门火炮又集中轰击腰子岭以北地区。一小时后，英军沿海岸线的进攻开始了。据前线部队报告，进攻部队是澳大利亚师，这是曾死守过托布鲁克的作战英勇的英军精锐部队。隆美尔把剩下的所有火炮都集中起来使用，才暂时打退了这次进攻。然而，异常激烈的战斗持续了6小时后，德军终于被打垮了。与此同时，隆美尔同他的集团军司令部不得不踏上西撤的道路。

这一夜，隆美尔和他的司令部官兵是在海岸公路上度过的。这里离前线已有一段距离了，但仍然能看到炮口连续不断地发出闪光。炮弹在黑暗中爆炸，雷鸣般的炮声不断在耳边回响。英国夜航轰炸机编队一次又一次地出现，把炸弹用到德军头上。降落伞照明弹照亮了整个战场，就像白昼一样。

司令部一行抵达原作战指挥部旧址时，已是午夜过后了。隆美尔全无睡意，一个人来到海岸边踱步，他要好好理一理思绪，战局会如何发展变化？下一步该怎么办？在英军进攻的压力下，能否继续抵抗一阵？对此，隆美尔是有疑问的。英军真正的大规模进攻还未开始，压力会继续增加，难道就这样坐以待毙吗？当然不行，要寻找一条生路，怎么办？只有主动向西撤退。

隆美尔头脑中第一次想到撤退，他试图想点别的办法，但是，撤退这个字眼的诱惑力实在是太大了，无法把它从脑子中驱逐出去。

不过，撤退必要丧失大部分非机动化步兵兵力，其原因一方面是摩托化部队战斗力有限，另一方面，所有的步兵都已经卷入战斗，难以迅速脱离战场。那么，就打消这个念头，再试着以顽强的抵抗迫使英军自动放弃攻击？这根本是不可能的啊！

又是一阵沉闷的炮声传来，将隆美尔的思绪拉回到眼下面临的实际情况上来。如果今天上午他们就发动起大规模强攻呢？所以还是做两手准备为好。撤退时要尽量把坦克和武器装备撤出来，以利于再战。

权衡再三，隆美尔决定，假如今天上午英军压力过大的话，就要乘战斗尚未达到高潮时，向西撤退到富卡防线。

No.3 "尽最大的力量守住阵地！"

上午，英军在强烈炮火的掩护下，继续进攻德军阵地，并取得了小范围的胜利。但隆美尔所预料的主要攻势在29日这一天并没有到来，于是，隆美尔抓紧时间，小心翼翼地瞒着他的意大利上司，开始策划西撤的计划。

下午，隆美尔把威斯特法尔召到他的司令部内，一言不发地用红笔在地图上圈了一道。

威斯特法尔马上心领神会："您是说我们将撤退到阿拉曼以西的100公里处的富卡防线？"

"是的，因为眼下阿拉曼防线北部已经不在我们手中了，所以，我们必须在富卡为部队准备另一条防线，以便伺机撤到那里，你看怎么样，上校？"

"我看是可行的，富卡像阿拉曼一样，也是一个理想的防御地域，特别是南边的卡塔腊洼地的倾斜度较大，英军绝不可能从侧翼突破。"

"对，我也是这样考虑的，另外所有非作战部队可以撤退到富卡以西更远的地方，比如梅沙马特鲁地区。"

威斯特法尔惊讶地看了一眼元帅，他是怎么了，准备更远的撤退，要一撤到底吗？这在元帅的经历中可是前所未有的啊，他的信条一直是"向前，向前，再向前"的呀！

"撤退的事宜是否需要向最高统帅部或元首本人报告？"威斯特法尔小心翼翼地提醒道。

"不必了，作为战场指挥官，我完全有权力根据战局的发展作出自己的决定，你就准备拟定一个撤退的时间表吧。"

"是，将军。"

也许是由于这两天前线相对平静无事，也许是由于安排好了退路，也许是由于一艘意大利船历尽坎坷终于运来了600吨燃料，隆美尔精神状态好一些了，也能睡着觉了，他或许在想："看样子，我又能渡过难关了！"

不出预料，11月1日至2日夜间，蒙哥马利惊天动地的进攻开始了，夜里10点左右，200门大炮同时向隆美尔的防线的一段狭窄地带齐轰，构成了一道密集的火力网，成群的重型轰炸机潮水般地向该地区和后方目标狂轰滥炸，在那个漫长寒冷的夜晚，这位陆军元帅看到了挂在沙漠上空的一颗颗照明弹；托马的非洲军司令部被炮弹击中，他本人受了轻伤；无线电波遭到干扰，失去了作用。

次日凌晨5点，隆美尔驱车到前线，了解战事进展的情况。他得到的消息说：凌晨1点，

↓ 向德军 进攻的英军坦克部队。

↑ 正在前线督战的隆美尔（前）。

英军的坦克群和步兵在900米宽的战线上突破了28号高地西面的防御工事，此刻正长驱直入，通过布雷区，企图打开一条通道。

就在白昼与黑夜交替之际，一场血战在激烈地进行。

天刚放亮，隆美尔看见布雷区里有20辆英军坦克的残骸，紧随其后却有100多辆坦克排成纵队滚滚而来，涌向突破口。有20辆英军装甲车实际上已冲破防线，这是大坝崩溃前从裂缝中喷出来的水花。这些装甲车随即在黎明前消失在隆美尔防线的后方，它们在那里横冲直撞，向防守薄弱的给养部队射击，大坝终于崩塌了。

上午11时，电话响了，隆美尔接到了早已预料到的报告：英军坦克群已突破了28号高地西南2公里的地段，正在向西推进。

隆美尔仓促地吃了几口饭，接着便赶去指挥他的一生中最后的一次沙漠坦克大战，他明白，这也许是决定命运的时刻了。

隆美尔多次立在一座大山上审视着这场大战。他抓住几分钟的时间给他的家人写信：

"亲爱的露西，形势对我们越来越不利，敌军以十分强大的兵力一步步地粉碎着我们的阵地。这意味着我们末日的来临，你可以想象我现在的境地。"

从中午到下午1点，整队的轰炸机对28号高地以西的残余防线进行了7次轰炸，288野战医院虽然挂有红十字的旗帜，但同样不能幸免，有3名军官丧命。隆美尔命令将英军军官作为人质扣押在那里，以便引起敌人的注意。

下午1点30分，无线电情报部门截获了蒙哥马利给坦克部队的命令，表明英军打算转向东北，逼近嘎沙尔海岸，以便从突进去的北部切断隆美尔的部队。隆美尔当机立断，调出南线的最后预备队，他命令意大利阿里艾特装甲师及其剩余炮兵朝阿卡克尔北面移动，因为这个地方明显是蒙哥马利的临时目标。

战斗持续打了整整一个下午，使德国人惊恐万分的是，英军坦克主力部队使用了数百辆从未见过的美制坦克，这种坦克远比德军的坦克厉害，它可以在900米的距离外开火，而口径88毫米的德国高射炮几乎连它的装甲都无法穿透。

下午3点30分，隆美尔决定当天晚上就开始从前线撤退，一小时后，他向参谋人员宣布了自己的决定。要把部队撤退到富卡防线。他的这个最后决定一直保留到当天托马将军打电话向他汇报战斗进展情况时为止。

托马说："我们已尽了最大的努力，将防御线连成一体，战线现在已经稳住，但很薄弱。明天能够作战的坦克只有30辆了，至多不会超过35辆，就连后备队也全部出动了。"

这使隆美尔下定了决心，他对托马说："我的计划是要全军边打边撤退，退到西线，步兵今天夜里开始行动，非洲军的任务是坚守到明天早晨，然后撤出战斗。但要尽量牵制住敌军，给步兵赢得脱逃的机会。"

傍晚7点，隆美尔询问最近的弹药和汽油贮存位置，回答是："情况不明。"其实，部队现在甚至没有足够的汽油把弹药从达马运到前线。

20分钟后，隆美尔的参谋人员用电话通知下一步撤退的命令。截至晚上9点5分，装甲军团的最后一支部队接到了这项命令。

隆美尔知道希特勒和墨索里尼都会对这次撤退不满，所以他想尽可能长时间地对他们隐瞒这次撤退行动。那天下午送出的临时战报居然没有提到他们撤退的意图。

罗马最高统帅部还是察觉了此次行动。隆美尔在此之前曾向利比亚的马尔马塞蒂求援，向他借运输车辆撤退意大利步兵，但马尔马塞蒂拒绝了他的要求，他立即通知了曼西尼上校："请转告隆美尔元帅，领袖认为必须不惜任何代价坚守现在的防线，我们将千方百计地立即从空中和海上两条路增援给养物资。"

隆美尔那天下午发出的一无所用的临时报告，几小时后被送到了东普鲁士的最高统帅部，电文上写着：

虽然我军在今天的防御战中获得了胜利，但面对占绝对优势的英空军和地面部队，经过10天的艰苦奋战，全体将士已经筋疲力尽。预计强大的敌军坦克群可能于今晚或明天将再次突破战线，我军部队确实已尽全力，由于缺少运输工具，无法将意军的6个非机械化师和德军的两个非机械化师顺利撤出阵地。大批部队将被敌人的摩托化部队牵制。目前，我军的机械化部队正在浴血奋战，但预料仅能有一部分兵员能够摆脱敌军纠缠……尽管我军部队进行了英勇顽强的抵抗，显示了大无畏的精神，但鉴于此种形势，全军覆没的危险仍然不可避免。

几乎就在同时，英国人也通过"超级机密"获取了这则电报的全文，专家们迅速开始翻译并分析电文，几小时后，蒙哥马利就已获悉，隆美尔确实是不行了。

子夜时分，希特勒亲自打电话给最高统帅部的参谋人员询问情况："隆美尔还有消息来吗？"当他得知没有时才如释重负，回去睡觉了。

第二天，即11月3日早晨8点30分，陆军元帅凯特尔急匆匆地跑进希特勒的地下避弹室，要求面见元首。他气急败坏地把隆美尔夜间的报告交给希特勒，希特勒这才知道，昨天夜里，隆美尔已率部队撤出了防线。是值夜班的军官没有注意到这句关键性的措辞，把电文当作日常公文处理了。一会儿又有一则电文发过来："撤退正按计划进行！"

希特勒气愤得直抓自己的头发："在这关键时刻，隆美尔求救于我，求救于祖国，我们应该给他最大鼓励，给他强大的支持力量，要是我知道的话，一定会全力支持，命令他坚守阵地，可是当隆美尔向我求救时，我们居然还有人在坦然地睡大觉！"

接下来，希特勒发出了一封电报，电文如下：

隆美尔元帅：我和全体德国人民，怀着对你的领导能力和在你领导下的德、意部队英勇精神的坚定信念，注视着你们在埃及进行的英勇防御战。鉴于你现在所处的形势，毋庸置疑，只有坚守阵地，决不后退一步，把每一条步枪和每一名士兵都投入战斗，除此别无他路。大批空援将在未来几天内到达南线总司令凯塞林那里，领袖和意军最高统帅部必将竭尽全力积极增援，以保证你能继续战斗，敌人虽占优势，但已是强弩之末，意志的力量能够战胜强大的敌人，这在历史上已屡见不鲜。你可向你的部下指明，不胜利，毋宁死，别无选择。

阿道夫·希特勒

隆美尔接到电文后，精神几近崩溃，他的部队一直处于空袭的恐怖中，已经形成了撤退的混乱局面，意大利人和德国人你推我挤，争先恐

↑希特勒、墨索里尼以及德军高级将领正在讨论非洲战局。

后地逃离阿拉曼战场，而就在这个紧要关头，元首却不允许撤退。他该怎么办？

在此后的一小时内，隆美尔写了一大堆回电，其中有一则是这样的："我的元首，我永远遵从您的旨令，但在盲目服从和责任感之间我无所适从，我几乎不能拿我下属的生命做赌注，这次战役已经彻底失败，如不撤退，后果不堪设想。"但是，这个电文并没有发出去，隆美尔在关键时刻仍然屈从于希特勒的指令了，接下来的事实证明了他的忠心。

隆美尔给非洲军司令托马将军打电话："我现在命令，所有部队一律停止撤退，要继续不遗余力地继续战斗，元首马上就给我们运来物资和燃料，我们一定要坚守到底。"

听到这个命令后，隆美尔的参谋们特别是拜尔林，激烈地反对这项命令，但他们的元帅还未学会去违抗元首的特别命令。

当时，步兵、反坦克兵和工程兵的伤亡数已达一半多，炮兵将近40%，非洲军现在只剩下24辆坦克，第20军的利特里奥装甲师和德里斯特机械化师事实上已不复存在。

然而，这些仍然没有使希特勒收回他的那项灾难性的命令，隆美尔也只好惟命是从，他大喊着："我要求你们在力所能及的范围内，竭尽全力取得当前战斗的胜利，要做战场的主人，元首的命令已排除了任何撤退的可能，你们必须守住现在的阵地，绝不能后退！"

11月4日早晨，陆军元帅凯塞林来到部队打气，当他得知隆美尔的部队只剩下22辆坦克时，他立即改变了自己的想法："隆美尔元帅，我看我们不能把元首的电报当作一成不变的命令，它应该更是一种呼吁。"

↑ 隆美尔与德军凯塞林元帅。

"可我认为元首的命令是绝对不可以更改的！"隆美尔依旧坚定。

"但也要随机应变呀！你迅速给元首拍电报，就说现在部队损失如此惨重，人员剧减，不可能再守住防线，要在非洲立足，唯一的机会就是全面撤退然后再等待机会反攻，其他工作我来跟元首说！"

隆美尔尽管听从了凯塞林的指令，给希特勒发了电报，但在等待回话的时间里，他仍然固守着元首的命令，指挥部队"尽最大的力量守住阵地！"

对于隆美尔的决定，托马将军简直气疯了，他怎么也想不通，为什么明知道要去送死，却还要主动向枪口上撞，这是什么逻辑？他亲自挂上自己所有的勋章，乘着坦克赶到前线最激烈的地方去了，当英军的坦克迎上来的时候，他手里拿一个小小的帆布包，向英军投降了。

就在那一天，非洲军们仍然执行着隆美尔"不许撤退"的命令，导致第20军遭到了全军覆没的厄运。隆美尔终于不再等待希特勒的命令了，他断然地把命运操在自己手中，下令撤退。

晚上8点50分，希特勒终于同意撤退了："既然木已成舟，我同意你的要求。"

就这样，隆美尔7万人的部队开始了艰难的撤退，开始了一场3,200公里长的奥德赛式的远征，也可以说是溃逃，尚不知道前面等待他们的将是什么危险？

第9章
CHAPTER NINE

隆美尔的撤退

★与士气高昂的英军相反，阿拉曼之战的创伤深深地印在了每一个"非洲军团"官兵的心头。这对于一支习惯了胜利的军队来说无疑是一次致命的打击，它极大地动摇了士兵们对自身和对他们指挥官的信任。

★一向沉着冷静的隆美尔再也坐不住了。蒙哥马利如此远距离的迂回，不仅将迫使他放弃眼前的阵地，就连利比亚的首都，德意帝国在利比亚存在的象征，有地中海畔明珠之称的的黎波里也必须放弃。

No.1 身陷沙漠，孤立无援

　　获准撤退的隆美尔率领着"非洲军团"幸存的那些残兵败将踏上了一条漫长的撤退之路，在这以后的将近3个月的时间里，他开始尽情施展那动若脱兔的"沙漠之狐"的风采。

　　至此，历时12天的阿拉曼战役最终以同盟国军队大获全胜而告终。这场战役是德意法西斯在非洲末日的开始，是整个第二次世界大战北非战场的转折点。此役，德意军队共阵亡1万多人，伤1.5万多人，被俘8万多人。从此，一度纵横大漠的"非洲军团"一蹶不振，而英国第8集团军则赢得了全面的胜利。

　　阿拉曼一战得手，使得一直渴望打败隆美尔的蒙哥马利梦想成真，一夜之间他成了大英帝国的英雄和救星。因为一直急切地盼望一场久违的胜利，面对大获全胜的蒙哥马利将军，丘吉尔首相的声音竟有些颤抖，他握着蒙哥马利的手动情地说："蒙蒂，大英帝国的全体臣民感谢你和你英勇的军队。"

　　作为一名久经沙场的老将，在品尝了胜利的果实之后，更主要的是能够在胜利面前保持清醒的头脑和理性的思维，在这方面蒙哥马利堪称典范。他并未因为自己的一场胜利就忘乎所以，相反，他很清楚，不可一世的隆美尔是被他击败了，但那只狡猾的狐狸还远没有被击垮，更没有被消灭。此时，他正率领着他的残兵败将一路狂奔，妄图挣脱死神的阴影，一旦假以时日，他完全有可能重整旗鼓，卷土重来，这绝不是蒙哥马利所希望看到的。

　　为了不给隆美尔以喘息之机，蒙哥马利决定立即率领士气正盛的第8集团军对隆美尔和他的"非洲军团"展开持续而猛烈的追杀。

　　与士气高昂的英军相反，阿拉曼之战的创伤深深地印在了每一个"非洲军团"官兵的心头。这对于一支习惯了胜利的军队来说无疑是一次致命的打击，它极大地动摇了士兵们对自身和对他们指挥官的信任。

　　随着一系列防御战斗的失败，他们从阿拉曼到卜雷加，从卜雷加到布厄艾特，一个个本属于自己的阵地不得不放弃了，一座座美丽的城市和港口不得不失去了，昔日的辉煌刹那间变成了每一个士兵痛心疾首的回忆，而就在他们还未从回忆中醒来时，现实又不得不逼着他们踏上了前途未卜的撤退之路。

　　如果说，隆美尔此前在人们心目中的印象是一位"极擅进攻、同时防御也很在行"的将领的话，那么此次"非洲军团"长达上千里的大撤退，则集中体现了他"沙漠之狐"的风采。每次蒙哥马利都觉得"非洲军团"已成为他的囊中之物，可每次隆美尔都能奇迹般地得以逃脱，并且还能在撤退的同时，不失时机地对追击中的英军反戈一击。因此，后来的军史家们很形象地给隆美尔戴上了一顶颇为受用的桂冠——"逐次抵抗大师。"

　　撤退中的隆美尔依旧表现出了他身处逆境时那种惊人的狡诈。虽然疾病缠身，头晕目

→ 撤退中的德军装甲部队。

眩，但他率领着7万德意联军，历尽千辛万苦，终于穿过了北非海岸线几百公里荒无人烟的沙漠。

这支首尾长达100公里、由坦克、大炮以及各种载人车辆拼凑起来的队伍，一路上忍受着热带白昼酷热的煎熬，经受着黑夜疾风暴雨的吹打，同时还经常遭到同盟国军队无情的空袭。有好些日子，由于缺乏燃料，整个撤退行动不得不瘫痪下来。但是，隆美尔那些身经百战、忠诚不渝的士兵们却仍然在为掩护撤退做着殊死顽强地抵抗。

在竭尽全力地应付蒙哥马利一次次"欲置'非洲军团'于死地"的侧翼包围行动的同时，疲于奔命的隆美尔还不得不应付来自希特勒和墨索里尼的要他死守到底的荒谬命令。在他的心目中，待在后方指挥部里的大人物们，根本无视"非洲军团"和第8集团军之间实力对比近于1比10这一令人寒心的数字，而是一味地从政治甚至面子的角度来盲目地命令他死守到底。

面对来自敌人和自己上司的双重压力，隆美尔陷入到一种极其复杂的矛盾之中，经过反复的斟酌和思谋，一个职业军人的良知让他作出了这样的决定——宁可抗上，也要尽量挽救每一个"非洲军团"士兵的生命！墨索里尼听到这个消息时，肺都快气炸了，他声嘶力竭地叫嚷："不许撤退！非洲是属于我们的！"

然而，早已横下一条心的隆美尔已经顾不上这么多了，他对参谋长德·甘冈说："不能再犹豫了，多一分犹豫就多一分全军覆灭的危险！你把我的命令传下去，让大部队迅速撤退，一切后果由我隆美尔一人承担。"

11月4日黄昏过后，隆美尔的司令部已安全撤离。在右面海岸线的公路上，燃烧的车辆喷着烈焰，火光冲天，大部队仍然在穿越无垠的沙漠。蒙哥马利依仗其雄厚的兵力和充足的后勤供应，对隆美尔的残兵败将展开了无所顾忌的步步紧逼式追杀。他费尽心机地为已成惊弓之鸟的德国人设下了一个又一个的陷阱，但每一次都在他认为大功即将告成时，被隆美尔这只狡猾的狐狸奇迹般地逃脱。

6日凌晨，隆美尔的部队终于穿过黑暗，开始向梅沙马特鲁进发，那些依稀可见的阿拉伯村庄没过多久就深深地沉睡在了后面的夜幕中。在出人意料地挨了隆美尔的几次回身一脚之后，蒙哥马利的行动变得谨慎和小心起来。天亮的时候，蒙哥马利集中兵力在梅沙马特鲁正东方向收紧罗网，他暗下决心："这次决不能再让隆美尔跑掉了！"然而，隆美尔的表现再一次让他失望了，这次隆美尔要感谢的是一场突如其来的大雨，它使沙漠变成一片泽乡，从而成功阻止了英军迂回的企图。蒙哥马利气得脸色苍白："这只狡猾的狐狸！"

得以逃脱的隆美尔利用两天时间对他的部队进行了调整。此时，摆在他面前的无疑是个烂摊子——装甲军团的战斗力已经微乎其微，仅剩下了十多辆坦克，部队有1,000多人阵亡、近4,000人负伤、近8,000人失踪；意大利第10军被留在阿拉曼防线，没有车辆，没有燃料和淡水；第21军特兰托的半个师的人马于10月24日被英军赶上，而另一半则和博洛尼亚步兵师一起遭到了噩运——听候命运之神的处置；最悲惨的是第20军，他们于11月4日全军覆没；第19轻装甲师只有1个营的兵力；虎口脱险的第164轻装甲师也只留下了1/3的兵员。原本庞大的"非洲军团"此时仅剩下了一个团的架子。

唯一令隆美尔感到欣慰的是，11月7日，兰克将军和他属下的800多名空降部队奇迹般地出现在他的指挥车旁。隆美尔兴奋地问："你们怎么赶到这里来的？"

兰克将军对隆美尔意见很大，因为11月4日隆美尔下达撤退命令时，并没有及时通知到他的部队。

听到元帅的问话后，他很冷漠地行了个军礼，尖酸刻薄地回答道："我们当然是指望不上别人的，只是运气稍好些，依靠自己的力量伏击了一支英军运输队，偷到了汽油，这才能追上您的部队呀，看样子，你们跑得还是不够快！"

隆美尔知道他心里不顺，便没说什么，毕竟在这个关键时刻，能搞到些汽油是非常令人振奋的，从这点来讲，兰克将军也算是立了一功。

对于隆美尔来说，这种脑袋屡屡被别人套进绳索，每一次都是在最后一刻才能幸运地挣脱出来的遭遇，让他感到沮丧万分。他很清楚，假如哪一天不走运的话，他和他的这支曾经能征善战的队伍，就有可能和他过去取得的所有辉煌一起，被深深埋葬在这残阳如血的茫茫大漠中。

由于失去了制空权，讨厌的英国轰炸机像影子一般追踪着这支仓皇奔逃的疲惫之师。它们肆无忌惮地把炸弹倾泻到"非洲军团"的头上，使隆美尔的逃跑之路逐渐转变成了一条名副其实的死亡之途。

看到道路两旁那熊熊燃烧的车辆和士兵们血肉模糊的尸体，一向意志坚定的隆美尔不禁悲从中来。他站在布满灰尘的敞篷车上，大声地向士气低落的士兵们喊话："抬起头来，勇敢的'非洲军团'的士兵们，蒙哥马利那个浑蛋是追不上我们的，一旦元首给我们送来了援兵和汽油，我们就会像从前那样狠狠地教训一下可恶的英国人！"

然而，元首真的会派兵来救援吗？隆美尔没有把握让官兵们相信，事实上，连他本人也不相信。

11月8日，雨后初霁，隆美尔决定再次转移。他不得不放弃梅沙马特鲁，进一步撤退。在部队向西移动之前，隆美尔与几位装甲师指挥官碰了一下头，最后他们达成了这样一个共识——必须让部队按先后顺序有条不紊地沿公路开拔，这样才不至于被敌人一网打尽。

这一招果然奏效，隆美尔和他的部队很快就撤退到边境上去了。在去往利比亚边境的途中，隆美尔与伯尔恩德意外地相遇了。

伯尔恩德曾于11月4日晚些时候晋见过希特勒。他把希特勒的重要命令原原本本地转达给了隆美尔："元首指示，此时唯一要做的就是在非洲某个地方重新建立起新的战线，而且要选择在不太重要的地方。元首答应要让你的装甲军团恢复元气，重整旗鼓。你们很快就能得到最近生产的新式武器，其中包括具有大杀伤力的88毫米大炮以及41型高射炮，还有新出厂的十几辆巨型坦克、新式4型坦克和'虎'式坦克，要知道，它们每一辆都有60多吨重。"

然而，刚刚因为受到点鼓舞而增添了一点信心的隆美尔，被接下来的消息惊呆了。战场指挥官威斯特法尔打来电话："元帅，大事不好，一支庞大的、拥有10万人的美军部队已在阿尔及利亚和摩洛哥登陆了，他们会从另一方向向我们逼近。"

隆美尔拿着电话愣在那里，过了一会儿才反应过来："好，我知道了。"

此时的隆美尔已经对留在非洲彻底失去了信心。他很清楚，如果没有轴心国的其他部队作掩护，要想建立一个新的立足点是不可能的，看来的确是该撤出非洲的时候了。

No.2 只能自救的隆美尔

已下定决心撤离非洲的隆美尔开始给希特勒写报告：

未来的形势很明显，敌军将从内陆向我们包围，几天之内残余的部队势必被围歼。单靠我们的剩余部队和为数不多的武器是不可能守住昔兰尼加的。我们必须立刻着手从昔兰尼加撤出，加扎拉防线对于我们也毫无帮助，因为我们已不可能把所剩无几的部队调到那里去。再者，我军很快就会遭到夹击包围，我们从一开始就该后撤至布雷加一线，在那条防线的后方或许能够有喘息的机会，部队若是不能大规模地休整，不能设置一条防线阻止住从西面向我们推进的敌军，最好的办法就是撤至昔兰尼加的群山之中，形成守势，然后再用潜艇、小船和飞机在夜间尽量把大批训练有素的士兵运回欧洲，以便投入其他战场。

然而，希特勒却另有想法。他认为隆美尔一旦从非洲撤退，必将导致墨索里尼的垮台，一旦墨索里尼垮台，一个反法西斯的意大利必然对德国产生严重的后果。

他在给隆美尔的回信中写道："我百分之百地相信你和你的部队在阿拉曼已尽了全力，而且对你的指挥也十分满意，撤退是可以的，但只有在阿拉曼防线的北部地区完全落入敌军手中时，才应该考虑这个问题，现在考虑显然为时过早。"

隆美尔看完信后，心已凉了半截："事到如今，只能采取自救的办法了，我的元首，您也未免太残忍了！"显然，隆美尔已决定再次违背元首的命令。

很快，"非洲军团"在隆美尔的指挥下，一路狂奔直趋突尼斯。他们先是放弃了极具战略意义的阿兰哈尔法山口，接着又丢掉了曾经凝聚过他们荣誉和辉煌的托布鲁克。当隆美尔率军撤退到著名的卜雷加防线时，后勤供应军官向他报告了一个灾难性的消息：

"元帅阁下！我们的部队目前只剩下10吨汽油了，而且这些汽油还存放在远在80多公里以外的地方。"

← 希特勒极为信任隆美尔。

隆美尔闻言，不由得倒吸了一口凉气。他明白，整个军团的燃料供应已经完全断绝了，他就是再有才华，也难以带领这支失去了动力的军队走出困境。

正当隆美尔因奄奄待毙的"非洲军团"缺乏燃料而一筹莫展之际，一个几乎是上天恩赐的机会突然来到了他的面前。他不仅惊呼一声："奇迹真的出现了。"

伴随着一阵飞机引擎的轰鸣声，一架德制斯托奇式飞机降到了离他指挥所不远的草坪上，飞机停稳之后，从上面走下了身材矮胖的空军指挥官赛德曼将军。他扭动着肥胖的身躯，一路小跑来到隆美尔的跟前，声音颤抖地说："报告元帅阁下！我们发现离我们不远的海岸上漂浮着成千上万的箱子和油桶，这是遭鱼雷袭击的'汉斯阿尔普'号油船上的货物，命运之神将它送到了我们的脚下。"

凭着侥幸得到的这批燃料，隆美尔又一次开始了死里求生的大逃亡。

11月23日，隆美尔和他的部队安然无恙地撤出了阿杰达比亚，把装甲军团带到布雷加防线。事实上，他是在没有遭受什么损失的情况下从阿拉曼一直后撤了1,200多公里。

到达布雷加防线后，隆美尔对该地随即进行了视察。他认为这不是进行防御的好地方，并急于再次向西移动，可是墨索里尼命令他坚守在那里，希特勒也不允许他再撤退。

11月24日，为了撤与不撤之事，隆美尔、凯塞林、卡瓦利诺和巴斯蒂柯4位陆军元帅召开了一次长达3小时的会议。

会上，隆美尔态度粗暴地说："我觉得完全没有必要在布雷加死守这条防线，你们应当清楚，我的部队只有35辆坦克和57门反坦克炮了，而蒙哥马利手中却有420辆坦克和300辆装甲车。"他不容别人插话，"要是在布雷加防线失守，在的黎波里前面作任何抵抗都将无济于事。"

｜正在给"非洲军团"士兵授勋的凯塞林。

尽管如此，会后不久，墨索里尼还是要求隆美尔向英军发动进攻。在绝望中，隆美尔采取了最后的步骤：回德国向希特勒呼吁。

　　11月28日，希特勒以极不友善的态度接见了他。隆美尔得到的结果是，希特勒派遣戈林作为全权大使和他一起到罗马进行另一轮毫无成果的谈判。

　　然而，在物资方面，特别是油料和食品，德国装甲集团依然摆脱不了饥饿的状态。

　　隆美尔一次又一次地化险为夷，使经过旷日持久的长途追击、昔日士气高昂、兵精粮足的英军也开始感到一些不妙。官兵们开始对艰苦的沙漠之战产生一些抱怨。尤其是兵强马壮的第8集团军竟然始终追不上几乎快要溃不成军的"非洲军团"，这使蒙哥马利意识到这样下去的可怕后果——阿拉曼战役给他带来的巨大声誉有可能化为乌有。

　　为此，他作出了一个大胆的决定：在德军布防的布厄艾特一线发动一次牵制性进攻，尽量拖住妄图在此抵抗一阵的"非洲军团"，另派一支强有力的装甲部队从远距离迂回，从隆美尔认为几乎不能通行坦克的大沙漠里直插他后退时的必经之路——扎维尔，一举切断"非洲军团"的后退之路。如果此战成功，隆美尔要么逃进大漠，要么被赶下地中海，除此别无选择。

　　当时，第30军已接替第10军担任先头部队。蒙哥马利与利斯一起侦察了阿盖拉的阵地后，决定于12月5日发动进攻。蒙哥马利计划由弗赖伯格率领新西兰师迂回到敌人的南侧，奔赴马腊达北面的阵地，再从那里袭击隆美尔部队的后方，同时由第51高地师和第7装甲师从阿盖拉正面发起进攻。

　　阿盖拉从表面上看是一个很难攻的阵地，但它有一个致命的弱点：它的南翼侧是开放的。虽然南翼侧通行困难，但毕竟是可以通行的。尽管隆美尔十分清楚他的翼侧所面临的危险，但可怜的是，他缺乏汽油，以致于不能用坦克去攻击蒙哥马利可能向南面纵深开进的任何部队。无疑，英国人进攻的最好时机到了。

　　蒙哥马利发现阿盖拉之战的准备工作需要大大提前，因为第8集团军的巡逻报告表明，隆美尔从12月6日夜间起，已开始把他的非摩托化的意大利部队向后撤了。为了防止隆美尔不打一仗就溜掉，蒙哥马利决定提前发动进攻。他立即下令第51高地师从11日晚上起，就对主阵地猛烈袭击，而全面攻击则定于14日开始。

　　第51高地师所进行的最初几次袭击以及炮兵的火力支援，很快就使隆美尔深信末日到来了。隆美尔后来写道："很快一切都清楚了，敌人的进攻已经开始。"因此，他急忙把残余部队从阵地上撤出，向暂时还安全的埃尔穆格达的防坦克壕开去。

　　当时，一切都取决于新西兰师的进展情况。新西兰师当时驻在离英军前线很远的地方，其任务是从埃尔哈塞特进行一次480公里远的包围行动，并于12月15日夜间到达迈拉一线，在第4轻装甲旅的配合下，与正面攻击部队形成夹击敌军之势。

　　尽管弗赖伯格率领全师昼夜兼程，但却由于油料缺乏和第4轻装甲旅迟迟不到而无法采取行动。到12月15日傍晚，弗赖伯格才把他的两个步兵旅调到了海岸公路区域。但遗憾的是，它们依然相隔10公里。结果，包括坦克在内的小股敌军很快从旁边绕过，急忙向西撤去。

　　12月16日，战斗较为激烈，有的地方整天都在混战，形成了持久的拉锯局面。隆美尔的坦克部队最后突围到了西面，但又遭到英空军的袭击和新西兰师的重创，伤亡惨重。英军在阿盖拉之战中俘获敌军450名，大炮25门，坦克18辆。

此时，一向沉着冷静的隆美尔再也坐不住了。蒙哥马利如此远距离的迂回，不仅将迫使他放弃眼前的阵地，就连利比亚的首都，德意帝国在利比亚存在的象征，有地中海畔明珠之称的的黎波里也必须放弃。

一声令下，疲惫的"非洲军团"又踏上了漫漫长路，隆美尔站在敞篷车上，目睹着各式坦克、汽车和摩托车组成的庞大车队浩浩荡荡地驶离利比亚，他不禁潸然泪下。

在蒙哥马利的猛烈追击下，隆美尔又一口气撤退了1,200多公里，赶在第8集团军"关闭大门"之前，"非洲军团"又一次溜掉了，其令人瞠目的撤退速度让蒙哥马利都感到震惊和钦佩。

No.3 "非洲军团"的谢幕

隆美尔的撤退决定又一次遭到了意大利人的嘲笑和斥责，这使隆美尔感到费解。意大利的领导人空有一腔雄心壮志，他们那支糟糕的军队也堪称胆小如鼠，不堪一击。隆美尔弄不明白墨索里尼凭什么坚持认为利比亚天经地义地属于意大利。他认为，为了防守一个在军事上几乎毫无价值的的黎波里，而不惜让历经千辛万苦才勉强保存下来的"非洲军团"拼个精光，这种赌法太不值得了。

果然不出隆美尔所料，第8集团军在蒙哥马利的率领下很快逼近的黎波里。为了使部队振作精神，为最后"跃进"到的黎波里做好准备，蒙哥马利决定让第8集团军就地休息，圣诞节后再发动攻势。他要求部队在沙漠条件许可的情况下，尽可能地以最愉快的方式度过这个特别的圣诞节。当时气候寒冷，火鸡、葡萄干、布丁、啤酒等全都要到埃及订购，但在参谋人员的努力下，这些东西全部都按时运到了。

圣诞节那天，蒙哥马利向第8集团军全体官兵发布了圣诞文告，祝愿大家圣诞快乐。在文告中，他引用了约克郡一位名叫赫尔的姑娘寄给他的圣诞贺信，使整个文告充满了亲人般的温情，令全体官兵备感亲切。圣诞节过后不久，他收到第8集团军一名士兵的信。这封来自普通一兵的信，使蒙哥马利非常高兴。他一直珍藏着这封信，并将它一字不落地引用在他的《回忆录》中，因为它最真实地说明了他在第8集团军官兵心目中所树立的形象，以及他的演讲在士兵精神方面所产生的巨大影响。

圣诞节之后，蒙哥马利的先头突击部队于12月29日，逼近了德军在布埃拉特设置的阻击线。开罗的广播电台说：隆美尔的集团军已被装进蒙哥马利的瓶子里，瓶塞即将盖上。但隆美尔却对参谋人员说："只要坦克能加满汽油，瓶子里的军队很快就会跑掉。"

实际上，无论是隆美尔还是巴斯蒂柯元帅，都不认为布埃拉特阵地能够长期坚守，隆美尔甚至已经在考虑往突尼斯撤退，并考虑到，英美部队可能通过夺取加贝斯隘口来切断他的退路。然而，墨索里尼对德意军团申请撤退的答复却是："要尽力抵抗！我再重复一遍，要用布埃拉特阵地上的全体德意军队尽力抵抗！"

这正中蒙哥马利的下怀。

蒙哥马利对部下说："我不要敌人撤退，我要敌人坚持在原地打。假如敌人这样做，多半会被我消灭……当我袭击布埃拉特阵地时，一定要确保我军能长驱直入的黎波里，不能让敌人延迟或阻止我军行动。"

然而，隆美尔是一个强有力的雄辩者，他终于迫使意军最高统帅部在12月31日授予巴斯蒂柯这样的权力：如果他受到严重威胁，可自行决定是否撤退。实际上，隆美尔已开始撤退他所指挥的意大利军队了。当英军后来向布埃拉特发动进攻时，德意装甲集团军已经多少有点分散了，并且由一个仍然企图保全加贝斯隘口的人负责指挥。

蒙哥马利认为，突破隆美尔的布埃拉特防线需要速度，而进军的黎波里，关键则在于后方的勤务。从班加西到的黎波里为1,086公里，从布埃拉特到的黎波里为370公里。因此，进攻前必须集结足够的供应物资，以保障部队能够有充足的燃料进军的黎波里。

蒙哥马利下令尽快备足供10天战斗用的汽油、弹药和供应物资。参谋人员报告说，必要的军需品的集结可望在1月14日前准备就绪。于是，蒙哥马利决定于1月15日凌晨发动攻势。

攻向的黎波里的行动按计划于1月15日开始，蒙哥马利最后选择了沿海岸推进的方案，并亲自指挥，结果一切顺利。先头部队于1943年1月23日凌晨4时进入的黎波里，当天中午，蒙哥马利在的黎波里正式接受了意大利副总督的投降。

第8集团军攻占的黎波里之后，为防止部队沉湎于大都市的物质生活而腐化变质，蒙哥马利禁止使用宅邸、大楼等作为指挥部和营房，所有人员必须住在沙漠或田野里，以使部队保持坚忍不拔的战斗力。

要完成下一个重要任务——突破马雷斯防线，第8集团军必须依赖的黎波里港供应作战物资。因此，占领的黎波里后，蒙哥马利便致力于使港口畅通，以便船只进港后每天都能卸下大批物资。在第8集团军的协助下，英国海军创造了奇迹。虽然港口设施被彻底破坏，港湾完全被堵塞，但在官兵们的共同努力下，第一艘船于2月3日到达，第一个护航船队于2月9日到达。到2月10日，港口日卸货量就超过了2,000吨。

2月3日和4日，英国首相和帝国参谋总长到第8集团军视察。蒙哥马利为他们举行了隆重的阅兵式。参加检阅的有苏格兰师、新西兰师、皇家装甲部队和皇家陆军后勤部队。部队精神饱满，威武雄壮，给丘吉尔留下了深刻的印象。

隆美尔把他的集团军从的黎波里周围的复杂地形中解脱出来后，到2月初，德军大部分已在马雷斯防线站稳了脚跟。隆美尔与突尼斯德军指挥官冯·阿尼姆之间的责任界限正好定在加贝斯隘口的北面。此时，第21装甲师已经进入冯·阿尼姆的辖区之内，这样，两条战线就互相交错起来。按道理讲，它们彼此靠得越近，就越能从"内线"的运用中得到好处，但不幸的是，由于隆美尔撤出的黎波里过于突然，使意大利人十分不满，结果意大利人、凯塞林和希特勒的参谋机构全都反对他，反而使德军的力量被微妙地削弱了。

↑ 正在前线慰问官兵的蒙哥马利。

　　然而，盟国军队对隆美尔后方的威胁一直是长期存在的，并随着时间的推移而日益增大。但此时德国人却把物资供应重点从第8集团军当面的德军转向第1集团军当面的德军，因而使德国"非洲军团"在最危难的时刻得不到物资供应。这样，这两个以前本来相互独立的战场便开始相互产生直接的影响。

　　2月17日，亚历山大被任命为在法属非洲作战的盟国部队副总司令。3天后，他一接管新职务，就使第8集团军和第1集团军成为了一个不可分割的整体。2月20日，隆美尔发起卡塞林战役，在卡塞林隘口大败美军，但总的战况仍不乐观。

　　蒙哥马利说："那天，亚历山大给我发来一份紧急求援的电报，强烈要求我采取行动以减轻敌军对美军的压力。"当时，蒙哥马利的部队已经进入了突尼斯，第7装甲师和第51师的一个旅已经到达了本加尔丹。因此，蒙哥马利能够很容易地加快行动的速度，到2月26日，他的军队所施加的压力明显使隆美尔停止了对美军的进攻。

　　隆美尔从第1集团军的正面撤走后，蒙哥马利估计他很可能转过身来向第8集团军发起攻击。在2月28日至3月3日这段时间，蒙哥马利感到十分焦虑，因为他在前线还没有足够强大的力量来对付隆美尔可能发动的反攻。

　　马雷斯战役很快就要打响，这是一项艰巨的任务，必须进行十分复杂的准备。但那时他主要考虑的却是离他很近的梅德宁。梅德宁是他的集团军的前哨，他估计敌人任何时候都可能向那里发动进攻。果然，蒙哥马利很快就得到了敌人向第8集团军正面调动军队的情报。

　　但是，蒙哥马利并没有慌乱。他决定采用阿兰哈尔法山战役的战法来对付隆美尔。他把新西兰师从的黎波里调来，负责保卫梅德宁地区。第7装甲师则部署在该师的右翼。第25近卫步兵旅暂时置于第7装甲师的指挥之下，占领了一座叫做塔杰拉基尔的小山，来填补第7装甲师与新西兰师之间的缺口。

　　3月5日晚上，所有的迹象都表明隆美尔将于明晨发起进攻。果然不出所料，英军在3月6日清晨的薄雾中看到两群德军坦克从马雷斯防线内陆一端的群山中开出来了，沿着梅德宁与图坚之间的公路摸索前进。大约在同一时刻，第51高地师面临着德军第90轻装甲师和意军斯皮齐亚师步兵的攻击。

　　英军的野战炮和中型炮向推进的轴心国部队进行了无情的轰击，而反坦克炮则尽可能地直到最后一刻才开火。英军发现，敌人的坦克和步兵之间的协同很差，"非洲军团"已丧失了它往常所具有的冲劲。

↑ 在蒙哥马利的陪同下，丘吉尔前往检阅部队。

　　实际上，英军的阵地没有遭到任何突破，到中午时分，敌人就向后撤退重新编组了。3个装甲师指挥官在一起协商后，决定派步兵在坦克前面推进。这是一种绝望的行为。敌人的步兵被英军的炮弹打得焦头烂额、人心慌乱，敌人的坦克进攻也是犹疑乏力的。于是，隆美尔在晚上8时30分下令结束他在非洲进行的最后一场战斗。

　　在这一天的持续战斗中，英军损失轻微，而隆美尔则伤亡了653人，更为严重的是，损失坦克50多辆。

　　1943年3月9日上午7时50分，心情沉重的隆美尔元帅终于在他的众多将军的欢送下，含泪登上了飞往罗马的飞机。

　　这一年的5月13日，继隆美尔之后负责整个指挥的意军总司令梅塞陆军元帅向第8集团军投降，至此，非洲战争全部结束，德意军队以惨败告终。

　　第8集团军对北非战场最后的胜利所做的贡献是巨大的。它把隆美尔和他的军队赶出埃及、昔兰尼加、的黎波里，然后协同第1集团军将他们全歼在突尼斯。从阿拉曼到突尼斯相距大约4,800公里，第8集团军却在短短3个月内拿下的黎波里，6个月内拿下突尼斯，创下了史无前例的光辉业绩。

　　6月初，英国首相丘吉尔在蒙哥马利的纪念册上题词：

　　敌军在突尼斯全军覆没，最后投降总数达24.8万人。这标志着阿拉曼战役以及进军西北非这个伟大业绩的胜利结束。祝你们在以往的成就和新的努力的基础上，取得更加辉煌的胜利。

温斯顿·丘吉尔

1943年6月3日于阿尔及尔

92

02
BATTLE

第二篇 > 会战·库尔斯克

第1章
CHAPTER ONE

大战前的
窒息感

★更让希特勒高兴的是，德国情报部门的一份报告说：苏联在整个前线的后备力量都已经消耗殆尽。希特勒对这份报告的准确性深信不疑，觉得苏联在他眼中已经是一个"不怕封锁的生存空间"，用不了多久，便可以迫使英美达到"可以谈和的程度了"。

★曼施坦因的计划终于得到了希特勒的首肯。面对这一计划，希特勒似乎从痛失第6集团军的伤痛中恢复过来了，他在札波罗结的指挥部继续呆了两天，了解了详细的作战计划后心满意足地飞走了。

No.1 受挫，冰雪之地

1943年初，春风吹起的时候，俄罗斯平原土斯克河和谢伊姆河汇流处的库尔斯克，似乎在一夜间就成了世界上最重要的地方。

这一次，吸引全世界目光的却并非"库尔斯克磁场效应"，而是库尔斯克突出部了。

而这一切要从斯大林格勒战役开始说起……

尽管3个月前，莫斯科战役使希特勒首次尝到了失败的滋味，粉碎了他闪击速胜的企图。但是，希特勒仍旧没有把苏联人放在眼里，而是把那场战役的失败归咎于"上帝之手"的帮助——严寒的突然降临。

莫斯科战役削弱了德军的战斗力，但还没有严重到削弱希特勒野心的程度。在他看来，只受了些皮外伤的纳粹德军，仍有足够的力量对付苏联这个他眼中的劣等民族。同时，莫斯科战役之后轴心国进展顺利的军事行动更是让希特勒信心十足。

几个月来，德国的潜水艇平均每个月在大西洋击沉70万吨的英美船只，美国、加拿大和苏格兰的造船厂就是开足马力加紧生产，也弥补不上这个损失。在这种情况下，即便是希特勒为了早日结束在苏联的战事，大大削减西线的兵力，英美部队也不能在英吉利海峡进行哪怕是小规模的登陆。

更让希特勒高兴的是，德国情报部门的一份报告说：苏联在整个前线的后备力量都已经消耗殆尽。希特勒对这份报告的准确性深信不疑，觉得苏联在他眼中已经是一个"不怕封锁的生存空间"，用不了多久，便可以迫使英美达到"可以谈和的程度"了。

于是，被胜利冲昏头脑的希特勒作出了一个狂妄的决定，下达了陆军第45号指示，要求德军同时进攻斯大林格勒和高加索的产油区。事后的历史证明，这个犯了兵家大忌的两线作战的决定，最终导致了德国军队有史以来最为丢脸的失败。

负责主攻斯大林格勒的是德国"B"集团军群，其主力是第6集团军和第4装甲集团军。保卫斯大林格勒的是斯大林格勒方面军下属的第62、63、64和第21集团军。

7月17日，德军开始以优势兵力猛攻苏军的前沿阵地，激战1个月后，部分德军突破了苏军的顿河防线。8月8日，德军已经占领了苏联年产250万吨石油的迈科普油田。8月21日，纳粹党旗已经插在高加索的最高峰——布鲁斯山头上，两天之后，保卢斯的第6集团军也已抵达斯大林格勒正北的伏尔加河一带。8月25日，克莱施特的装甲部队已经进驻莫兹多克，距格罗兹尼的苏联最大产油中心只有80公里，距里海也只有161公里。

逼近斯大林格勒的德军开始对这座城市狂轰滥炸，投下的炸弹有一半是燃烧弹。满城一片火海，百里之外都能看见。

在这紧急关头，苏联国防委员会任命格里戈里·朱可夫大将为最高统帅助理，负责斯大林格勒保卫战。

9月初，德军从西南方向发起了猛攻。到9月4日，德军抵达了斯大林格勒的外围。保卢斯的第6集团军正从容地逼向这座城市，以确保一次历史性的大胜利。

← 朱可夫大将负责指挥斯大林格勒保卫战。

在德国，希特勒极有信心地对外宣布斯大林格勒战役已经赢了。

然而，希特勒又一次忽略了苏联的抵抗能力，特别是轻视了朱可夫将军的军事才能。

从9月13日开始，苏德双方展开了更为残酷的市区争夺战。

当时，希特勒直接投入市区战斗的兵力有13个师。斯大林格勒方面军虽拥有6个集团军，但每个师都严重缺员，防守市区苏军仅为9万人。但苏联士兵个个视死如归，进行了顽强的抵抗。

朱可夫组织了高度机动的"暴风队"，尽管每一队的人数不多，但都配备手榴弹、机关枪和反坦克炮等武器，能够闪电般地攻击德国人，并随后消失在瓦砾碎石后面。

此时，德国的坦克倒显得大而无用了。在窄窄的街道上，当它们身后或侧面受到攻击时，很难迅速地调头。加之枪炮缺乏仰升装置，无法向建筑物上方的目标开火，而在那里，苏军的反坦克炮正向它们瞄准。同时，苏联隐藏的狙击手们，也经常神出鬼没地向德军射击，打得德军心惊胆战。

于是，全市的街道和广场都变成了激烈的战场。为了争夺一个街区、一条街道、一幢房屋，甚至一层楼或一个房间，双方都会展开反复的争夺。大部分时间，交战双方靠得非常近，以至于彼此可以隔街对骂。有时，一次战斗连续几天都围绕着有着战略意义的建筑展开，经常出现战斗前阵地还在自己手里，战斗后已属于对方暂管的情况。第1火车站在1周之内曾13次易手，而巨大的巴里卡迪和克拉斯尼·奥克亚布拖拉机厂，因为对这一地区起着主导性作用，炮火更是整整燃烧了3周之久。

就这样，在1942年秋天和冬天里，朱可夫的部队顽强地守卫着，使得德军在斯大林格勒每前进一步都要付出极大的代价。至11月上旬，德军虽已占领城市的大部分，但始终攻不下苏军的各个防御点。顽强的苏军一直牢牢地守卫着伏尔加河西岸的狭长地带。尽管德军损失了近70万人和大量的武器装备，希特勒始终不能完全占领斯大林格勒。

在双方进行激烈的市区争夺战期间，苏军最高统帅部在9月中旬就已经制定出斯大林格勒战役的反攻计划，并开始积极准备。

根据计划，苏联参加反攻的兵力有斯大林格勒方面军、顿河方面军和新组建的西南方面军，共有110万人，配有新式T－34坦克和威力强大的"喀秋莎"火箭炮。当时，德国"B"集团军群虽然也纠集到80个师，近100万人，但掩护其南翼的是罗马尼亚第4集团军，掩护其北翼的是罗马尼亚第3集团军、意大利第8集团军和匈牙利第2集团军。这些仆从国军队装备较差，战斗力较弱。因此，苏联在兵员、大炮和坦克的数量方面都占有优势。

1942年11月19日凌晨，在斯大林格勒的西北方向，西南方面军的2,000门大炮开始轰鸣，斯大林格勒战役的反攻阶段开始了。

苏军以坦克部队为先导，迅猛冲向罗马尼亚第3集团军的阵地。敌军惊慌失措，迅速瓦解。3天之内，苏军的34个师渡过顿河。之后，兵分两路，一路向西疾驰，直捣敌军的后方；另一路直奔德军的集聚点卡拉奇，并于11月23日晨占领该市。11月20日拂晓，斯大林格勒正南方向的斯大林格勒方面军也发起反攻，突破罗马尼亚第4集团军的防线而继续北上，于11月23日傍晚在卡拉奇与西南方面军会师，从而把斯大林格勒地区的敌军22个师约30万人合围了起来。

也就是在这一天晚上，德第6集团军司令保卢斯向希特勒发了一份无线电报，证实他的部队已经被苏军包围了。

希特勒立即回电，指示保卢斯把司令部迁入斯大林格勒城内，布置困守，由空运解决部队的给养问题。

但是，希特勒的话等于白说。被苏军切断退路的有20个德军和2个罗马尼亚师，每天空运物资至少750吨。在这种风雪交加的天气中，在苏联战斗机已经牢牢掌握制空权的情况下，是根本完成不了任务的。何况，德军还缺少足够的运输机。

看来，比空投更为有效的办法是为第6集团军解围了。11月25日，希特勒把冯·曼施坦因元帅从列宁格勒前线调回来，委任他担任新建"顿河"集团军群司令，从西南向前推进，为第6集团军解围。

但希特勒并没有听从曼施坦因的建议——第6集团军从斯大林格勒向西突围。曼施坦因以第4装甲集团军为前锋，向东北进攻，夹击处于两支德军之间的苏联军队。希特勒不同意从伏尔加河撤退，要求第6集团军必须留在斯大林格勒。这也就意味着曼施坦因必须杀开一

← 德第6集团军司令保卢斯（前）最终选择向苏军投降。

条血路，打到斯大林格勒。

12月12日，曼施坦因的"顿河"集团军群开始沿铁路线北上，不顾重大伤亡，向斯大林格勒方向冲击。但是，另一支以450辆坦克为先导的苏联大军，于12月16日从马蒙附近发起新的攻势，它粉碎意大利第8集团军之后，南下直插敌"顿河"集团军群的后方。冯·曼施坦因发现自身难保，便于12月23日停止北上，开始后撤。这样一来，希特勒的解围计划彻底破灭，而被围德军第6集团军成了瓮中之鳖。

1943年1月8日早晨，3名苏军青年军官带着一面白旗，进入了德军防线，把一份最后通牒交给保卢斯，要求德军投降。这份通牒中的条件是体面的：所有被俘人员一概发给"通常标准的口粮"，伤病员和冻伤人员将得到医治，所有被俘人员可以保留他们的军衔、勋章和个人财物。通牒还要求保卢斯在24小时内给予答复。

然而，希特勒立即驳回了保卢斯的投降请求。

于是，24小时之后，1月10日，苏军用5,000门大炮对德军阵地进行了猛烈的轰击，展开了斯大林格战役的最后阶段。数天之内，包围圈缩小一半。1月26日，包围圈被切成南北两块：保卢斯为首的9个师被困在市中心，另12个师在北部工厂区。

第二天傍晚，苏联军队进入了第6集团军司令的地下室，保卢斯接受了投降要求。

北部工厂区的德军坚持的时间稍微长一点，到2月2日中午，这支部队也投降了。

2月2日下午2点46分，一架德国侦察机在城市高空飞过，发回电报说："斯大林格勒已无战斗迹象"。至此，冰雪满地、血肉模糊、屠场似的战场终于沉寂下来。

然而，后续战斗并没有结束，库尔斯克突出部就是在之后的一系列争夺中展露出来的。

No.2 库尔斯克，必争之地

斯大林格勒激战正酣之际，苏军一方面加紧对斯大林格勒城内德军的包围，另一方面对防线破碎的德军南翼展开了大举反攻。

1943年1月13日，苏联沃罗涅日方面军攻击并毁灭了匈牙利第2集团军和意大利亚尔平军，在短短15天内苏军俘虏了8万人，突破轴心国防线正面150公里，并向西前进了约100公里。受此战和斯大林格勒战役胜利

的影响，在同一时间，苏联最高统帅部计划以沃罗涅日方面军和西南方面军对德军发动一个联合攻势。由西南方面军从斯塔罗贝尔斯克向东南进攻，把德国"顿河"集团军群切断在顿巴斯盆地中，行动代号为"骏马奔驰"；稍后，沃罗涅日方面军也将发动自己的进攻，目标是夺取哈尔科夫，代号为"星"。

为了执行这一计划，苏联在其进攻的正面集结了大量的兵力，其中西南方面军投入了第6、第1近卫军、波波夫机械化集群、第3近卫军和第5坦克集团军共325,000人，坦克325辆。其进攻对象是德军兰斯集群的第1装甲集团和霍立德兵团，共160,000人，100辆坦克。沃罗涅日方面军则投入了第40、第69、第3坦克集团军，共21,000人，615辆坦克，其对手是兰斯集群的主力，第1党卫军装甲军的两个师——"阿道夫·希特勒"师和"帝国"师，共

70,000人，200辆坦克。

进攻初期，在兵力上占有绝对优势、士气高涨的苏联军队打得非常顺手。西南方面军的波波夫机械化集群于2月初成功地越过顿涅兹河，2月12日抵达德军的后方重镇克拉斯诺伏斯克，2月19日，苏军逼近了查波罗齐——德国南方集团军群总部所在地。当时，纳粹党魁希特勒本人就在那里。沃罗涅日方面军尽管在一开始遭到了正面德军的顽强反击，但对侧后方德军实施包抄后，情况发生了变化。2月16日沃罗涅日方面军攻占了苏联第四大城市哈尔科夫，德军节节败退。

然而，此时，受到一连串胜利鼓舞的苏军忘记了一个可怕的对手——冯·曼施坦因元帅。

曼施坦因元帅也许是德军最能干的将军，他在1940年拟定了西线作战计划，在短短6个星期中攻陷了法国，并于1942年夏天一举拿下了苏军席巴斯托波尔要塞。尽管在斯大林格勒战役中，曼施坦因没有能够挽救被困的德第6集团军，但这丝毫没有影响他那缜密的军事部署。

在他看来，要想在苏军猛烈炮火的攻击下保存实力，只有实施机动防御，等苏军超过补给线之后，再对那些陷入孤立无援状态的苏军进行截击。

于是，曼施坦因下令德军全线撤退并伺机集结。

曼施坦因知道，这种先行撤退的战术自1941年莫斯科和罗斯科夫战役失利以来，就一直不为希特勒所信任。为了能够按照自己的想法执行计划，曼施坦因做好了被希特勒撤职的最坏打算，电告德陆军总部：除非在一定期限内收到特别命令，否则他将行使自行裁夺的权力。

按照曼施坦因的计划，军队将撤至米斯河防线，在顿巴茨地区进行集结，同时调遣法国境内的军队移师乌克兰。完成部队集结后，部队再从北、东两个方向发动反击，夺回失守的哈尔科夫。在这一过程中，为了诱敌深入，有许多地方必须放弃。

在苏军看来，一切都在按计划进行，但他们所不知道的是，他们已逐渐陷入了曼施坦因精心布置的陷阱中。

曼施坦因成功的撤退不仅迷惑了苏联沃罗涅日方面军，而且使希特勒对他的计划产生了怀疑。2月27日，希特勒亲自造访了曼施坦因位于札波罗结的指挥部。

曼施坦因的计划终于得到了希特勒的首肯。面对这一计划，希特勒似乎从痛失第6集团军的伤痛中恢复过来了，他在札波罗结的指挥部继续呆了两天，了解了详细的作战计划后心满意足地飞走了。

形势果然像曼施坦因预测的一样。

3月2日，苏西南方面军受到了重创，波波夫机械化集群遭到了毁灭。在击败苏西南方面军后，德军主力挥师转北。此时，负责攻击德军左翼的沃罗涅日方面军的第3坦克集团军立刻陷入包围之中，到3月5日，除了第6近卫骑兵军以外，基本被消灭。

万事俱备，只欠东风，曼施坦因发动哈尔科夫攻势的时间到了。

3月6日，德军开始了对哈尔科夫的进攻。失去左翼保护、超越补给线并连年征战没有及时修整的沃罗涅日方面军立即被打了个措手不及，被迫放弃哈尔科夫。3月14日，纳粹旗帜又重新插在了哈尔科夫城里。苏联的"星"计划到此以失利告终。

哈尔科夫战役中，苏德双方都蒙受了重大损失，沃罗涅日方面军阵亡和失踪的人数达100,694人，伤139,336人，损失坦克和自行火炮1,345辆，大炮5,291门，飞机417架。而德军仅第1党卫装甲军就损失了12,000人。

而德军在哈尔科夫战役中之所以未能歼灭苏军，就是由于装甲兵力严重不足，事实证明，当第一线的机械化部队突破敌人防线过程时，其本身也会被严重削弱，如果这时没有第二线的机械化部队投入，就无法有效地扩大战果。因而德军只能击溃苏军，而无法像战争初期那样大量地歼灭苏军了。

夺取哈尔科夫，只是曼施坦因雄心勃勃计划中的一部分。哈尔科夫得手之后，曼施坦因命令德军继续前进，以期在春季融雪期之前，占领更多的据点，稳住并进一步扩大南部战线。

为了防止纳粹扩大防线，苏联最高统帅部不得不暂时中止了计划中在列宁格勒的进攻，把第1坦克集团军南调，并将第21和第64集团军火速从斯大林格勒调往前线，投入了西南方面军和弗罗尼兹方面军的预备队——第2和第3近卫坦克军和步兵第206、167、113师。

曼施坦因这次就没有这样幸运了，由于没有新的装甲部队补充，德军在哈尔科夫战役之后就已经疲惫不堪了，加上战损和低落的士气，曼施坦因不得不停止了攻击。随着春季融雪期的到来，泥泞的道路阻止了大机械化军团的前进，苏德双方都停止了进攻。自此，整条战线就形成了一个以库尔斯克为中心的突出状态。

突出部也叫弧形地带，就是突入敌方战线的一部分。一方面，突出部在进攻时是有利的出击阵地，可左右开弓打击敌人；另一方面，在防御时却会因两翼暴露而容易被敌方从根部切断而陷入敌人的包围圈中。

在地图上，库尔斯克突出部就像伸入德军防御线的一个巨大的拳头，对德军防线构成严重的威胁。

库尔斯克突出部自然成为两军未来争夺的焦点。

No.3 铸造"堡垒"

重新夺取哈尔科夫给希特勒打了一支强心剂。

为了反思斯大林格勒战役失败的原因，希特勒一连好多天都躲在"狼穴"里闭门不出，他渴望一场胜利来证明自己的实力、提升部队的士气以及在盟友中的威望。

哈尔科夫战役的胜利舒缓了希特勒的紧锁眉头，他把目光投向了库尔斯克突出部。

库尔斯克突出部的正面防线有250公里，其根部却只有70公里。德国中央集团军群控制了奥廖尔附近的突出部，南方集团军群仍占据着大部分的邓尼茨盆地。更为重要的是库尔斯克突出部两翼的根部分别是交通枢纽奥廖尔和别尔哥罗德，便于坦克机械化部队机动。这就为德军大规模集中使用坦克兵力从根部切断苏军突出部的兵力集团提供了地形上和战场态势上的有利条件。

希特勒敏锐地捕捉到了这一战机，眼睛里闪过一丝不易让人觉察的喜悦。

与此同时，曼施坦因也在酝酿德军1943年夏季的作战计划。他意识到德国在苏联已经陷入一场没有希望的消耗战中，随着时间的推移，苏联将以其天时、地利、人和的优势，在实力上压倒德国。避免这一噩运的唯一办法是在苏军的优势还不明显时，以一连串的歼灭战使苏军在人力和物力上"大出血"。只要这种损失大到苏联无法忍受，德国便有可能获得一个通过谈判而达到和平的机会。

在哈尔科夫战役即将结束的时候，曼施坦因的计划也已经初步成型了。

可供选择的方案有两个：

一种方案被称为"反向"计划，即发挥内线作战的优势，继续引敌深入，再利用东线广阔的战略纵深，伺机发动局部反击。这也是与哈尔科夫战役相同的战斗。这样做，可以使德军以较小的代价，最大限度地杀伤、俘获苏军，使其人力资源枯竭，最后逼使苏联像沙俄在1917年那样崩溃，或者接受对德有利的和约。

然而，这一方案也存在着其致命的弱点：一方面，这等于把战略主动权交给苏军；另一方面，在目前这一阶段，德军兵力已经严重不足，无法防守整条战线。

如果苏军在德军没有准备的方向发起反击，德军将一溃而不成军。更重要的是，采取这一方案，等待苏联的进攻，将大大推迟战争时间。而此时，德军是无法再等下去的。因为随着时间的推移，苏联的工业会提供越来越多的武器装备，苏军的战斗力也会越来越强。尽管英美出于自身利益的考虑，又一次背弃同盟国的义务，推迟了原定于1943年在欧洲开辟第二战场的承诺。但是，很明显，开辟第二战场是早晚的事情。到时候，德国将不可避免地陷入一场毫无胜利希望的两线战争中。

另一种方案被称为"正向"计划，也就是在有利的地区，通过主动进攻来歼灭苏军。

一开始，曼施坦因倾向于"反向"计划，这倒也符合他谨慎缜密的性格特点。然而，哈尔科夫战役的胜利使得德军从上到下又充满了信心，曼施坦因希望能够在利用德军士气高涨的时候，能够继续扩大战果，于是，"反向"计划就自然而然地被放弃了。

其实，早在哈尔科夫战役接近尾声时，曼施坦因就曾试图说服德国中央集团军群司令克卢格元帅派兵南下，以夹击撤退中的苏军，只是由于中央集团军群已经精疲力竭，实在抽不出兵力配合才未能实行。

很自然，曼施坦因的目标必然会选在库尔斯克突出部上。在他眼里，库尔斯克突出部是最理想的攻击目标。通过南北两翼的钳形攻击，可以切断整个突出部，并歼灭大量苏军。而这次战役一旦成功，必将大大缩短德军的战线，极大地提高德军部队的机动能力。

曼施坦因做出这样的计划是有原因的，他想当然地认为，在库尔斯克突出部的苏军都是些从哈尔科夫战役中败退下来的残兵败将，没有多大战斗力。德军应该赶在他们恢复战斗力

← 时任德国中央集团军群司令的克卢格元帅。

之前，把他们彻底地消灭掉。况且德国目前尚具有这一军事实力。

曼施坦因的计划在德国军方上层引起了轩然大波，除了极个别人之外，绝大多数将领反对这一计划。

然而，希特勒赞成曼施坦因的计划。

对希特勒来说，身为陆军总司令和国家元首，东线的攻守问题不仅仅是一个战略问题，更重要的是一个政治问题。斯大林格勒战役失利以来，他已经隐隐地感觉到轴心国内部出现了一些裂隙。只有采取主动进攻才能重新巩固"德军无敌"的神话，加强各盟国的向心力。而库尔斯克突出部正是攻击的最佳目标。

1943年3月13日，希特勒签署了第5号作战命令。他命令新任陆军总参谋长蔡茨勒研究库尔斯克地区的军事形势，拟制可能的作战方案。

之后，密码代号为"堡垒"的作战计划于1943年4月15日，以6号作战命令的形式正式颁布了。

在命令中规定，"4月28日起，攻势可在陆军总部命令颁布的6天内发动"。也就是说，"堡垒"作战最早发动的日期是5月4日。

为了确保这次行动的胜利，希特勒还特地挑选了两个他最信任的元帅来指挥这次战役：中央集团军群司令克卢格和南方集团军群司令曼施坦因。

与此同时，德军库尔斯克突出部战役的筹划和准备工作紧锣密鼓地开始进行了。

战争的阴云开始笼罩在库尔斯克突出部上空！

第2章
CHAPTER TWO

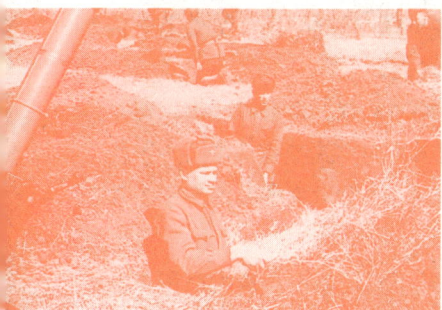

积极备战

★草原方面军将在战役中负有极大的责任。作为一支强大的战略预备队，该方面军部队受领的任务是阻止无论是自奥廖尔方向还是自别尔哥罗德方向的德军的纵深突破，当转入反攻后再从纵深增强突击力量。

★在防御体系中，是四通八达的堑壕和交通壕，这是防御阵地工程的基础。如此大规模的阵地配系，在苏联卫国战争中还是首次。在中央方面军和沃罗涅日方面军地带，就构筑了近10,000公里的堑壕和交通壕。

No.1 应对之策

　　1943年的融雪期开始后，除了沃罗涅日方面军、西南方面军、南方方面军地段和库班仍在进行激烈交战外，苏德战场的各条战线暂时都沉寂了下来。然而，一种异常的沉闷与不安却同时笼罩在这寂静的战场上空。毫无疑问，在这短暂的沉寂之后，一场更加猛烈的暴风骤雨即将来临。

　　1943年3月13日，朱可夫作为苏联最高统帅部代表正协助铁木辛哥元帅指挥西北方面军，该方面军已经开到洛瓦季河边，准备强渡洛瓦季河迎击曼施坦因的部队。

　　莫斯科保卫战的胜利，使朱可夫名声远扬。斯大林毫不怀疑他的指挥才能了，委以他最高统帅部副统帅之职，让其代表自己指挥作战。此后，哪里战争打得最惨烈，他就被派到哪里去解救危局，被人誉为"战场救火员"。此时，面对哈尔科夫的严峻形势，朱可夫这个"救火员"当然又被有所指示。于是，他要求亲自飞往沃罗涅日方面军进行视察。

　　随着战局的发展，经过几天的了解和观察，朱可夫认为，到3月底，库尔斯克突出部的态势已经趋于稳定，双方都在准备决战。

　　尽管朱可夫认为对德军不宜采取主动进攻的方式，但是在苏军指挥部3月末结束冬季交战后制订的夏秋作战计划中，原本是打算对德军发动一系列进攻的。

　　当时，苏联最高统帅部认为苏军已经掌握了苏德战场的战略主动权，而且在兵力兵器方面也超过了德军，因此可以开展广泛的进攻活动，并计划在西南方向实施主要突击。为了实施该计划，大本营预备队在4月初就已经有6个诸兵种合成集团军、2个坦克集团军和不少独立兵团补充完毕。

　　从4月份起，苏军高级将领们就对如何应对德军的计划展开了一场争论，斯大林和沃罗涅日方面军司令员瓦杜丁倾向于发动一场先发制人的进攻，以打乱德军的进攻准备并夺回在3月份失去的战略主动权。而朱可夫、华西列夫斯基和安东诺夫则认为苏军应先保持防御状态，以坚强的防御消耗掉德军进攻能量，摧毁其装甲兵力，然后再发动自己的战略进攻。

　　经再三考虑，斯大林决定采纳朱可夫的方案，先以大纵深梯次性防御阵地、强大的火力、猛烈的航空兵突击及战略预备队的反突击迎击德军的进攻，在消耗和疲惫敌人之后，在别尔哥罗德－哈尔科夫方向及奥廖尔方向上发动猛烈地反攻以彻底粉碎敌人。随后，在所有重要的方向上发动深远的进攻战役，将战线大幅度地向西推进，解放顿巴斯和整个第聂伯河左岸乌克兰地区，肃清塔曼半岛上的德军登陆场，解放白俄罗斯东部地区，并为最后把德军完全逐出苏联国土创造条件。

　　与莫斯科和斯大林格勒不同，在库尔斯克地域转入防御不是被迫的，而是按计划组织的防御，苏军并没有丧失在冬季战斗中夺取的主动权，只不过是选择了对自己有利的军事行动。

　　确实，一般情况下，军事实力强大的一方有意识地转入防御在战争史上是极其罕见的事。之所以能定下这样的计划，说明苏军最高统帅部能够创造性地解决战争的战略任务：在敌人尚具强大的实力的情况下发动进攻，将付出巨大的努力和伤亡；而在敌人经过徒劳无益

地攻击、元气大伤之后，再转入反攻，却可以以较少的伤亡取得大得多的战果。

按照计划，抗击德军自奥廖尔方向的进攻由中央方面军负责，而抗击自别尔哥罗德地域的进攻由沃罗涅日方面军负责。在完成防御任务之后，苏联军队在奥廖尔和别尔哥罗德－哈尔科夫方向转入反攻。其中，奥廖尔方向进攻战役的代号为"库图佐夫"，由西方面军、布良斯克方面军的左翼军队和中央方面军右翼军队实施；粉碎别尔哥罗德－哈尔科夫集团，由沃罗涅日方面军和草原方面军的兵力在西南方面军的协同下实施，代号为"鲁缅采夫统帅"战役。

其中，草原方面军将在战役中负有极大的责任。作为一支强大的战略预备队，该方面军部队受领的任务是阻止无论是自奥廖尔方向还是自别尔哥罗德方向的德军的纵深突破，当转入反攻后再从纵深增强突击力量。

此外，在粉碎了库尔斯克突出部地带德军集团之后，苏军将在西南和西部方向上展开总进攻，击败德军"南方"和"中央"集团军群的主力，并集中主要兵力进攻"南方"集团军群。摧毁德国从大卢基到黑海的防线，解放乌克兰左岸最重要的经济区，攻克第聂伯河战略地区，把战线推离莫斯科。

当然，在大本营会议上还讨论了另一种方案：如果德统帅部在近期内不打算进攻库尔斯克，苏联军队将转入积极的行动。

No.2 努力，并动员一切力量

斯大林所以同意采纳朱可夫后发制人的战略，除了由于他对朱可夫的信任和对战场形势的正确判断之外，还因为他手里有他确信能够有效对付希特勒坦克部队的"撒手锏"。

首先，斯大林相信苏联经过动员后的战争潜力要远远大于法西斯德国。

鉴于德国集中军事实力以求在东线得到突破这一事实，苏联最高统帅部认为战争将要求苏联人民及其军队要再次全力以赴，动员全国的人力、物力和精神力量给敌人以有力的打击。为此，最高统帅斯大林在1943年2月23日第95号命令中，向全国人民发出了动员："红军仍面临着对付奸诈、残忍而且暂时尚称强大的敌人之严峻斗争，这一斗争要求付出时间，作出牺牲，要求我们继续努力并动员一切力量"。

社会主义制度的优越性使苏联的军事经济显示出了压倒德军经济无可辩驳的优越性。1943年苏联的工业总产值比1942年增长了17%，在技术兵器、装备和弹药的生产方面，更是取得了突飞猛进的突破。

在航空工业方面，1943年，苏联共生产了近35,000架飞机，并实现了该工业的现代化和掌握了生产新型歼击机、强击机及轰炸机的技术，其歼击机在战术技术性能上大大优于德军相应型号的飞机。

在坦克装甲车方面，T－34型坦克已经可以大批生产，并源源不断地供应苏军坦克部队了。要知道，T－34型坦克是被公认的第二次世界大战中最优秀的坦克，它不仅履带宽，对地压强小，通行性能好，而且履带行驶速度与负重轮行驶速度一致，在一条履带被打断时，仍能正常行驶，更重要的是，T-34坦克拥有极强的火力。在德国"豹"式、"虎"式坦克出现之后，苏军又根据德国新型坦克的性能对T-34坦克及时作了进一步改进。

除了T-34型坦克外，ΚБ型系列重型坦克也足以让德军心惊胆战。这种重型坦克的鼻祖，具有"陆上战列舰"的美誉。为了库尔斯克战役中更加有效地成为德国坦克的"克星"，苏联对ΚБ型重型坦克又作了一些改进，使其具有更大的威力。

如果说德国"豹"式、"虎"式坦克是希特勒手中的两张"王牌"的话，那么T-34型坦克和ΚБ型系列重型坦克算得上是斯大林利的"撒手锏"了。不同的是，斯大林手中底牌的点数要高于希特勒，这不仅由于苏联坦克的综合性能略高于德国坦克，还有其他一些重要因素。

首先，苏军新型坦克的数量远远超过德军。1943年，苏联共生产了24,400辆坦克。T-34型坦克和ΚБ型坦克源源不断地从生产线上制造出来，开往前线，T-34型坦克已成为苏联陆军的主力战车，而德军的新式坦克只占其坦克数量中极少的部分。苏军的5个坦克集团军已经淘汰了轻型坦克，装备的是清一色的T-34新型坦克。坦克军内的坦克数量从1942年的168辆增至257辆。苏军机械化军内的坦克数量也急剧增加。

其次，苏军坦克部队的综合素质大大提高。坦克军内编配有相当数量的自行火炮。随着大量的美国卡车和吉普车运抵苏联，苏军坦克兵和机械化部队已实现了摩托化，其编成内的炮兵已告别了骡马牵引的时代，正走向摩托化和自行化。为了增强与坦克作战的能力，还增编了反坦克自行火炮团。从经验方面看，苏军的坦克部队已在战火、挫折和胜利中成长起来，指挥、通讯系统完善，不必再像当初那样用旗语联络，能够灵活调动数千辆坦克战斗。

另外还有一个十分重要的情况，就是苏军认真研究和吸取了英国陆军在北非沙漠抗击德军坦克突击的经验和教训。在1941年的"十字军行动"和1942年阿拉曼战役中，英军在对付德军集群坦克突击方面，既有深刻的教训，也有成功的经验。据英国人称，苏联军方在1943年春，曾仔细向英国驻莫斯科军事使团询问两次战役的细节。这对于苏军组织实施将要进行的库尔斯克坦克大会战，无疑有极大的帮助。

除此之外，苏联还加大了火炮、冲锋枪等自动武器的生产。在弹药，特别是高射炮弹、超速弹和具有巨大穿甲能力的空心装药炮弹的生产上，苏联也实现了决定性的飞跃。1943年一年中，共生产了8,580万发炮弹、7,570万发迫击炮弹和1,000多万枚航空炸弹。

↑为了配合前方战斗的需要，苏联后方加快了战斗机的生产速度。

↑苏军装备的
T—34型主战
坦克。

与发布了"保卫帝国总动员令"的德国相比，1943年苏联比德国多生产了近1万架飞机、一倍多的坦克和自行火炮、各种火炮和迫击炮。

在武器装备日益增多的同时，苏军也在编制体制方面采取了一系列的调整措施。

早在1942年就开始进行的编组步兵军的工作继续进行，到1943年4月初，作战部队中的步兵军数量为34个，到7月份增加到64个，并且增加了冲锋枪和火炮、迫击炮的配置数量。

原来的4旅制炮兵师于4月份开始改编为6旅制炮兵师，并定名为突破炮兵师。改编后的炮兵师拥有356门火炮和迫击炮，比原先增加了108门。4月12日，苏联国防委员会又决定建立由两个突破炮兵师和一个火箭炮师组成的突破炮兵军。突破炮兵军拥有496门火炮、216门迫击炮和864部M－31发射装置，具有强大的火力。其他种类的炮兵也在组织上进行了改变：重榴弹炮兵编成大威力炮兵旅、建立了重加农炮兵师、防坦克歼击炮兵旅、火箭炮兵师和4团制高射炮兵师。

装备了新式飞机的苏联空军也进行了极为重要的改组。不仅增加了人员的数量，而且也提高了前线航空兵和远程航空兵的质量。各空军集团军都增建了新的航空兵兵团，并增加了飞机的数量。到1943年夏季，歼击航空兵团和强击航空兵团飞机的数量均从32架增至40架，其战斗力都得到了极大的提高。同时，苏联飞机生产数量也在不断增加。截止到4月1日，苏联作战部队共拥有作战飞机5,892架，其中新式飞机占84%。7月初，作战飞机总数达到了10,252架，新式飞机为8,948架。

为了更好地抵御德军的进攻，苏联方面还在库尔斯克突出部构筑了坚固的防御阵地。

按照作战计划，苏军需要在库尔斯克突出部构筑8道防御地带和地区，其纵深要达到250

↑苏军装备的
作战飞机。

～300公里。其中，第一梯队每个集团军构筑有3道防御地带。此外，中央方面军和沃罗涅日方面军还要构筑三道方面军防御地区。在库尔斯克突出部以东，草原军区的军队也沿防线构筑防御工事。

为了尽快完成防御体系的构筑，在库尔斯克、奥廖尔、沃罗涅日和哈尔科夫等州前线附近解放区的居民同军队一起构筑防御工事。

4月初，库尔斯克州党委会举行全会，研究了组织支前的问题。中央方面军、沃罗涅日方面军首长参加了全会的工作。各市委、区委和基层党组织积极动员居民参加构筑防御工事、机场和飞机着陆场。大量的劳动人民投入到修筑公路、土路，修复铁路干线，支援野战医院的工作中。4月份，在库尔斯克州的工人和集体农庄庄员有105,000人，6月份达到30万人之多。奥廖尔州和沃罗涅日州的数千万居民沿顿河和奥斯科尔河构筑了防御地区。

修筑防御工事的工程作业量十分巨大。仅仅在沃罗涅日方面军就挖了4,240公里堑壕和交通壕，28,000多个步兵掩体，构筑了约55,860个反坦克枪和轻重机枪掩体，5,300多个指挥所和观察所，构筑了17,500多个地下室和掩蔽部，设置了600多公里的铁丝网。中央方面军完成的工程作业也差不多。

在防御体系中，是四通八达的堑壕和交通壕，这是防御阵地工程的基础。如此大规模的阵地配系，在苏联卫国战争中还是首次。在中央方面军和沃罗涅日方面军地带，就构筑了近10,000公里的堑壕和交通壕。

由于德军主要是用坦克对苏军防御阵地冲击，苏军构筑的防御工事首先就是着眼于防坦克。苏军通过建立防坦克支撑点和防坦克地域的方法构筑成了对坦克的防御。防坦克支撑点

115

通常构筑在营或连的防御地域内，防坦克地域则单独构筑或构筑在团防御地段内。同时，苏军防坦克支撑点和防坦克地域的火力配系还同暴露的和遮蔽的发射阵地上的炮兵火力以及防坦克预备队相配合。苏军建立的防坦克地域的纵深达到30至35公里。所有的火力都将根据敌人可能实施突击的方向大量集中地加以使用。

为了抗击德军大量航空兵的突击，苏军还在库尔斯克突出部地域各方面建立了坚强的对空防御。各个方面军的对空防御集团包括9个高炮师、26个独立的小口径高炮团、7个个别独立的中口径高炮营，共有10,026门高炮，从而能构成两三层高炮火力来掩护部队的战斗队形。为了确保空中的优势，苏联还计划使用国土防空军的航空兵和高射炮兵。

为了保证铁路干线的安全，苏军早在1943年春就开始考虑库尔斯克突出部的各铁路供应线的防空，集中了大量的国土防空兵力。苏军部署的国土防空军的密度十分大，大约配置了200余架歼击机、760门高射炮、560挺大口径高射机枪、125架对空探照灯。

在组织对空防御时，苏军还特别注意突出重点，集中大量兵力兵器于重点目标，如铁路枢纽和桥梁。为了掩护这些重要目标，动用了近67%的中口径高射炮和52%的小口径高射炮。

苏军统帅部在建立防御体系时，还充分考虑了后勤保障的需要，尽一切可能保障部队作战和生活的需要。

苏军统帅部预见到在库尔斯克突出部会有较大规模的战斗，从而进行了一切可能的准备，以便完全保障军队有充足的弹药、油料和粮食。方面军弹药的储存量平均达到2.5个基数。对于弹药、油料和粮食的储备，苏军坚持宁愿多、不能少的原则。正如中央方面军原后勤主任安季佩科将军所指出的，"这个决定带来了大量的实际工作。假如我们以前在炮兵发射阵地上摆1.5～2个弹药基数，那么，在库尔斯克弧形地带上就要按照各种口径给每门炮的炮位上摆5个弹药基数。""如果我们在方面军仓库里留下1/2的炮弹，准备在防御交战过程中使用汽车运送军队，我们就来不及在短期内把弹药送上去，而缺少弹药则不可能不影响到整个防御的稳定性。"

大量的弹药、油料和粮食，需要繁重的运输工作。苏军的后勤机关在战争准备中是卓有成效的。后勤机关在会战开始前，就将主要铁路干线、供水站、通信联络和其他目标都全部恢复。在会战准备期间，这些运输干线完成了大量的运输任务，给方面军向库尔斯克弧形地带发了3,572辆军列，其中有1,410辆军列运输火炮、坦克、最高统帅部预备的部队，约有15万节车厢运输物资器材。

考虑到战争的极端残酷性，苏军的医疗机构也在战前做了大量的工作，进行了细致周密的准备。在方面军和集团军基地，中央方面军开设了84,600个床位，给沃罗涅日方面军开设了94,600个床位。

5月2日、8日和19日，苏联最高统帅部多次向前线各部发出了德军即将发动进攻的警报，但这些日子都平安地渡过了，在前线除了双方的空军对对方目标发动了袭击以外，显得十分平静。由于德军一再推迟"堡垒"战役发起时间，使苏军赢得了整整3个月的准备时间，在库尔斯克弧形地带建立起了最密集的防御体系。

第3章
CHAPTER THREE

间不容发的
攻与防

★希特勒是非常喜欢听音乐的，尤其是贝多芬的交响乐、瓦格纳的歌剧片和胡戈·沃尔夫的曲子。然而，斯大林格勒战役之后，希特勒不再听音乐了。特别是在库尔斯克战役打响之前，音乐欣赏已被他无休止的唠叨所代替。

★6月2日，心有不甘的德军航空兵再次对库尔斯克铁路枢纽进行了更大规模的白昼袭击。为了达到瘫痪库尔斯克铁路枢纽的目的，德军扩大了空袭的规模。参加这次袭击的共有543架飞机，其中轰炸机就有424架。

No.1 无心休闲的希特勒

苏德战场上，战略制空权一直是双方争夺的焦点。这一斗争在1943年春季和夏季－库尔斯克战役打响之前达到了白热化，不仅规模最大，而且也最为激烈。

希特勒是非常喜欢听音乐的，尤其是贝多芬的交响乐、瓦格纳的歌剧片和胡戈·沃尔夫的曲子。在斯大林格勒战役之前，希特勒经常在晚上举办音乐会。每当音乐声响起来的时候，希特勒就闭目静坐，聚精会神地欣赏起来，仿佛忘掉了一切。

然而，斯大林格勒战役之后，希特勒不再听音乐了。特别是在库尔斯克战役打响之前，音乐欣赏已被他无休止的唠叨所代替。

确实，一方面，一再推迟的"堡垒"计划让他寝食难安，另一方面，轴心国在突尼斯即将失败的战局也时时困扰着他。

冯·阿尼姆将军的25万军队正在缺少弹药、食物和燃料的情况下，在不断缩小的桥头堡上顽强地进行后卫战斗。由于失去了意大利海军的支援，德国的供应船只无法开过来，而敌人的战斗机更使德国的容克运输机遭受惨重损失。到了4月末，阿尼姆便只剩下76辆坦克了，而且燃料极度缺乏，只能被迫开始从劣等酒中提取燃料。

为了扭转局面，希特勒派瓦尔利蒙将军去罗马向吓得发抖的意大利海军重新施加压力。临行前，希特勒特地对瓦尔利蒙进行了口授，要瓦尔利蒙对意大利说，坦克和陆军师也像战舰一样"好看"。"不战斗在道义上是没有理由的，遵守道义的唯一办法是战斗并赢得这场战争。不道德的行为是输掉这场战争，不打就让自己的船只匆忙跑掉。"

然而，这要求对于意大利来说等于零——意大利海军依然龟缩在海港里。更令人恼火的是，几天以后，希特勒听说"维托利奥文奈托"号战舰已经秘密地用无线电给英国在马耳他的大本营传送有关德国供应护航队靠岸的情况。

5月6日，英国第一军团冲破了阿尼姆在山口的防御，进入突尼斯。两天以后，德国空军——现在面对着4,500架战斗机和轰炸机，从而放弃了它在北非的飞机场。

而同时，墨索里尼能否控制住意大利的局势也令希特勒不放心。

在种种不利于德国战局的迹象下，希特勒领导的德国政治和军事领导集团极其重视"堡垒"计划。

纳粹领导集团把东线的进攻看做是一次军事行动，又看成是一次极为重要的政治行动。5月份，国防军参谋长凯特尔在总理办公厅举行的会议上指出："我们的进攻应当从政治上考虑。"

希姆莱4月份在哈尔科夫对党卫军坦克军的军官讲话时也声称："命运就在这儿，在东线决定……在这里应将俄国人作为人和一支军事力量加以消灭，叫他们淹死在自己的血泊中。"

希特勒明白，叫苏联人淹死在自己的血泊中不是一件容易的事，除了充分的准备之外，他在寻找更有效、更稳妥的办法。

盟军对德国的轰炸提醒了他。

1943年夏天，盟军的飞机已经开始频频光顾德国的上空了。每天夜晚，英国的轰炸机都会袭击鲁尔区的某个城镇。首先，英国飞机照例放出一阵阵令人胆寒的彩色烟火，预告他们的到来，然后在大街上和住宅区丢下一两千吨炸弹。即便是在德国密集的防空火炮的打击下，有时一个夜晚英国会损失三四十架轰炸机，但是这好像也没有使他们退缩。甚至有几架轰炸机炸毁了鲁尔水库的水闸，放出水库的水去淹没了坝外熟睡的平民百姓。

有时候，英国在白天也会向德国境内派去小型快速轰炸机。这些轰炸机，有时候是成编队飞来，有时是单个的"蚊子"相继飞来，每个都带一吨炸弹，在柏林上空一飞就是几个小时，迫使几百万居民躲藏起来，直到解除警报。

盟军的轰炸对德国造成了巨大的损害，其中，对公众士气的损害超过了对工业的损害。单是在多特蒙德一个地方，一夜间就有十万人失去了家园。

尽管米尔契提醒说，当柏林的真正大轰炸到来时，人们就该不再注意这警报了，但希特勒仍然命令照例发出警报，哪怕这样做只能解救一两个人的生命。

毫无疑问，希特勒意识到空中优势是这场战争的关键。在发动库尔斯克战役之前，德军必须使用空中力量软化苏联军队的实力。

No.2 在空中与敌人厮杀

早在斯大林格勒战役中，德军损失了大量飞行员和飞机。之后的库班河地区空中交战中，纳粹又损失了1,100余架飞机。但是，为了确保库尔斯克突出部战役的胜利，德军必须夺回战线南翼失去的主动权并保持战略制空权。为此，希特勒命令不断加强东线空军兵力。为了加强第4和第6航空队，从3月15日至7月1日，德军指挥部从德国、法国、挪威调去了13个空军大队，各训练中心也在加速培养飞行干部，以派往作战部队。

无独有偶，苏联军队领导人有着与希特勒相同的想法。

苏联最高统帅部在组织全国武装力量准备1943年夏、秋交战时，也对彻底夺取战略制空权和破坏法西斯德军在库尔斯克方向集中部队十分重视。库尔斯克方向上的前线航空兵得到了大本营预备队航空兵军和师的加强。

至1943年6月，在苏联各方面军的18个航空兵军和大本营预备队的4个航空兵军之中就有13个军驻在库尔斯克一带。其中，歼击航空兵部队装备了大量的新式飞机，这些飞机同德军梅塞施米特－109F式歼击机相比，具有更大的机动能力和较高的水平速度。

同时，到1943年夏季时，经过各种形式的培训，苏军飞行员已取得争夺制空权的经验。其指挥干部在指挥航空兵大兵团作战和组织兵团与战役军团之间的协同动作方面，也都具有很好的素养。此外，苏联远程航空兵也在组织上得到了加强。

在深刻分析空中情况和有关德军计划的侦察材料基础上，苏联最高统帅部决定空军进行两次大规模的空中战役，以粉碎德军的主要航空兵集团。同时，决定在战线整个中段加紧对敌人铁路和公路输送活动的空中袭击。

苏联最高统帅部的考虑是这样的：

在第一次空中战役中，将对从斯摩棱斯克到亚速海海岸宽1,200公里正面上敌人的各机场同时实施突然袭击，使谢沙、布良斯克、奥廖尔、哈尔科夫和斯大林诺等各地域的德军航空兵主要集团遭受损失。因为在上述地域各机场上驻有德军第6和第4航空队60%的飞机，此役将大大牵制法西斯德军空军的行动。

为了达成战役的突然性，苏联部队要求对空中战役的准备工作严格保密，只有少数人知道战役计划，同时禁止一切涉及这一战役的信件、电报往来和通话。

在发动战役之前，必须做好空中侦察，很快，这一任务由苏联空军侦察员出色地完成了。他们不仅在规定的时间内查明了各机场上德机的驻地和防空兵器，而且找到了德军弹药库、燃料仓库及其他重要设施的配置情况，更是准确地查明了德军的飞行工作规律以及德机和德飞行人员在机场上的时间。

1943年5月4日，苏联最高统帅部在给西方、布良斯克、中央、沃罗涅日、西南和南方等方面军军事委员会的训令中下达了发动第一次空中战役的命令，命令要求完成消灭机场上和空中的敌机以及破坏敌铁路输送和公路汽车运行的任务。

战役定于5月6日开始，各方面军空军集团军对敌人机场实施第一次密集突击的时间从4时30分开始到5时正为止，在尔后的3个昼夜内必须不断对敌航空兵实施突击，对铁路目标的突击则应持续10个昼夜。

苏联空军司令员在5月5日给各方面军空军集团军司令员下达的训令中具体指示了完成规定任务的方法。例如，对已查明有敌机集结的各主要机场，航空兵应同时实施突击；在战役第1日应压制住德军大部分航空兵；当日白天对敌人机场进行反复突击，夜间则出动夜航轰炸机。在发动突击之后的两天内，要继续消灭各主要机场和新发现的机场上的敌机。

为了确保参战飞机的安全，空军司令员在训令中还指示，"必须使用大机群对敌人机场实施突击，并注意抽出足够数量的飞机以压制敌人的高射武器。"

参加第一次空中战役的有6个空军集团军，它们分别是：西方方面军空军第1集团军，布良斯克方面军空军第15集团军，中央方面军空军第16集团军，沃罗涅日方面军空军第2集团军，西南方面军空军第17集团军和南方方面军空军第8集团军。

在战役当中，空军第1集团军对五个大型机场实施了密集突击，其中包括谢沙和布良斯克地域的机场；空军第15集团军由于机场离目标过远只派出两个团参加对奥廖尔地域的机场的突击；空军第16集团军所属各航空兵兵团消灭在奥廖尔和纳夫利亚地域的5个机场上的敌机；空军第2集团军对6个机场，主要是哈尔科夫机场群的各机场实施突击，出动了飞机254架次；空军第17集团军部队轰炸了两个机场；空军第8集团军部队轰炸了3个机场。在第一次密集突击中，苏联空军总共袭击了德军的17个机场。

袭击取得了良好的战果。

由于遭到突然袭击措手不及，德军无法进行有组织的抵抗。只能眼睁睁地看着苏联飞机

呼啸而来，倾泻下一枚枚炸弹。随着一声声巨响，巨大的火焰升腾起来，一架又一架的德军飞机瘫痪在机场上。

据统计，德军在机场上就损失了194架飞机，匆忙中起飞迎战的21架战机也被击落。而苏联空军仅付出了损失21架飞机的代价。

5月6日白天，5月7日和8日晨，苏联空军接二连三地对德军机场进行了反复突击。在惊惶失措中清醒过来的德军加强了反击力度，为了压制德军越来越强的抵抗，苏联空军增加了担任压制敌人防空兵器任务的兵力，并增加了掩护轰炸机和强击机的歼击机数量。

但是，由于德军指挥部已将一些部队转至各后方机场，并对停在各机场上的飞机也进行了非常仔细的伪装，而且加强了值班歼击机的兵力，后来进行的几次突击收效不大。

鉴于开始实施突击时的突然性已不复存在，苏联最高统帅部大本营下令暂停对德军机场实施突击。

第一次空中战役就这样结束了。

然而，第一次空中战役作为苏联伟大卫国战争时期众所周知的一次规模最大的空中战役，极大地鼓舞了苏联军队的士气。在这3个昼夜期间，苏联空军共出动了飞机1,400余架次，歼灭德军飞机达500余架，苏军航空兵仅损失飞机122架。尽管在这次战役中，德军的空军力量并没有遭到完全毁灭，仍能对其部队进行支援，并有能力继续袭击苏联重要的铁路枢纽、工业中心和机场，但这次战役的结果是使战线中段和南段苏军的空中形势大为改观。

第一次空中战役结束后，根据苏联最高统帅部的决定，空军在6月上半月实施了第二次空中战役。

与第一次战役不同，这次战役的目的是粉碎敌人轰炸航空兵集团，迫使敌人减少其轰炸航空兵对苏联军事工业目标和伏尔加河流域各城市的夜袭。为进行此次战役，苏联动用了前线航空兵的3个空军集团军（第1、第15和第2集团军）和远程航空兵的轰炸航空兵兵团。

战役于6月8日开始。

6月8日傍晚，太阳刚刚落山，西边天空的晚霞还红彤彤的。被太阳蒸晒了一天的大地开始凉爽起来，微风吹在身上也有了几分惬意。

突然，德军在谢沙、布良斯克、卡拉切夫、奥廖尔和博罗夫斯科耶各机场的上空传来了飞机的轰鸣声。紧接着，机场的空袭警报也拉响了。

与第一空中战役不同，苏军之所以选择傍晚而不是清晨实施突击，是为更好地达成空袭的突然性。而选择这些机场，是因为对苏联发动夜袭的飞机都是从这些机场起飞的。

然而，这次实施的突击没有能够取得充分的突然性效果。因为德军已经从苏联空军五月战役中吸取了教训，其对空防御始终保持着完全战斗准备状态。

当然，第二次战役的战绩也是明显的。凡是使用大机群实施突击、同时又派出大量航空兵兵力压制德军防空兵器的苏联空军集团军，都取得了成功。例如，空军第1集团军对谢沙机场实施突击时，使用了111架飞机，其中就有半数以上的飞机用于压制敌人高射炮和对付敌人的歼击机，造成德军损失飞机35架。随后的几天内，空军第1集团军又出动飞机160架对谢沙机场实施突击，出动飞机113架对布良斯克机场实施了突击。通过这几次突击，毁、伤德军地面上的飞机76架，击落敌机14架。

与此同时，远程航空兵在3个夜间轰炸了谢沙、布良斯克、奥廖尔、奥尔苏菲耶沃、卡拉切夫、扎波罗热、斯大林诺、博罗夫斯科耶、克林崔等地的机场，共出动飞机达3,360架次。自6月8日至10日的3天空中战役中，德军共有28个机场遭到袭击，245架以上的战机被击毁。

其实，在库尔斯克会战的准备期间，苏联空军更主要的任务是破坏德军的铁路输送和公路交通。对于这一任务，斯大林在1943年5月4日的命令里明确指出："对敌人的列车实施突击以及攻击敌汽车纵队是我空军最重要的任务。"

为完成上述任务，苏军动用了加里宁、西方、布良斯克、中央、沃罗涅日、西南和南方等方面军的航空兵以及远程航空兵。苏联前线航空兵实施突击的地带极宽，突击深度远至战线以后200至250公里，远程航空兵突击深度更是达到了350至400公里。每个空军集团军派出

123

一个强击机团和一个歼击机团，采取"游猎"方法消灭敌方机车、列车和汽车，仅空军第16和第2集团军即为此目的出动了近2,000架次的飞机。

期间，苏联远程航空兵对布良斯克、奥廖尔、戈梅利、斯摩棱斯克、奥尔沙、维亚兹马、诺沃孜勃科夫、乌涅查等铁路枢纽实施了猛烈的夜袭，自元月1日至5月5日，远程航空兵为破坏德国铁路输送总共出动了飞机15,000架次。经过前线航空兵和远程航空兵配合一致的突击，德军遭到重大损失，其交通线经常中断。

同时，在4、5月间，苏联远程轰炸机还对德方领土的军事工业目标实施了突击，袭击了哥尼斯堡、莫斯捷尔堡、但泽、提尔西特等城市。为了摧毁最重要的军事目标，苏联使用了两吨和五吨重的大威力炸弹。

苏联远程航空兵的突击不仅使德军受到物质上的损失，而且打击了敌人的士气，迫使法西斯德军指挥部不得不耗费大量兵力、兵器进行对空防御以保卫大后方——德国本土和东欧许多国领土的目标。这就为陆军和前线航空兵作战创造了有利条件。同时，苏联最高统帅部在消灭机场和空中德机以及破坏德军铁路和汽车输送方面所采取的措施，对改善苏联库尔斯克会战开始前的空中和地面形势产生了积极的影响。

在库尔斯克会战准备时期的3个月内，苏联各方面军和大本营预备队的航空兵在战线中段共完成了42,000多架次的战斗飞行。此外，远程航空兵还出动飞机6,506架次。到1943年7月初，在库尔斯克方向作战的德军第6和第4航空队的兵力已经被大大削弱。

对苏联空军而言，1943年5～6月的空中交战，不仅锻炼了航空兵队伍，而且检验了苏联空军的作战样式。

经过多次实战考验，苏联空军的各级司令员、指挥员积极地丰富了在复杂情况下指挥航空兵兵团和部队的经验，同时，航空兵与诸兵种合成（坦克）战役军团和兵团之间的协同合作问题也更为熟练和细致了。

对德军而言，在空战中不仅损失了飞机，还损失了飞行军官。后来的战事表明，如何补充伤亡的飞行员，一直是法西斯德国最感困难的问题。

No.3 空袭，库尔斯克

随着盟军对德国引为骄傲的古老城市进行的毁灭性轰炸，戈林的威信急剧下降。

3月1日，几百架夜间轰炸机从柏林上空投下了雨点般的炸弹和燃烧弹，使得35,000人无家可归，700多人死亡。

3月5日那天夜晚，英军对埃森－鲁尔区的钢铁工业中心进行了轰炸，使该城市大受损失。轰炸不仅炸毁了3,000座房屋和办公大楼，而且还炸死了几百名工人。

尽管希特勒命令戈林寻找防止英军空袭的方法，并加大对英国的报复，但效果却一直不佳。之后，慕尼黑和斯图加特也成了英军轰炸的目标。

在5月下旬的一次空袭中，乌珀塔尔的鲁尔城有2,000多人丧生。一个月之后，又有3,000多名居民在英国轰炸机的轰炸中丧生。

正如希特勒所说，他不能容忍苏联飞机的挑衅，更重要的是，他要确保"堡垒"计划的顺利实施。在库尔斯克战役发起前，他必须要与苏联争夺战略制空权。

德军航空兵袭击的主要目标是库尔斯克铁路枢纽。

5月22日，德军航空兵出动了近170架轰炸机对苏联进行了第一次密集的突击。然而，由于苏联军队早有准备，苏联空军第16和第2集团军以及国土防空军歼击航空兵第101师的歼击机进行了反击。在苏联飞行员的顽强攻击之下，大多数德军轰炸机群在飞抵轰炸城市之前，即在附近空域被驱散。

6月2日，心有不甘的德军航空兵再次对库尔斯克铁路枢纽进行了更大规模的白昼袭击。为了达到瘫痪库尔斯克铁路枢纽的目的，德军扩大了空袭的规模。参加这次袭击的共有543架飞机，其中轰炸机就有424架。

为了截击这些飞机，苏联前线航空兵空军第16和第2集团军出动了280架歼击机，国土防空军歼击航空兵第101师出动了106架歼击机。此外，库尔斯克防空集群的高射炮兵也参加了抗击德国轰炸机的战斗。

德军的空袭是分成5个梯队进行的。

由130余架轰炸机和30架护航歼击机组成的第一飞行梯队遭到了从奥廖尔方向起飞的苏联空军第16集团军歼击机的迎击，在空中交战过程中，有58架德军飞机遭到苏联歼击机的攻击而被击落，只有少数轰炸机飞抵铁路枢纽。

德军的第二和第三梯队有轰炸机120架，护航歼击机55架。苏军歼击机86架起飞迎击，击落敌机34架。

德军第四和第五两个梯队有轰炸机167架和歼击机14架，它们从奥博扬方向，以6,000至7,000米高度飞向库尔斯克。为抗击这批飞机的袭击，苏军指挥部出动了205架歼击机，但是，苏军没有能够把德军的轰炸机群全部截住，有将近一百架德机突至库尔斯克，对铁路枢纽进行了突击，造成该枢纽交通中断达12小时之久。

然而，为了取得如此微不足道的战果，德军付出了昂贵的代价。在库尔斯克附近空域和城市上空，德国空军一天之内就损失了飞机145架，而苏军航空兵仅损失27架歼击机。

同时，对库尔斯克实施的密集空袭，也是德军在苏德战争期间对苏联后方目标实施的最后一次大规模白昼袭击。由于希特勒德军指挥部担心再次遭到重大的损失，从此以后，德国轰炸航空兵的主要力量改为夜间行动。

之后，6月间，德军轰炸机又多次对苏联雅罗斯拉夫尔、高尔基市、萨拉托夫等大工业中心进行了夜袭。其中，只高尔基市就7次发出空袭警报，萨拉托夫9次发出空袭警报。德军总共出动飞机1,200余架次，其中被苏联歼击机和高射炮击毁40余架。这几次夜袭似乎取得了一点微不足道的成果。

5月份到6月份两个月间，德国空军又对苏军各机场进行了380次袭击，出动飞机1,200余架。在苏联歼击机和高射炮的有力还击下，184架德机被击落。

由于苏联空军进行了巧妙的伪装，加之分散了飞机驻地，使德军的突击大多是对假机场进行的。空军司令员诺维科夫空军元帅7月22日给最高统帅部大本营的报告里指出："作为机场对空防御的有效措施，我们极其成功地采取建造假机场的办法。例如，在最近的1个半月里，敌航空兵向南方方面军空军第8集团军的假机场投弹2,214枚，重达46,755公斤，而在同一时间内对真正的机场只投下61枚炸弹，总重为2,750公斤。"

经过1943年春季和初夏夺取战略制空权的激烈斗争，法西斯德军的空军实力遭到重创。4月至6月，敌人在苏德战场损失飞机近3,700架，敌人已失去空中的战略主动权，但还想竭尽全力争取主动。直到1943年7月初，当法西斯德军在库尔斯克方向转入进攻时，争夺主动权的斗争才又一次激烈起来。

除了空中交战，苏德战场上出现了一段战事相对沉寂的阶段。双方都在为即将到来的恶战进行着全面准备，火药味已隐隐可闻。

第4章

CHAPTER FOUR

希特勒的决定

★指挥部里出现了少有的安静，几乎一切都凝固了，只有时钟"嘀嗒、嘀嗒"地响着。突然，周围的一切都震动起来，响起了惊心动魄的隆隆爆炸声。库尔斯克突出部地域最大的交战开始了。

★6日凌晨3时50，在炮火准备后，苏联第16坦克军和第17近卫步兵军对德军发起了进攻。与此同时，莫德尔也把第二线的第2和第9装甲师投入战场，于是，库尔斯克战役中第一次大规模的坦克战展开了。

No.1 愚蠢的"堡垒"

尽管越来越多的情报显示，进行"堡垒"战役是愚蠢的。但是，希特勒的决心可不是可以轻易改变的。于是，他将"堡垒"战役的发起时间定为7月4日。

1943年7月4日，希特勒向参加"堡垒"作战的部队下达了临战动员令：

> "士兵们，今天，你们将开始一场伟大的进攻战，这次作战将对整个战争的胜负产生决定性影响。你们的胜利将比以往更加有力地向全世界证明：对德国武装力量的任何抵抗都是徒劳的……你们强大的突击，将使苏军大吃一惊并使之彻底震动。你们应知道，一切均取决于这次会战的结局。"

按照希特勒的说法，"必须取得'堡垒'行动的胜利，以便消除我们盟友的失望情绪，熄灭被我们征服的那些人民心中的希望"。希特勒的陆军指挥官们也似乎对此抱有很大希望，他们看见德国空军中队在苏联前线集结了前所未有的力量，德国装甲师和步兵师斗志旺盛、装备精良，加上几个月的休整，信心十足。

然而，希特勒没有想到，通过"露西"间谍网，苏联几乎掌握了德军的一切计划，并针对德军的部署进行了相应的安排。

苏军的计划是这样的：

在最北方，索科洛夫斯基指挥的苏联西方方面军准备投入两个集团军：巴格拉米扬将军指挥的实力强大的第11近卫集团军将为进攻的主力，其左翼为博尔金将军的第50集团军，他们的任务是一旦德军的进攻被阻止，就发动进攻，攻占德军占据的奥廖尔突出部，从北方切断深入库尔斯克的德军。

在西方方面军的左翼是由波波夫指挥的布良斯克方面军，该方面军的任务为配合西方方面军的奥廖尔攻势，他们将向奥廖尔突出部的正面发动进攻。

在西方方面军和布良斯克方面军背后，苏联最高统帅部还布置了强大的预备兵力，准备用于下一阶段的攻势，包括第11集团军、第3近卫坦克集团军和第4坦克集团军，以及第20坦克军、第25坦克军和第2近卫骑兵军。

在布良斯克方面军的左翼，正对着德军第9集团军进攻方向的是由罗

↑时任苏西方方面军司令员的索科洛夫斯基。　↑时任苏布良斯克方面军司令员的波波夫。　↑时任苏中央方面军司令员的罗科索夫斯基。　↑时任草原方面军司令员的科涅夫。

科索夫斯基将军指挥的中央方面军，该方面军包括5个集团军和第2坦克集团军。罗科索夫斯基把第70、13和48集团军布置在德第9集团军的进攻方向上，在德军最可能的主攻方向上的是第13集团军，其左翼为第70集团军，右翼为第48集团军。在突出部的顶端，罗科索夫斯基布置了第60和第65集团军以应对德第2集团军的进攻。中央方面军的二线部队为第2坦克集团军，该集团军由第3和第16坦克军、近卫第11坦克旅组成（缺了1个机械化军）。该集团军的预备队还包括第9和第19坦克军在内的一些独立部队。中央方面军的总兵力为711,575人，11,076门大炮和迫击炮，246门火箭发射器，1,785辆坦克和自行火炮。

在库尔斯克突出部南部，面对着德第4装甲集团军的是瓦杜丁的沃罗涅日方面军，瓦杜丁的兵力部署方式和罗科索夫斯基非常相似，他把主力放在突出部肩部的中、左翼，尤其是在由哈尔科夫经奥博扬到库尔斯克的公路上，那是通往库尔斯克的捷径。负责阻止德军向奥博扬前进的是第6近卫集团军，该集团军的左翼是第7近卫集团军，在其右翼为第40和第38集团军。在这4个集团军后方，瓦杜丁部署了第69集团军。作为方面军预备队的是第1坦克集团军和步兵第35军。其方面军总兵力为625,591人，8,718门大炮和迫击炮，1,704辆坦克和自行火炮。

在中央方面军和沃罗涅日方面军的后方是科涅夫将军的草原方面军，它的任务是当前方两个方面军形势吃紧时，向它们提供增援兵力，万一库尔斯克防线被突破，它将成为最后一道防线，而当苏军转入反攻时，它将提供新鲜的兵力。该方面军辖5个步兵集团军：第4近卫，第5近卫，第27、47和第53集团军。另外还包括了第5近卫坦克集团军，第3近卫、第5近卫和第7近卫骑兵军，第4近卫坦克军，第3近卫机械化军和第1近卫机械化军。该方面军的总兵力为573,195人，8,510门大炮和迫击炮，1,639辆坦克和自行火炮。

最后，将在苏军反攻中担任助攻的是苏联西南方面军第57集团军和第2坦克军（168辆坦

克，该军于7月11日转入第5近卫坦克集团军）。

　　参加第一阶段库尔斯克战役的苏联中央方面军、沃罗涅日方面军和草原方面军与德国第9和第2集团军、第4装甲集团军和"肯夫兵团"相比，在兵力上占2.4∶1的优势，为1,910,361对780,900；在坦克上数量占1.9∶1的优势，为5,040辆对2,696辆。

　　一场战争还没有拉开序幕，胜负就似乎已经见分晓了。

No.2 先　机

　　南俄罗斯的夏天，骄阳似火，天气异常闷热。

　　从6月底开始，德国空军侦察机的活动开始频繁起来。它们把库尔斯克的每个角落都进行了航空拍照，并把拍摄的照片分发给进攻部队。然而，尽管这些照片反映出了苏联阵地纵深和轮廓，但并不能揭示其详细情况，德军还是大大低估了苏军的实力。

　　7月1日以后，德国陆军的调动也多起来。它们昼伏夜出，悄悄向苏德双方的对峙线开进，负责调动部队和运输补给品的参谋军官整夜整夜在各个路口忙碌着。

　　在苏军的阵地上，官兵们无论白天还是夜间，都保持着高度的警惕。每个人都支起耳朵，睁大眼睛，监视着越逼越近的德军。他们要通过德军活动的蛛丝马迹，准确地掌握德军的进攻行动。

　　苏军还不时派出侦察兵，渗入德军防线捕俘，以获取更多的可靠情报。

　　英国、美国的情报部门、驻苏军事使团和两国政府也都屏住呼吸，注视着即将开始的大战。他们不知道苏军究竟能否顶住德军装甲铁拳的猛击……

　　7月2日，苏军最高统帅部根据所掌握的各种情报分析，认为德军可能在7月3日至6日之间转入进攻，随即将这一情况通报给各方面军领导人。同时，统帅部还决定在适当时机以猛烈的炮兵火力和航空兵火力反准备破坏敌人的进攻。

7月4日下午4时，库尔斯克突出部南部，德国第4装甲集团军以营级规模的部队向苏军的前沿阵地发动了进攻，以清除苏军的前进阵地和为第二天的主攻准备一个出发点，经过激烈的战斗，德军占领了几个苏军的前进阵地，于是德军转入防御，等待第二天的进攻。

凌晨2时，第13集团军司令员普霍夫将军给罗科索夫斯基打来电话，报告说，据被俘的敌步兵第6师的工兵供认，德军已做好转入进攻的准备。开始进攻的时间，大约是7月5日晨3时。

指挥部里出现了少有的安静，几乎一切都凝固了，只有时钟"嘀嗒、嘀嗒"地响着。突然，周围的一切都震动起来，响起了惊心动魄的隆隆爆炸声。

库尔斯克突出部地域最大的交战开始了。

在这可怕的"交响乐"中，重炮的轰击声，炸弹、火箭弹、"喀秋莎"的爆炸声，以及飞机马达不停的轰鸣声汇成一片。

事实上，在德军开始进攻前，苏军的反准备计划在细节方面尚未完全制定好，在7月4日夜间，苏军还没有进一步准确地查明德军在出发地位上的集中地点和目标的具体位置。因此，反准备时只能主要进行面积射击，而不是对准具体的目标射击，这就使敌人可以避免重大伤亡。

对于反准备的效果究竟如何呢？朱可夫和罗科索夫斯基心里也都没有底。这个情况到后来才逐步搞清楚。

据后来捕获的德军俘房供称，苏军突击完全是出乎他们意料的。根据俘房提供的情报，德军炮兵损失惨重，通信联络、观察和指挥系统普遍遭到破坏。

尽管朱可夫认为，中央方面军和沃罗涅日方面军的炮火反准备开始得过早，因为当时德军士兵还躺在掩体、掩蔽所及深沟里，坦克部队也尚在待机地域隐蔽。如果反准备能再晚大约30～40分钟，将取得更大的效果。但是，德军进攻计划还是被打乱了，德军被迫把进攻时间推迟了2.5至3个小时。从德军炮火准备稀稀拉拉的情况来看，苏军的炮兵和航空兵火力反准备，对破坏德军的进攻起到了重要作用。

在苏军进行火力反准备前，加满油、装足弹的德军坦克在进攻出发阵地摆成了一条条不规则的钢铁长龙。

7月5日5时，这些钢铁长龙开始蠕动起来。它们向着自己预定的突击地段快速运动。在德军主要突破地段，长龙汇聚成更强大的钢铁洪流，奔涌向前。德军要用这由坦克组成的钢铁洪流，淹没苏军的防御阵地。

5时30分和6时，德军在经过炮火准备后，分别由奥廖尔以南地域从北向南，和从别尔哥罗德地域由南向北，对库尔斯克发起了全面进攻。

德军采用这种"南北对进"的战术，目的十分明显，就是要从根部切断库尔斯克突出部，围歼位于突出部地区的苏军兵力集团。

No.3 战场上的"利钳"

1943年7月5日5时30分，由克卢格元帅指挥的德国中央集团军群沿库尔斯克突出部北部向罗科索夫斯基的中央方面军发起攻击。

莫德尔的第9集团军作为先头梯队，在长达63公里的正面对苏军的第一道防线发起了进攻。

莫德尔的第9集团军下辖6个装甲师、14个步兵师和1个独立的"虎"式坦克营，共计有335,000名士兵，1,009辆突击战车，其中包括273辆IV型坦克、32辆"虎"式坦克和90辆"斐迪南"式战车。这些部队被编成4个军，包括一流的第41和47装甲军。

驻守在苏军第一道防线抗击这些德国军队的是第13集团军（总兵力114,000人）和第70集团军（总兵力96,000人）。在它们的两边侧翼与后方，罗科索夫斯基部署了配备有840辆突击战车的315,000人的队伍，另外还有390辆坦克和185,000人的预备队。

← 时任德第9集团军司令的莫德尔。

莫德尔的部队在7月5日凌晨集结时，即遭到了苏军炮火40分钟的猛烈炮击，前沿阵地被炸平，攻击行动也宣告破产。虽然受挫，莫德尔的10支先锋队在"容克"87式俯冲式轰炸机的掩护下仍然发动了强大的攻击。

只见近千辆德军坦克呈若干楔形队形，铺天盖地地向着苏军阵地滚滚而来。

楔形队伍的顶端是"虎"式重型坦克，两边是"豹"式中型坦克。德军把新型坦克放在楔形队形的外围，形成了队形的外层装甲。在外层装甲的里面，是战斗力较弱的各种旧式坦克。

紧随在坦克之后的，是乘坐装甲车的德军步兵。他们随时准备下车战斗，抢占被坦克碾轧过的苏军堑壕。

德国人想用"虎"式、"豹"式坦克厚厚的钢甲和猛烈的火力，撞开苏军的防线。

近千辆坦克自北向南，像一群草原上狂奔的野牛，扬起冲天的烟尘，发出震耳欲聋的轰鸣，遮天蔽日地向苏军压来。

经过反坦克特别训练的苏联官兵沉着应战，随着一声声"开炮"的口令，苏军的反坦克炮吐出一串串火舌。

很快，冲在前面的德军坦克被击中，冒出浓烟，并燃起熊熊大火。但是，后面的德军坦克继续高速向前猛冲。

有一些"虎"式和"豹"式坦克突破了苏军的反坦克炮封锁线，冲进苏军阵地。它们碾过一道道铁丝网，越过一条条堑壕，在苏军阵地上横冲直撞……

苏军官兵奋不顾身地冲向德军坦克。他们或者隐蔽在堑壕、交通壕内，或者从翼侧接近德军坦克，或绕到德军坦克后面，向德军坦克投掷出一颗颗反坦克手雷和液体混合燃料燃烧瓶。

当德军坦克后面的步兵冲入苏军阵地时，苏军官兵有的端起冲锋机枪扫射德军步兵，有的端起刺刀与跃入堑壕的德国兵展开白刃战，有的拉响手榴弹与德军同归于尽……

浓烟和火光弥漫的库尔斯克北端，弹片横飞，死尸遍地，喊杀声和嚎叫声令人胆战心惊……

德军坦克冲破一道又一道苏军反坦克炮封锁线，不顾一切地往里冲。但是德军坦克手们突然发现，他们闯入了苏军的反坦克雷区。

随着一声声震耳欲聋的反坦克地雷爆炸声，一辆辆德军坦克的履带被炸断，坦克手被震得眼冒金星。

他们还没清醒过来，埋伏在两侧的苏军反坦克炮、高射炮和大口径榴弹炮就开火了。呼啸的穿甲弹撕开坦克的侧装甲，坦克舱内的士兵立刻脑浆四溅。

苏军的坦克部队开始出击了。在烟尘滚滚的平原上，苏德坦克缠在一起，在炮弹的呼啸声中，一辆辆坦克变为烟柱……

最初的攻击由德军最左翼的第23军发动，在那里，德军以3个步兵师的兵力进攻苏军第13和48集团军的结合部。不过，这是一次佯攻，狡猾的莫德尔希望借此能够把苏军的注意力从德军的主攻方向上引开。但结果证明，这次进攻很不成功，德军仅前进了1.5公里便被阻止了。

德军的主攻来自于中央的第47和第41装甲军，在这里莫德尔投入了4个装甲师（第20、2、9和18装甲师）和3个步兵师（第61、292和86步兵师），而防守的一方是苏联第13集团军的第15和第81步兵师，这两个师背后就是由第307师防守的重要据点波尼里。

拥有120辆坦克和强击火炮的德第20装甲师在上午9时，突破了苏军第15步兵师的防线，并向前推进了5公里。在20装甲师的左翼，德第6步兵师在第505独立装甲营的两个"虎"式坦克连的支援下，在苏第15步兵师的右翼也完成了突破，这样苏联第15步兵师不但面临着被从两翼包抄的威胁，而且其右翼的第81步兵师也受到了影响。第81步兵师的左翼受到德第6步兵师的威胁，而其右翼在有"豹"式强击火炮支援的德第292步兵师的攻击下，也岌岌可危。

在德第292步兵师的左翼，德第86步兵师在第18装甲师的一个团和独立第653和654装甲营的"豹"式强击火炮的支援下，沿铁道向波尼里猛攻。为了应付这个威胁，布卡洛夫向第

↓纵横无忌的德军装备的﹁虎﹂式坦克。

↑ 莫德尔正在库尔斯克战场指挥作战。

81师增援了第129坦克旅和第1442自行火炮团。当天，这些部队连同第81师的步兵击退了德军的4次进攻，但德军的第5次攻击终于使苏军向后退却。

这样德军从苏军的防线的中部，突破了苏军第一条防线，但在两翼，德第23军和46装甲军的进攻则完全失败。

面对来势汹汹的德军，罗科索夫斯基迅速做出了反应。他向第13集团军投入了350架飞机，并把第1和13反坦克旅，一个炮兵旅和第21迫击炮旅增援给第13集团军。同时，布卡洛夫把集团军二线的第74步兵师派往德军突破口的左翼，计划以该师和第27近卫坦克团以侧击切断突入苏军阵地的德军。

5日下午，向第二线撤退的苏第15步兵师在德军的追击下，受到很大损失，其676团一度被包围，经过苦战后才得以突围。同时，15师的撤退也使第13集团军左翼的第70集团军的右翼受到了威胁，该集团军的第132步兵师也开始被迫后退。

在地面激战的同时，在空中双方的空军也在进行一场激战，总的来说，德国空军略占上风，他们在这一天里共出动了1,000架次攻击苏军目标，而苏联空军只出动了约500架次的飞机。

到5日傍晚，莫德尔的德军在苏军第13和70集团军之间打开了一个宽15公里、深约8公里

136

的口子。但德军付出的代价是可怕的，在第一天德军投入的300辆坦克和强击火炮中，有2/3因战斗或机械原因而退出战斗，虽然有些损失的坦克经过修理可以在稍后重新投入战斗，但其中至少有70辆是永久性的损失。这对德军来说是一个不祥之兆。

7月6日，莫德尔的部队在北方对苏军第二道防线发起了强有力的突击，目的在于夺取波尼里村和奥尔霍瓦特卡山脊之间的重要地段。莫德尔希望能从这些地方穿过最适于坦克作战的平原地带，向南面的库尔斯克更迅速地推进。为了阻止这种势头，罗科索夫斯基在晚上调来了预备队。

6日凌晨3时50，在炮火准备后，苏联第16坦克军和第17近卫步兵军对德军发起了进攻。与此同时，莫德尔也把第二线的第2和第9装甲师投入战场，于是，库尔斯克战役中第一次大规模的坦克战展开了。

苏第16坦克军的先头部队第107坦克旅，正面撞上了德国第505独立装甲营的"虎"式坦克，在半小时内，107旅遭到了重创，它的50辆坦克损失了46辆，而紧随其后的第164坦克旅在激战中也损失了23辆坦克。

得胜的德军一路追击败退的苏军，直到抵达苏军第二条防线，在那里，苏第17近卫步兵军的第70和75近卫师以猛烈的火力阻止了他们的进攻。到下午6点半，苏联第19坦克军终于赶到，他们猛烈地攻击德第2和20装甲师，最终挡住了德军的前进。

也是这一天，在德军突破口的左翼，德第41装甲军再一次试图把苏联第13集团军和第48集团军一分为二。德军以第292和86步兵师、第18装甲师猛攻由苏军第307步兵师防守的波尼里，但为苏军的顽强抵抗所阻止。

整个6日这一天，苏军的反攻并没有奏效，但达到了迟滞德军进攻的目的。而与此同时，苏联空军在争夺制空权的努力中，取得了效果，他们宣称以损失90架飞机的代价击落德军飞机113架，而苏联轰炸机和强击机也变得更活跃。

在抗击德军坦克的进攻中，苏联官兵表现得极为勇敢、顽强。第13集团军81步兵师410步兵团的冲锋枪排排长卡马尔季诺夫少尉，于7月5日夜间带领全排执行战斗警戒任务。清晨，德军发起进攻，有约1个连的步兵和3辆坦克向卡马尔季诺夫少尉排的地段运动，其中1辆坦克触雷爆炸，2辆坦克已接近防御前沿10至15米的地方。卡马尔季诺夫第一个用反坦克手榴弹炸毁了敌人1辆坦克。他的通信兵炸毁了第二辆坦克。战士们按照少尉的口令，对德国步兵实施齐射。德军遭到损失后被迫卧倒。德军第一次冲击被击退，立即开始了第二次进攻。此时，卡马尔季诺夫腿部负伤，他坚持继续指挥全排战斗。德军新的步兵散兵线在4辆坦克支援下又向卡马尔季诺夫少尉的排扑来。排长用两枚手榴弹炸毁了1辆德军坦克，另3辆坦克也被他的战士炸毁。德军步兵遭到苏军冲锋枪手扫射死伤惨重。德军恼羞成怒，决定包围这17名勇士，将他们全歼。包围战斗打响了。绕到苏军后方的一群德军步兵被全部歼灭。又有一辆德军坦克被炸毁。勇士们一直坚持到天黑，后来在接到命令后才撤到新的地区。排长卡马尔季诺夫在战斗中给部属做出了坚定勇敢的榜样。他在过去的战斗中曾9次负伤，其中5次重伤，这一次是第10次负伤。

7日凌晨，德军变更了坦克部队的部署，再一次发动了攻击，其首要目标是波尼里，一个重要的铁路和公路枢纽。

在这里的战斗是如此激烈，以至德国人后来称它为"库尔斯克的斯大林格勒"。

德第18装甲师和第292步兵师向波尼里发动了5次进攻，但都被苏军第307步兵师击退。在苏军的强大火力下，德军损失惨重。

上午10点整，德国步兵在50辆坦克支援下一度突入波尼里西北部，但很快就被苏军发起的一次反突击击退。紧接着，又有两个营的德国步兵在12辆坦克的支援下，攻占了波尼里东郊的五一农场，并在市区北部占领了一个落脚点，与此同时，德第9装甲师也从该市西郊发起了进攻。

然而，尽管苏军兵力与德军相比处于绝对劣势，但德军花了一整天时间，并付出了重大代价，也只攻占了半个波尼里。

当然，防守波尼里的苏第307师损失也很大，该师的预备队只剩下了一个营。

为了守住波尼里，布卡洛夫向该城增援了第129坦克旅、第1442自行火炮团全部和第13反坦克旅、第3坦克旅各一部。

对于德国人来说，更糟的是，在7日这一天，苏联空军取得了库尔斯克北部地区的制空权，从此德国地面部队将不再有在白天自由行动的权利。

7月8日，德军加强了奥利霍瓦特卡方向的进攻。

莫德尔把他最后的预备队第4装甲师投入战场，用来加强第20装甲师，这两个装甲师连同第2装甲师向奥利霍瓦特卡发动了一次又一次的猛攻，并一度突破了苏军防线。

但是，德军再一次领教了苏联官兵英勇顽强的作战精神。在罗科索夫斯基和布卡洛夫向该地增援了第140步兵师和第11近卫坦克旅之后，经过一天的激战，德军突破苏军防线的企图失败了。

在同一天，波尼里地面和空中的枪炮声响了一整天。经过反复争夺，双方都蒙受了重大损失。在接下来的两天里，德军向该城投入了第10装甲掷弹师，苏军也投入了第3和第4近卫伞兵师。在经过血腥的战斗和付出惨重的代价后，德军终于占领了大半个波尼里，但苏军仍控制着部分市区，特别是通过该市的铁路和公路仍处在苏军的火力控制下，德军无法使用。而此时的德军，已经精疲力竭，无力再继续前进了。

经过4天的激战，莫德尔的第9集团军的攻击能量已经耗尽。

7月9日，莫德尔以第2、4和20装甲师的300辆坦克向奥利霍瓦特卡发动了最后一次进攻，结果是徒增损失而一无所得。

于是，莫德尔被迫在10日宣布德第9集团军转入防御。

在7月5日至11日的交战中，德军损失了约5万人和400辆坦克，苏联中央方面军也损失了近34,800人。但是，苏军顽强地挫败了德军以南北两个方向的钳形攻势包围消灭突出部内的大量苏军的企图。而且，由于情况始终在掌握之中，苏军在北部几乎没有动用草原方面军的兵力，从而使其得以全力支援南部的战斗。

第5章
CHAPTER FIVE

推进，推进

★为挡住德军的攻势，瓦杜丁下令把方面军预备队中的第27反坦克旅派往第67近卫步兵师后方的第90近卫步兵师，希望在退入其阵地的第67近卫步兵师的兵力支援下，第二线的第90近卫步兵师能够挡住德军的攻势。

★7月12日清晨，德军200辆坦克以密集队形展开，向坚守在普罗霍罗夫卡西南的苏军第69集团军发起了猛烈攻击。沃罗涅日方面军司令员瓦杜丁即令第5近卫坦克集团军司令员罗特米斯特罗夫向进攻的德军发动反突击。

No.1 旗开得胜

在莫德尔的第9集团军群向苏联中央方面军发动疯狂进攻的同时，在库尔斯克突出部南面的苏军沃罗涅日方面军地带内，德军共集中了约1,000辆坦克同时投入战斗，其中700辆配置在奥博扬公路的主要方向上。

与北路的进攻不同，德军在南路集中了其军中之花——党卫军"帝国"师、"骷髅"师和"阿道夫·希特勒"师，其新式坦克的数量也超过北路。

进攻发起后，只见数百辆坦克发出震天撼地的隆隆巨响，黑压压地向苏军阵地扑去。德军想利用他们强大的钢铁洪流，将苏军阵地一举"淹没"。但是，他们遇到的却是难缠的对手。

德军坦克群发起冲击不久，就陷入苏军布下的地雷阵，原先排列整齐的坦克战斗队形，被接连爆炸的地雷炸得乱七八糟，一辆接一辆的坦克被炸得趴窝、冒烟、着火、爆炸。苏军坦克和反坦克炮占据着高地，几乎弹无虚发，德军坦克被打得东奔西窜，乱了章法。无奈，只得派出步兵，穿过青纱帐去占领那些高地。可是许多步兵一离开装甲车就有去无回了。

苏军坦克兵以大无畏的战斗精神，与德军坦克进行着拼杀。由库斯托夫上士、泽列宁中士、列科姆采文上士和沙兰金中尉驾驶的坦克，在被德军坦克炮击中后，带伤继续战斗。再次被德军坦克炮击中时，坦克开始燃烧。沙兰金中尉在浓烟中喘着粗气，还想进行直接瞄准射击，但损坏的火炮不听受伤的指挥员使唤。这时，库斯托夫和列科姆采夫已受了重伤。泽列宁作为第2驾驶员，换坐到驾驶员的位置上。沙兰金中尉看着正在疯狂碾轧苏军士兵的德军"虎"式坦克，下达了撞击敌人坦克的命令。泽列宁调整好方向，开足马力，直冲附近的一辆德军"虎"式坦克撞去，一声巨响，冒着火焰的T-34坦克以自己的全部重量撞到"虎"式坦克车侧。德军坦克油箱在强力撞击下，立即爆炸，坦克燃起熊熊大火。在10个小时的战斗中，这个坦克乘员组共击毁两辆"虎"式重型坦克、1辆中型坦克、3门反坦克火炮，消灭40名希特勒匪徒。

在几小时内，成百辆的坦克变成一堆堆破铜烂铁。炮弹、炸弹的爆炸和坦克的吼叫使大地呻吟。数百架飞机在空中穿梭不断，进行着激烈的空战。坦克的奔驰以及炮弹和炸弹的爆炸掀起满天尘土，加之燃烧的坦克浓烟滚滚，大地均因之变色，一片昏暗。地平线"消失"了，阳光全被遮掩，太阳如火红的圆盘透过烟尘勉强可见……

7月4日下午，在南方集团军群初始攻击之后，其工兵当晚悄悄从雷区清出一条道路，以利于第二天早上坦克的推进。7月5日一早，第4装甲集团军在西面战区长达40公里的战线上发起了攻击。

德军采取了把"虎"式坦克布置在第一线的战术，试图从密集的苏军防御阵地中撞出一条路来。德第48装甲军以第3和11装甲师、"大德意志"装甲师、第10装甲旅的部分兵力，共464辆坦克和89门强击火炮首先从出发位置跃起，向北部进攻，对苏第6近卫集团军的第67近卫步兵师发起了猛攻。

进攻从一开始起，就遭到了苏军的顽强抵抗，"大德意志"装甲师在第10装甲旅的支援下，以350辆坦克和强击火炮的兵力，强攻苏第67步兵师的阵地。然而，在前进了3公里后，德军的坦克陷入了苏军精心布置的雷区而动弹不得。面对苏军的猛烈火力，德国人花了整整10个小时才得以通过这片雷区，此间至少损失了36辆坦克。

越过雷区后，"大德意志"装甲师经过一场苦战，在第11装甲师先头部队的协助下，终于突破了苏第67近卫步兵师的防线。

在德军3个师的攻击下，第67近卫步兵师被迫开始后退。为了掩护主力顺利撤离，其第196近卫步兵团和第611反坦克团仍在坚守阵地，直到当天晚上，剩余部队才趁夜色突围，回到了苏军阵地。这样，第67近卫步兵师的主力第199和201近卫步兵团得以退入二线阵地。之后，第67近卫步兵师得到了第1837反坦克团、第245坦克团和第1440自行火炮团的增援，在这些生力军的帮助下，使进攻的德军损失惨重。

为挡住德军的攻势，瓦杜丁下令把方面军预备队中的第27反坦克旅派往第67近卫步兵师后方的第90近卫步兵师，希望在退入其阵地的第67近卫步兵师的兵力支援下，第二线的第90近卫步兵师能够挡住德军的攻势。

与此同时，在"大德意志"装甲师的左翼，德第3装甲师的90辆坦克猛烈地进攻苏军第71近卫步兵师。虽然苏军顽强抵抗，德军还是在5日傍晚从第71和67近卫步兵师的结合部打开了一个口子，突入苏军防线约7公里，苏军被迫向后撤退。

这样，在第一天中，德第48装甲军成功地突破了苏军第一道防线。德第3和11装甲师、"大德意志"装甲师准备在第二天，向西北旋转，强渡佩那河，突破苏军第二道防线。

5日4点，在德军第48装甲军的右翼，德军第2党卫装甲军，以356辆坦克和95门强击火炮的兵力向苏军第52近卫步兵师发起了攻击。第1党卫"阿道夫·希特勒"师充当了进攻的前锋，第2党卫"帝国"师和第3党卫"骷髅"师在其右后方，由德第167和168步兵师分别保护其两翼。付出了损失坦克33辆，其中17辆是"虎"式坦克的代价后，第2党卫装甲军突破了苏军第一线阵地，并继续向前推进。按照计划，他们第一天的目标是普赛尔河畔的波克洛夫卡，到18点，德军又向前推进了6公里，在那里德军被一条部署着坦克和反坦克火炮的苏军防线阻止。

这样，在德军第一天的攻势中，德第2党卫装甲军把苏第52近卫步兵师一切为二，并突入苏军防线达20公里。然而，虽然苏军第52近卫步兵师蒙受了30%的损失，但它并没有崩溃，它的第155近卫步兵团和第375步兵师一起扼守着德军突破口的东侧，其第151和153近卫步兵团则在突破口的西侧坚守阵地，以防德军进一步扩大突破口。

为了对付德军的攻势，苏第6近卫集团军司令齐斯特亚克夫把拥有72门反坦克炮的第28反坦克炮旅派往第52近卫步兵师，并命令集团军第二道防线上的第90和第51近卫步兵师加强戒备，阻止德军的进一步突破。同时，瓦杜丁下令，卡图克夫将军的第1坦克集团军和第5、第2近卫坦克军将向苏军第二道防线开进，准备在6日向德军发动反击。

卡图克夫将军也许是苏军中最出色的坦克指挥官，早在1941年，他就担任苏军第4坦克旅旅长。库尔斯克战役中，卡图克夫担任最新组建的苏第1坦克集团军司令员的职务。在接

↑ 德军第2党卫军 "帝国" 师装甲部队正在向前疾驰。

↑ 正在向战士颁发勋章的苏第1坦克集团军司令员卡图克夫（中）。

到命令后，卡图克夫把第6坦克军部署在第90近卫步兵师的右后方，把第3机械化军部署在第90近卫步兵师的左后方，而第31坦克军则作为集团军的预备队。同时苏第5近卫坦克军被部署在第51步兵师后方，而第2近卫坦克军被部署在德军突破口的右侧。

苏军原计划在6日，以第1坦克集团军反击德第48装甲军，以第5近卫装甲军从正面、第2近卫装甲军从侧面攻击德第2党卫装甲军。

然而，由于德军在第一天的进攻比较顺利，瓦杜丁认为不应该在德军攻势正猛时发动反攻，于是，他在最后一刻下令取消了6日的攻击。命令第1坦克集团军在苏军第二道防线后建立一条额外的防线，只有在德军的攻势被阻止时，苏军才发动攻击。这个命令使得苏军的第1坦克集团军放弃了其机动性，而将其作用仅限于支援步兵，瓦杜丁的这个决定在当时和事后都受到了不少批评。

在6日上午，只有第2近卫坦克军按计划发动了反攻，这次攻击被德军击退。

虽然苏军的反攻没有付诸实行，但瓦杜丁的策略在一定程度上仍取得了效果，他以一半以上的坦克兵力充实苏军防线，这减缓了德军攻击的速度。同时他又以其余的坦克兵力不断地打击德军的侧翼，最终把德军的攻击从他们的目标奥博扬和库尔斯克引开，并直接导致了普罗霍洛夫卡坦克大战。

而在德军的最右翼，配属于第4装甲集团军的"肯夫兵团"也是在5日凌晨3时30分，开始了他们的炮火准备。30分钟的炮击后，德军第6、19和第7装甲师，第106和320步兵师发起了攻击。

到了中午11时，德第19装甲师首先在苏军第7近卫集团军第81和78近卫步兵师间突入了2公里。而德军第7装甲师的进攻更为成功，到下午1时，其第6和第7装甲掷弹团渡过了北顿涅茨河。之后，该师以第25装甲团为前锋，沿着铁路从正面突破了苏军第78近卫步兵师的防线，向前推进了6公里。

这样，在5日结束的时候，"肯夫兵团"在苏第7近卫集团军的第一道防线上打开了一个深6公里、宽12公里的口子。但对德军来说，"肯夫兵团"这一天的进展不能令人满意，与第48和第2党卫装甲军相比，它只取得了微小的进展，这使得第2党卫装甲军的右翼有了显露的危险。

在这一天，德国空军十分活跃，出击超过了1,000架次，致使苏联空军被迫采取防守的措施，双方在这一天未分胜负的战斗中，都受到了很大损失。

6日上午，德第48装甲军开始了他们第二天的进攻。在德国空军的支援下，德军以第3装甲师在左，"大德意志"装甲师在中，第11装甲师在右，向北推进。一路上德军的进攻逼退了苏第67和52近卫步兵师，并逐渐逼近苏军的第二道防线。然而，到当天晚上为止，德军至少向苏军第二道防线发起了8次攻击，都未能成功。第48装甲军未能抵达普赛河，这对德军来说不是个好消息。因为在德军右翼的进攻已经严重滞后的情况下，如果其左翼的攻势也开始减慢，这将意味着进展最顺利的第2党卫装甲军的两翼都有受到攻击的危险。

德第2党卫装甲军在这一天的进展较为顺利。上午，在炮火的掩护下，德军以"阿道夫·希特勒"师在左，"帝国"师在右，迅速突破了苏军第51近卫步兵师防御的第二道防线，深深插入了苏军防线的后方。

经过一场激烈的坦克战后，苏军第5近卫坦克军在反击"帝国"师时，都蒙受了重大损失。然而，苏军也只是延缓了德军的进攻速度，并未能达到阻止其前进的目的。

虽然德军第2党卫装甲军的进展令人满意，但该军军长豪塞尔却开始把忧虑的眼光投向他日益暴露的两翼。由于在他右翼的"肯夫兵团"和在他左翼的第48装甲军都开始滞后，他的两翼完全处在苏军不停的反击下。尽管在二线的"骷髅"师在空军的帮助下，击退了右翼苏军的攻势，但如果整个"骷髅"师都被迫用于保护德军的右翼，那他将无法对至关重要的北方——奥博扬发动进攻。

在6日傍晚，苏军也调整了部署。瓦杜丁把更多的反坦克武器布置在德军前进的路线上，并把第1坦克集团军的预备队第31坦克军向东，调往德第2党卫装甲军的前进路线上。在这一天，对苏军来说，唯一的好消息是在第6和第7近卫集团军的结合部上，苏第375步兵师在第96坦克旅和第496自行火炮团的支援下，一再打退了德"骷髅"师的进攻，使德第2党卫装甲军和"肯夫兵团"不能连成一气。

虽然这样做的重要性在当时未能被人所及时理解，但事后证实这点将对整个战役的结局有重大影响。

"肯夫兵团"6日的攻势首先由第19和第7装甲师发动，第6装甲师则在当天下午加入。德第19装甲师，在其左翼德第168步兵师的支援下，从顿涅滋河对岸的桥头堡出发，打击苏第81近卫步兵师的左翼，并突破了该师的防线，苏军在投入了该师最后一个营的预备队后，才暂时阻止了德军的前进。与此同时，德第7装甲师突破了苏第78近卫步兵师的防线，并抵达苏联第二条防线。在此据守的是苏第73近卫步兵师和第167、第262坦克团。在一整天里，德第7装甲师连续对苏军防线发动攻击，但都未能达成突破。下午，德军预备队第6装甲师终于赶到，它在第19和第7装甲师的中间向苏军发起攻击。但这个时候，苏第7近卫集团军司令苏米洛夫及时地把苏第111、270、15近卫和94近卫师调到德军突破位置，苏军终于顶住了德军的攻势。

　　这样，在6日终了时，尽管德军第48装甲军和第2党卫装甲军成功地在苏军第二道防线上打开了一道缺口，并严重威胁到奥博扬的安全。但是，德国人为此至少付出了300辆坦克和强击火炮的代价。其中，"大德意志"装甲师在进攻开始时有350辆坦克和强击火炮，此时还能运行的只剩下80辆。虽然有些坦克是可以经过修理，再重新投入战场，但不可否认的是，德军的进攻能力已经开始被削弱了。

　　同时，由于"肯夫兵团"不能赶上左翼德军的进攻速度，使得德"骷髅"师被迫被用于保护德军的右翼，而不能用来扩大突破。同时，德国空军在两天里共损失了超过100架飞机，其出击次数由5日的1,278架次降低到6日的873架次，空中优势逐渐在向苏军方向转化。因此，尽管南部进攻初战告捷，但德军今后的行动将越来越困难。

No.2 "不败"之花——党卫坦克师

　　党卫坦克师被称为德军之"花"，其中包括第1党卫"阿道夫·希特勒"师、第2党卫"帝国"师和第3党卫"骷髅"师以及"大德意志"师等等。这些坦克师另加强有3个独立的坦克营，装备有"虎"式重型坦克、"豹"式中型坦克和"象"式坦克歼击车。在希特勒眼里，德军之"花"是永远不会失败的。

　　6日下午6时30分，瓦杜丁向最高统帅部和华西列夫斯基要求增援。

　　当晚，华西列夫斯基就向最高统帅部发电，要求立即把草原方面军第5近卫集团军的第10坦克军调往德军48装甲军的进攻方向，并把第2坦克军调往德军第2党卫装甲军面前的普罗霍洛夫卡。同时，他还要求准备把第5近卫坦克集团军调往沃罗涅日方面军。

　　华西列夫斯基的要求很快被批准了。斯大林亲自给瓦杜丁打电话，要求他不惜任何代价，阻止德军在库尔斯克突出部南部的突破，为酝酿中的苏军在突出部北部的进攻争取时间。

　　形势在第二天开始发生逆转。

　　7日早晨，德军第48和第2党卫装甲军再次对苏联第6近卫集团军和第1坦克集团军防守的第二条防线发起了进攻。

一开始，第2党卫装甲军的攻势比较顺利。该军以"骷髅"师向东进攻，以"阿道夫·希特勒"师和"帝国"师向北进攻，逼退了苏联第49和100坦克旅。但是，苏军立刻以第5近卫坦克军向德军暴露的右翼发起了一次反击，尽管在"帝国"师空军的支援下，德军击退了苏军的反攻，但德军的进攻速度也慢了下来。

　　苏军趁机将第183步兵师部署在德军前进的方向上，同时苏军第31坦克军的第242和237坦克旅也出现在德第2党卫装甲军的左翼，这迫使德军不得不把"阿道夫·希特勒"师的部分兵力用于保护他们的左翼。这样，第2党卫装甲军只剩下一小部分兵力可以向北进攻。在7日整个一天里，第2党卫装甲军只前进了数公里，未能达成突破苏军防线的任务。同时，由于其左翼苏军的抵抗十分激烈，德军的攻击方向逐渐向东北偏离了他们计划中要夺取的奥博扬，而指向了普罗霍洛夫卡。

←　正在前线指挥作战的瓦杜丁（左）。

　　对于德第4装甲集团军左翼的第48装甲军来说，7日的任务十分艰巨。他们要向北推进，在东北方向赶上第2党卫装甲军，以保护其暴露的左翼。但是，第48装甲军的攻势却受到苏军的顽强抵抗。因为，瓦杜丁命令计划不惜一切代价，阻止第48装甲军和"肯夫兵团"突破苏军防线和党卫军汇合。

　　第48装甲军7日的攻势首先由"大德意志"师和第11装甲师发动。在斯图卡俯冲轰炸机的支援下，德军猛烈地攻击苏第1和第3机械化旅的阵地，在一场残酷的战斗后，德军沿着奥博扬公路前进了5公里，但苏军的坦克和反坦克火炮使德军的坦克损失惨重。一天之内，德军损失了28辆"虎"式坦克和76辆其他坦克。尽管遭受了重大损失，德军仍在顽强地前进。

　　面对苏军防线有完全被突破的危险，为了保持防线的完整，瓦杜丁和卡图可夫命令第3机械化军的左翼向北撤退，以保持其和东边的第31坦克军的联系，撤退的苏军遭到了德国炮兵和空军的猛烈轰击，损失惨重。但尽管如此，德军也未能及时扩大战果，因为卡图可夫命令第6坦克军的第112坦克旅，从侧面打击了突入最深的"大德意志"师，这次逆袭勉强使德

↓库尔斯克战役中的苏军坦克。

军的攻势停顿了下来。

7月8日，德军继续他们的攻势。"大德意志"师和第11装甲师继续压迫着苏第3机械化军，使之步步后退，而德第3装甲师也逐渐赶了上来，以保护德军的左翼。很显然的，光靠第3机械化军本身，已无法阻止德军的前进。

于是，瓦杜丁只能下令把计划用于对付德第2党卫装甲军左翼的第31坦克军调回来，该军将和第3机械化军余部、第309步兵师、第29反坦克旅、两个坦克旅、3个反坦克团布防在德第48装甲军占领的阵地面前。瓦杜丁希望这个部署至少能暂时阻止德第48装甲军向北朝奥博扬的进攻，以使他有足够的时间来组织第2、10和第5近卫坦克军在普罗霍洛夫卡以南对德第2党卫装甲军的反攻。

与此同时，德第48装甲军军长冯·克诺贝斯多夫将军也在考虑下一步的作战计划。由于苏军在其左翼聚集了越来越多的兵力，为了解除这个威胁，他在8日晚下令次日"大德意志"师和第11装甲师于次日首先沿着奥博扬公路向前推进5公里，并攻占公路上重要的制高点。然后第11装甲师继续向北推进，"大德意志"师则向左转，在第3装甲师和第332步兵师的配合下，歼灭苏军在德军左侧的部队。之后，再重新向北加入第11装甲师，向奥博扬攻击前进。

对于德国第2党卫装甲军来说，7月8日是十分顺利的一天，因为德国人终于能以步兵第167师接替了"骷髅"师，以保护德军的右翼，使得德军能以3个装甲师的兵力向北推进。

本来，苏军准备在8日以第10坦克军从正面迎击，以第2坦克军，第2和第5近卫坦克军攻击德军的右翼，但由于德军的前进非常迅速，使苏军的坦克兵力只能逐次投入战场。

首先投入攻击的是第10坦克军，它的3个坦克旅在第183步兵师的协助下，从正面攻击了德"帝国"师和"骷髅"师，结果在德军猛烈的反坦克火力下被击退，并遭到了重大损失。8日下午发动攻击的第2坦克军，也同样被德军击退。此外，向"帝国"师右翼发动进攻的第5近卫坦克军，只取得了微小的进展。而第2近卫坦克军的进攻则成了一场灾难，该军的140辆坦克在集结时被德国空军的侦察机发现，立刻招致4个德军空军中队的袭击。在损失了约50辆坦克后，被迫停止了攻击。至此，苏军的反击以失败告终。

这样，不仅德国第2党卫装甲军的北进步伐未能被阻止，而且德第48装甲军的前进速度也大大加快了，并使得这两个德国装甲军之间恢复了接触。但由于德军右翼的"肯夫兵团"仍未能赶上来，第2党卫装甲军的军长豪塞尔将军再一次被迫以"帝国"师主力用来保护他的右翼。

而位于右翼的"肯夫兵团"从一开始就进展得不顺利。7日早晨，"肯夫兵团"再次陷入了苦战中。本来，德军打算以第19装甲师在左，新投入的第6装甲师在中，第7装甲师在右，对苏联第81近卫装甲师的右翼形成突破。

然而，苏联第7近卫集团军司令苏米洛夫立刻作出了反击。他把第92和94近卫步兵师以及第96坦克旅派往德军的进攻正面，迟延德军的进攻；并以第305步兵师在后方建立一条新的防线，以阻碍德军进一步向北推进；同时，他还命令苏第213步兵师和第72近卫步兵师进攻德军的右翼，这个反攻重创了保护德军右翼的德第106和320步兵师，从而拖住了德第7装甲师的部分兵力。

第二天，苏米洛夫接着把第15近卫师、第270和111步兵师投入对德军右翼的攻击，这使德军被迫把整个第7装甲师用于保护自己的右翼，而德军左翼的第19装甲师的进攻，也被苏第81近卫步兵师的顽强抵抗所阻止，只有第6装甲师在第503独立装甲营的支援下前进了8公里，这样在7、8日两天的战斗中，"肯夫兵团"虽然最终突破了苏军的第一道防线，但远未完成突入苏军防御纵深和保护第2党卫装甲军右翼的任务。

在7、8日两天的空中战斗中，苏联空军逐渐扩大了它的优势，在这两天中，苏联空军都保持了1,100架次的出击次数，而德国空军的出击数从7日的829架次降到了8日的652架次，虽然如此，德国空军仍能保持在战场关键地带的区域制空权，在11日以后，苏联空军才最终夺得整个战场上空的控制权。

9日是库尔斯克战役的关键的一天，瓦杜丁已经知道苏联最高统帅部已经同意把第5近卫坦克集团军和8万人的第5近卫集团军从草原方面军调给他指挥，但这些部队需要几天的时间才能到达。在这几天里，瓦杜丁决定在奥博扬公路正面继续抵挡德军向奥博扬推进的同时，在两翼连续发动反击，使德军无法全力以赴地攻击他们的主要目标。

为此，瓦杜丁把第69集团军部署在第6和第7近卫集团军的后方，以阻止德军向东北方普罗霍洛夫卡可能的推进，把第10坦克军从苏军的左翼调到中央奥博扬公路上，同时他还把第309和204步兵师部署在同一条公路上，这些部队将和原来在这个方向上的第31坦克军和第3机械化军一起，阻止德军直接攻向奥博扬的一切企图，而第2坦克军和第5近卫坦克军将再一次向德军右翼发动进攻。

9日，曼施坦因把所有可以集结的飞机都投入到战场上，在这一天德国空军出击次数高达1,500架次，几乎是苏军的两倍。

在密集的空中支援下，德第2党卫装甲军以"阿道夫·希特勒"师和"骷髅"师向北

↑ 正在与属下军官商讨作战计划的曼施坦因。

沿着奥博扬公路发起了进攻。他们逐渐逼退了苏第3机械化军和第31坦克军，日终时分"骷髅"师抵达了普赛尔河，并和其左翼的第11装甲师建立了联系。同时，苏联第2坦克军和第5近卫坦克军对德军右翼的攻击，再一次被"帝国"师和第167步兵师所击退。

德第48装甲军9日的攻势分为两个部分。首先，其第11装甲师继续向北推进，突破了苏联第3机械化军的防线，并和其右翼的党卫军"骷髅"师建立了联系。而在同一时间，"大德意志"师则向左回旋，计划能在最短的时间内，和第3装甲师一起消灭威胁德军左翼的苏军部队，然后再回头和第11装甲师一起再次向北推进。但事实证明，这是德军一厢情愿的美梦罢了。从一开始，"大德意志"师就陷入了和苏第6坦克军和第90近卫步兵师的苦战中。同时，瓦杜丁立刻抓住了这个机会，大量兵力调往他的右翼，牢牢缠住德"大德意志"师和第3装甲师，使他们再也无法被用于德军计划中的主攻方向奥博扬。

由于右翼的"肯夫兵团"在9日一整天依然毫无进展，现在，德军第48装甲军只剩下第11装甲师可以配合第2党卫装甲军向北的攻势了。而苏第2坦克军和第5近卫坦克军又不断对德军右翼发动攻击，这使得德第4装甲集团军司令霍斯将军作出了一个重大的决定：第2党卫装甲军将偏离奥博扬方向，转向东北的普罗霍罗夫卡，以摧毁苏军在德军右翼聚集的部队。

正是这个决定，直接导致了几天后的普罗霍罗夫卡坦克大战。

No.3 坦克大决战

7月9日，"狼穴"大本营里充满了欣喜愉快的气氛。

对希特勒来说，尽管在前几天的残酷战斗中，德军付出了一定的伤亡代价。但蔡茨勒的报告说，坦克损失的数量尚在可接受的范围之内，而南部钳形攻势进展得也算顺利。因此，在希特勒7月9日的元首战务会议上，希特勒宣称："东线进攻进展顺利！"

也就是在同一天，苏联沃罗涅日方面军司令瓦杜丁意识到德军可能会改变原定的主攻方向，对普罗霍罗夫卡发动一场聚集式的进攻。于是，瓦杜丁将罗特米斯特罗夫中将统领的、精锐的第5近卫坦克集团军紧急调到普罗霍罗夫卡以北地域，用来增援波波夫的第2坦克军驻守的防御阵地。

果然，在9日晚接到霍斯有关改变进攻方向的命令后，3个党卫军师整夜都在向进攻出发点聚集。但由于夜色和复杂的地形的影响，直到10日下午1点钟，经过几场激战之后，"阿道夫·希特勒"师、"骷髅"师和"帝国"师才勉强完成集结，在普赛尔河建立了一个桥头堡。之后第二天，也就是11日，布赖特的第3装甲军也推进到距离普罗霍罗夫卡仅20公里的日扎维茨，做好了全面进攻的准备。

一场人类历史上规模最大的坦克战即将爆发：700辆苏军坦克与500辆德国突击战车在一系列惨烈的遭遇战中交锋。

罗特米斯特罗夫认真研究了"虎"式坦克与"斐迪南"式战车的战后报告认为，"虎"式坦克前装甲厚达10厘米，不容易被反坦克炮弹击穿，其坦克炮射程远，威力大。但是，针对"虎"式坦克速度慢和易燃的弱点，可以充分发挥T－34坦克机动速度快的优势，近战歼敌，从正面直接切入或从侧面进攻。

7月12日清晨，德军200辆坦克以密集队形展开，向坚守在普罗霍罗夫卡西南的苏军第69集团军发起了猛烈攻击。沃罗涅日方面军司令员瓦杜丁即令第5近卫坦克集团军司令员罗特米斯特罗夫向进攻的德军发动反突击。

8时30分，在炮兵进行了15分钟的炮火准备后，罗特米斯特罗夫的部队发动了攻击。

这是两支部队以攻对攻的决战。

向普罗霍罗夫卡进攻的是德军第2党卫军装甲军的3个师——"帝国师""骷髅师""阿道夫·希特勒师"，主战装备是"虎"式、"豹"式坦克和"斐迪南"式自行火炮，它们正在不可一世地杀向苏军阵地。

罗特米斯特罗夫面对大群德军坦克拖着高入云霄的烟尘滚滚而来，命令T－34坦克冲入

德军坦克群，进行近战，以弥补在装甲防护和火力上的不足。于是，一场坦克"肉搏战"开始了。

700多辆T－34坦克、KB型重型坦克和CУ－85型自行火炮，发出狂暴的吼声，以50公里的最高时速，在俄罗斯草原上风驰电掣般地冲向对面德军坦克。

苏军坦克速度快，又急于近战，很快就冲入德军坦克的队形……

只见战场的一边，苏联的T－34坦克开足马力向"虎"式坦克冲去，"虎"式坦克直往后退，这时T－34坦克的炮身一震，炮口喷出一团火光，"虎"式坦克往后一跳，便停止不动了。但这辆T－34坦克马上受到两辆"豹"式坦克的攻击，中弹起火，一股浓烟腾空而起。在另一边，4辆T－34坦克被十几辆德军坦克包围着，双方一阵猛烈的射击之后，4辆T－34坦克都被击中起火，德军的1辆"虎"式坦克也被击中在原地打转。突然，其中一辆T－34坦克带着火冲向德军的坦克群，1辆德军自行火炮躲闪不及，被撞翻在地，引爆了车内的炮弹，随着一声巨响，整个上半截车身连同火炮都被掀在了一旁……

在普罗霍罗夫卡方圆15公里的大地上，马达轰鸣，履带声铿锵作响，爆炸声此起彼伏，炮声震耳欲聋，硝烟弥漫蔽日，两股钢铁洪流展开了惊心动魄的决战。

这场空前血腥的坦克大战一直持续到天黑，整整8小时。

德军终于支撑不住了，扔下400多辆东倒西歪的坦克，匆匆退去。

↑一辆中弹起火的苏军T－34坦克。

　　参战的苏军坦克也损失过半。战场上留下700多辆苏军坦克和自行火炮的残骸，它们有的与敌人紧紧撞在一起，有的炮塔被掀掉……

　　苏军的损失虽超过德军，但它是最后的胜利者。

　　对于这次战斗的意义，华西列夫斯基评价说：

　　交战的主要战果，依我看，是打败了敌人的坦克兵团，由此，在这一重要兵种出现了特别有利于我们的兵力对比。而这种优势在很大程度上是我们在距别尔哥罗德30公里的普罗霍洛夫卡以南的大规模坦克遭遇交战的胜利所造成的。我是这次两大钢铁集群真正大规模决斗的见证人。它发生在7月12日库尔斯克弧形地带的南正面。

　　一些资产阶级历史学家在自己的著作中也指出，苏联军人在普罗霍罗夫卡近郊的坦克交战中所取得的胜利具有决定意义。

　　7月13日，付出惨重代价的"堡垒"行动陷入了僵局，它对于受到惨重伤亡的德军已无丝毫战略价值。

154

第6章
CHAPTER SIX

左支右绌的
希特勒

★到16日，"肯夫兵团"终于和第2党卫装甲军连成了一条连续的战线，但曼施坦因的目标一个也没有实现，德军未能消灭苏第69集团军，没能摧毁第5近卫坦克集团军，也没有占领普罗霍罗夫卡。

★相比之下，解救墨索里尼的工作要简单得多。希姆莱在德国空军和陆军特工人员中挑选了一批人，组成了一支突击队，用以抢回即将被巴多格里奥政府引渡给盟军的墨索里尼。

↑在坦克的掩护下，苏军向德军发起了反击

No.1 沉溺在"堡垒"中

　　而正当东线德军在苏德战场上与苏军打得难解难分之际，西线德军又频频告急。美、英和加拿大军队在德军对库尔斯克突出部发起进攻5天后的7月10日，在意大利西西里岛登陆。到7月12日，盟军已向西西里岛运送了16万名士兵，还有600辆坦克。对希特勒来说，局势已经不能等闲视之了，是需要作出战略决策的时候了。

　　然而，正如在库尔斯克战役发起前希特勒低估了苏联的军事潜力及实力一样，这次，希特勒又一次得出了错误的结论。

　　其实，让希特勒相信德军仍能控制东线战场局势还有其他原因，这就是，德国的新式武器能使他坚持到1944年。

7月8日，邓尼茨来了，带来了21型潜艇的蓝图。这些潜艇全部电器化，在水下速度极快，可以使敌人的全部防御措施失效。也是在同一天，斯佩尔把波罗的海佩内明德陆军火箭研究实验室的几位高级专家带到希特勒那里去。

这实际上是就是后来研制出来的V-1火箭，其弹体长7.76米，翼展4.9米，最大直径0.82米，弹头炸药的重量为850公斤至1,000公斤，火箭的总重量达2,300公斤，最大时速为240公里，飞行高度为2,000米，最大射程为280公里。V-1火箭用汽油作推进剂，可以从地面的发射架上发射，也可以通过飞机运载来发射，后一种发射方式可以增大射程。火箭在飞行过程中发出"嗡嗡嗡"的声音，火箭着地时，由触发引信点燃炸药后爆炸，因此，人们也把这种火箭称为"嗡嗡飞弹"。

尽管这种给伦敦带来无穷恶梦的导弹最终投入使用是在一年之后，但毕竟还是让希特勒看到了希望。

然而，对于下一步的行动，希特勒还是有些犹豫。

要知道，两线作战历来是兵家之大忌，东西线战场对他都非常重要，而目前的实力要求希特勒必须有所选择。

于是，7月13日，希特勒宣布由于英美联军在西西里登陆，使得意大利的局势变得十分不稳，而靠意大利本身的实力无法抵御西方盟军的入侵，为了保住意大利和巴尔干，他有意中止"堡垒"行动，从东线抽调兵力去支援意大利前线。

然而，希特勒宣布这一决定时，没有下命令的决断。因为，7月13日当天的形势让他有些拿不定主意。

7月13日，在库尔斯克北部，苏军不但阻止了德军的攻势，并且发动了反攻。而在南部，虽然德军的进展比北部大，但至今未能达到突破苏军整个防御体系和大量消灭苏军的目的。更何况在哈尔科夫南部的顿巴斯地区，德军发现苏联南方方面军和西南方面军正在准备对德南方集团军群的侧翼发动一场大规模的攻势。这一切使希特勒觉得，德军在"堡垒"行动中难以取得一个决定性的胜利，这个胜利足以用来抵消美英联军在意大利的胜利。他在怀疑，是不是决定该中止进攻，转入防御了。

最后，在曼施坦因的影响下，虽然希特勒决定"堡垒"行动将被中止，但还是提出了一个折中的方法：首先他拒绝在两翼都受到威胁的情况下，把最后的一支预备队第29装甲军投入战场。不过，他同意曼施坦因仍可以在库尔斯克南部继续他的攻势，以摧毁尽可能多的苏军部队，阻止苏军在1943年发起夏季攻势的任何可能。

对于中央集团军群的形势，他下令由莫德尔指挥第9集团军和第2装甲集团军，在奥廖尔附近阻止苏军的攻势，并恢复原来的战线。

希特勒作出的这个决定很大程度是基于他对曼施坦因的信任，毕竟在以前曼施坦因还没有让他失望过。他这个可以称为"拖泥带水"的决定显然是希望曼施坦因这次能消灭苏军最后的一批预备队，那么德军的攻势虽不免失败，但至少也要使苏军在短时期内无力进攻，从而使德军能把其战略预备队用于其他方向。

然而，很快，希特勒就发现了他的决心是不可能实现的。

本来，希特勒同意曼施坦因继续进攻，是觉得曼施坦因不会空手而归。而曼施坦因也有自己的想法，如果他进攻得手的话，希特勒将不会强行把他的部队调走。

为此，曼施坦因非常重视这次进攻行动。在开展攻势之前，曼施坦因想尽一切办法尽可能地补充担任主攻任务的第2党卫装甲军的损失。经过努力，第2党卫装甲军在13日的装甲兵力达到187辆坦克和64门强击火炮，其中，"阿道夫·希特勒"师50辆坦克和20门强击火炮、"帝国"师83辆坦克和24门强击火炮，"骷髅"师54辆坦克和20门强击火炮。

曼施坦因将德军攻势的重点放在其右翼，第2党卫装甲军将继续向普罗霍罗夫卡前进，同时"肯夫兵团"将尽全力向第2党卫装甲军靠拢。

曼施坦因希望借此能够实现以下3个目标：一是合围并歼灭在第2党卫装甲军和"肯夫兵团"之间的第69集团军主力；二是摧毁在德军正面的苏联第5近卫坦克集团军；三是如果可能的话，占领普罗霍罗夫卡。

于是，自从13日起，整个前线展开了激战。

在德军的左翼，德军第48装甲军反复攻击苏联第1坦克集团军的防线，但始终未能达成突破，而且，德军损失惨重。担任主攻的"大德意志"师在进攻发起前，共有包括204辆"豹"式坦克在内的326辆坦克和34门强击火炮，经过10天的激战后，只剩下了91辆坦克，其"豹"式坦克更是只剩下了43辆，强击火炮也只有25门了。

在德军疯狂的进攻面前，苏联第1坦克集团军由于被分割使用也受到重大损失。到7月16日，第1坦克集团军的坦克数量下降到不足300辆。尽管如此，卡图克夫还是完成了任务，阻止了德军在苏军右翼形成任何突破。

在苏军战线中央，第5近卫坦克集团军司令罗特米斯特罗夫把第18和第19坦克军部署在第2党卫装甲军向普罗霍罗夫卡进攻的路线上，第5近卫机械化军被一分为二，一半被部署在两个坦克军的后面，另一半被部署在第69集团军的后方，以阻止"肯夫兵团"的前进。而第5近卫集团军则被部署在普罗霍罗夫卡西北方，以防止德军再一次转向奥博扬公路。

从13日到15日，德第2党卫装甲军反复向普罗霍罗夫卡发动攻击，但每一次攻击都被顽强防御的苏军瓦解，同时苏军不断以小部队发动反冲锋，使得第2党卫装甲军在3天里只获得

了微小的进展。

在苏军左翼，德国"肯夫兵团"的进攻给苏军造成了越来越大的压力，14日，苏军作出了把有被合围危险的第69集团军所属部队撤到下一道防线的决定。在接下来的两天里，第2近卫坦克军在第5近卫机械化军部分部队的支援下，极有技巧地进行了掩护退却的战斗，使第69集团军的部队安全地撤走了。

到16日，"肯夫兵团"终于和第2党卫装甲军连成了一条连续的战线，但曼施坦因的目标一个也没有实现，德军未能消灭苏第69集团军，没能摧毁第5近卫坦克集团军，也没有占领普罗霍罗夫卡。

仗打到这个份儿上，由于曼施坦因的攻击未能达到目的，也由于库尔斯克北部和意大利的局势日益恶化，希特勒的耐心终于到了极点。7月17日，他下令将第2党卫装甲军撤出战斗，准备调往意大利。18日，"大德意志"师也奉命调往"中央"集团军群，去支援克卢格的"中央"集团军群。在这种情况下，德军无法守住在库尔斯克突出部已经占领的地区。

7月23日，曼施坦因的军队顶着苏军的猛烈攻击，边战边逐渐退到突出部南面的初始阵地。

而在德军兵力准备调离库尔斯克南部的同时，苏军的增援却源源不断地赶到了，草原方面军的第27和53集团军抵达，同时到达的还有第4近卫坦克军和第1机械化军，这使得苏军在库尔斯克南部增加了约400辆坦克和自行火炮。由此可见，曼施坦因关于苏军预备队损失殆尽的判断大错特错了！

在7月5日～23日，库尔斯克南部的战斗中，苏军共损失了14,395人。而德军相对于54,000名人员伤亡和900辆突击战车的重大损失而言，"堡垒"行动只是暂时地占领了一些无关紧要的土地，没有任何作战或战略上的价值，而且它的失败使东线的战略主动权无可挽回地落到了苏军手中。

事实上，如果说1941～1945年的东线战役有转折点的话，那么"堡垒"行动的失败——而不是在斯大林格勒的失败——则代表了这样的关键时刻。

古德里安小心节省的装甲资源在对有充分准备的、强大的敌人进攻中被浪费掉了。德军此刻面对着比任何时候都要强大的敌人，他们在东线上的总兵力只剩下不过300万人，2,400辆突击战车，以及轴心国的19万名士兵；而红军则拥有5,807万人的军队和7,900辆坦克。

No.2 墨索里尼的倒台

这个时候，更令希特勒头疼的事情发生了。

1943年7月17日，盟军进攻西西里岛的战役正在激烈地进行着，隔着那条窄窄的海峡，意大利西南沿海的居民甚至能够听到对岸密集的枪炮声。虽然此刻的意大利首都罗马，在盛夏阳光的直射下，街道上的人很少，显得相对平静。但很快，这种平静就被一阵飞机的轰鸣打断了。随即，空中飘落下来雪片一样的传单。

↑被德军突击队营救出来的墨索里尼。（左图）

↑希特勒与墨索里尼。（右图）

这些传单好像给了已经在摇摇欲坠的意大利政府一记重拳，在意大利引起了极大的震动。墨索里尼犹如坐在火山上，朝不保夕。

当时的意大利，在盟军接二连三军事胜利的震慑下，举国上下笼罩在失败的阴影中。其军队更是兵员缺乏，士气低落。除了在意大利国内担任防御的47个师外，在苏、德战场上作战的意大利第8集团军只剩下了8万人。在法国和巴尔干担任占领任务的意军，在当地游击队的打击下，也已经穷困潦倒，不能自拔。

意大利国内对墨索里尼的不满终于爆发了，一个倒墨集团形成了。

7月24日，自意大利参加二战以来，被墨索里尼勒令停止活动的法西斯大议会，在一些法西斯党元老的强烈要求下召开了。25日凌晨4时，左右双方的投票结果使墨索里尼被迫下台。下午5时，墨索里尼在萨沃亚宫拜见国王时被软禁起来。当天晚上，意大利对全世界广播，将由前三军参谋长巴多格里奥元帅负责组织一个包括军事首脑和文官在内的新内阁，巴多格里奥即日起出任政府内阁总理。

这样，统治意大利长达20多年的法西斯头子墨索里尼终于被赶下了台。两天之后，墨索里尼被拘押在蓬察岛上。

经过几天的思考，希特勒终于下定了决心，他要解救那位被废弃的法西斯独裁者，而且要向意大利提供军事援助。

7月25日，希特勒连夜召集纳粹头目开会，决定采取一切措施营救墨索里尼，占领罗马，并尽一切可能支援已经垮台的意大利法西斯政府。当然，如果巴多格里奥政府与盟国签订了停战条约，德军必须执行新的计划——夺取意大利的舰队，占领意大利的全国要塞，并威慑意大利在巴尔干半岛和爱琴海的驻军。

然而，要达到威慑的目的，德军必须占领意、德边境和意、法边境的阿尔卑斯山的所有山口，这需要大量的兵力。在预备兵力告罄的情况下，除了拆东墙补西墙，希特勒已别无选择。希特勒命令从法国和德国南部迅速集结了大约8个德国师，编成B集团军群，由精悍的"沙漠之狐"隆美尔元帅指挥，占领罗马以南的意大利国土。此外，为了加强摇摆不定的意大利盟友的抵抗，他同时命令从曼施坦因的南方集团军群中调出3个党卫军装甲师，因为这些党卫军装甲师和法西斯主义在政治血缘关系上最为密切。而为了补充曼施坦因的部队，他打算把德军从奥尔勒的突出部收缩回来。

对于东线局势，希特勒似乎顾不过来了。

相比之下，解救墨索里尼的工作要简单得多。

希姆莱在德国空军和陆军特工人员中挑选了一批人，组成了一支突击队，用以抢回即将被巴多格里奥政府引渡给盟军的墨索里尼。

9月21日，这支突击队乘12架滑翔机从罗马飞抵意大利中部的阿布鲁齐高山，当时墨索里尼正被囚禁在这座山上的一个旅馆里。德军突击队员的突然出现，使看守人员惊恐万状，不知所措。很快，德国的突击队只用了几分钟的时间，就把那个高级囚犯劫走了。之后，希特勒便在罗马设立了墨索里尼傀儡政权，意大利人不得不在战争中继续遭受灾难。

第7章
CHAPTER SEVEN

反攻开始

★苏军的进攻准备没能完全瞒过德军。防守奥廖尔登陆场南部的德第35军军长伦德里克少将准确地判断出了苏军第3和63集团军的进攻路线，于是，他将他的24个步兵营中的6个，42个炮兵连中的18个，48门88毫米高射炮中的24门部署在苏军的进攻地段上。

★德军兵败如山倒，全线大溃逃，苏军乘胜转入追击。侦察机频频升空，四下捕捉德军动向，轰炸机、强击机、歼击机昼夜不停地突击奥廖尔一带的公路、铁路网，无情追杀逃窜中的德军车队。

No.1 撤回别尔哥罗德防线

早在1943年5月中旬，苏军就已经制订了反攻计划。几经修改后，苏联最高统帅部决定，一旦德军在库尔斯克的进攻被阻止后，苏军将以西方方面军的左翼部队，布良斯克方面军和中央方面军在库尔斯克北部发动进攻。这次进攻的目的是收复库尔斯克北部德军占领的奥廖尔登陆场，摧毁德军第2装甲集团军，然后以中央方面军从正面，西方方面军和布良斯克方面军从北面两个方向夹击德第9集团军，这次攻势的代号为"库图佐夫"。

7月中旬，苏军统帅部面临一个复杂的问题，就是确定反攻的时机。此时，德国统帅部还沉浸在错觉之中，认为苏军已经遭到重大损失，其战斗能力被消耗殆尽，预备队也悉数用尽。

7月10日，当德军在库尔斯克北部的攻势于次日被阻止后，苏军统帅部就决定于12日发动"库图佐夫"战役。

按照计划，战役将由没有参加抗击德军强攻战斗的西方方面军左翼部队和布良斯克方面军首先发起进攻。到7月15日，中央方面军的第70、13和48集团军也将加入攻击。它们将攻击奥廖尔登陆场的南端，然后与从北往南进攻的第11近卫集团军汇合。从而切断整个在奥廖尔突出部内的德军。之后，沃罗涅日方面军和草原方面军将联合对别尔哥罗德—哈尔科夫方向发动进攻。

可以说，"库图佐夫"反攻行动表明，苏德战场战事的规模越来越大。仅苏联一方，参战的方面军就有5个。

其实，从1943年4月起，苏联西方方面军和布良斯克方面军就开始准备对奥廖尔登陆场的进攻。

其中，西方方面军将投入其左翼的第11近卫集团军和第50集团军。另外，方面军所属的第1坦克军（184辆坦克和自行火炮）和第5坦克军（184辆坦克和自行火炮）也被配属于第11近卫集团军。这使得该方面军的兵力达到211,458人、745辆坦克和自行火炮、4,285门大炮和迫击炮。计划中，第11近卫集团军将作为进攻主力，打击在奥廖尔登陆场的北部。在西方方面军二线，苏军还部署了最高统帅部的预备队，第11集团军（65,000人和30辆坦克）和第4坦克集团军（652辆坦克和自行火炮），随时准备用于扩大战果。

布良斯克方面军则将在奥廖尔登陆场的东部，对德军发动正面攻势。布良斯克方面军将用第3和63集团军发动主攻，其北面第61集团军也将同时发动牵制性攻击。而方面军预备队中的第1近卫坦克军（207辆坦克和自行火炮）和第20坦克军（184辆坦克和自行火炮）将支援苏军的突破。此外，在布良斯克方面军的后方，还有新组建的第3近卫坦克集团军，它的司令是苏联著名的坦克专家雷巴尔科，该集团军拥有731辆坦克和自行火炮。

当时，在奥廖尔登陆场进行防御的德军有37个师，主要包括德军第2装甲集团军的第55军（第321、339、110、296、134步兵师）、第53军（第211、293、208、112步兵师和第25装甲掷弹兵师）和第35军（第34、56、262、299和36步兵师），以及集团军预备队的第5

↑ 正在库尔斯克地区指挥作战的朱可夫元帅

（102辆坦克）和第8（101辆坦克）两个装甲师，以及负责后方警卫任务的第305和707警卫师，共有160,000人和325辆坦克和自行火炮。

尽管德军在兵力上居于劣势，但他们已构筑起广泛而坚固的野战工事，并以工程障碍物和雷场进行掩护。同时，德军第9集团军距离不远，只要第2装甲集团军能抵挡住苏军的最初攻势，增援部队就能很快赶到。

而且，苏军的进攻准备没能完全瞒过德军。防守奥廖尔登陆场南部的德第35军军长伦德里克少将准确地判断出了苏军第3和63集团军的进攻路线，于是，他将他的24个步兵营中的6个，42个炮兵连中的18个，48门88毫米高射炮中的24门部署在苏军的进攻地段上。

不过，转入反攻的苏军在兵力上占有绝对优势：兵力一倍于敌，火炮和迫击炮两倍于敌，坦克一倍以上，航空兵约三倍以上。

也就在这个时候，第2装甲集团军司令施密特中将因涉嫌反希特勒的行动于7月10日被捕，莫德尔将军奉命临时代理第2装甲集团军司令，这个变动在最后一刻给德军的指挥系统带来了混乱，也正是在这种情况下，德军迎来了苏军的反攻。

在苏军发起反击之前，应最高统帅的要求，朱可夫赶到沃罗涅日方面军指挥所，与草原方面军司令科涅夫等人一起商讨在库尔斯克突出部北部对德军发动反击的事宜。

在了解了敌情和苏军的行动之后，朱可夫等高级将领一致决定要开展坚决的反突击，夺回被德军占据的别尔哥罗德防线。

于是，血战开始了。

战斗开始前夜，苏军远程航空兵和夜间轰炸航空兵在两个方向上进行了长时间、大规模的航空突袭，对德军火炮阵地、防御支撑点和兵力集结地域彻夜猛轰，炸得德军晕头转向。其中在东线出动了600多架次，投弹550吨。12日晨，各路航空兵又以猛烈的直接火力和施放烟幕掩护陆军发起了地面冲击。北线，强击航空兵也连续出动，为进攻部队清障开道。

发起进攻1小时后，德军轰炸机群飞临战场上空，企图对苏军部队实施突击。早在空中和机场待战的近卫歼击航空兵第1军的歼击机立即迎击，它们以猛烈的攻击将德轰炸机队形打乱，使其无法对苏军部队进行瞄准轰炸。

当日，苏军航空兵共出动飞机2,174架次，空战72次，消灭德机86架，自己则损失59架。与苏军飞行员共同作战的还有"自由法国"志愿飞行员组成的"诺曼底"大队，他们由戴高乐将军派遣，于1943年5月到达前线，编入空军第1集团军。他们在同德机的格斗中表现尤为英勇，到7月底，已击落敌机30余架。

7月12日6时05分，苏西方方面军和布良斯克方面军的一线部队开始了进攻。

在奥廖尔登陆场北部，巴格拉米扬将军的第11近卫集团军以6个近卫步兵师的兵力向德军第211和293步兵师防守的地段发起了进攻，在这16公里长的防线上，苏军取得了迅速的突破，德军两个步兵团被击溃。到12日下午，巴格拉米扬又投入了他的二线步兵师扩大突破口，同时，第1和第5坦克军也向前运动，准备进入突破口。

这个时候，德军第5坦克军及时投入了战斗，它的反击减缓了苏军前进的速度。然而，傍晚时分，苏联第5坦克军进入了突破口，并迅速突进德军防线10公里。在德军顽强的反抗下，第5坦克军的反击没有突破德军的第二条防线。

13日晨，苏联第50集团军在第11近卫集团军右翼投入战斗。当天下午14时30分，巴格拉米扬将军把第1坦克军投入战场，两个坦克军合力击破了德军第二条防线。到13日日终时，苏军在德军防线中形成了一个深15公里、宽23公里的突破口。

很显然，在奥廖尔北部的德军已经无力独自阻止苏军的前进，除非援军迅速赶到，否则无法避免一场灭顶之灾。

然而，在奥廖尔登陆场东部，苏军的反击进行得并不怎么顺利。

伦德里克将军精心布置的防御措施起到了极大效果。苏军第3和63集团军以6个步兵师对德第56和262步兵师的进攻几乎是一场灾难。在德军的阵地前，苏军损失惨重。经过一天的激战，尽管苏军突破了德军的第一条防线，但付出了极大代价，60辆支援步兵进攻的ＫＶ－1重型坦克被摧毁在德军阵地前。而德军只损失了3门88毫米反坦克炮。

12日晚，为了进一步迟滞苏军前进的脚步，伦德里克把他的预备队第36步兵师投入战场。同时，德军的第一批援兵——第8和第2装甲师也正在加速赶来。

13日，苏军把第二线步兵师投入战场。此外，第1近卫坦克师也于中午时分投入突破口。尽管如此，在德军顽强的抵抗下，苏军的突破速度仍然很慢，这给德军调动部队争取了时间。

而伦德里克因他的出色表现，被提升为第2装甲集团军司令。

莫德尔很清楚，一旦苏军的攻势获得成功会带来灾难性的后果。他的反应非常快，在苏军发动攻势仅几个小时，就从第9集团军中抽调了4个师去支援第2装甲集团军。这样，第9集团军的第2装甲师和第2装甲集团军的第8装甲师在13日晚，到达伦德里克的第35军地段上，同时，第12、18和20装甲师则迅速向第11近卫集团军前进方向集结。

这个时候，苏联第61集团军也以第12、76和77近卫步兵师向德第53军第208和34步兵师的防线发起进攻。13日，第20坦克军也被投入战斗，但在得到增援的德军的抗击下，苏军只获得微小进展。

在这种情况下，布良斯克方面军司令波波夫将军向最高统帅部要求，把第3近卫坦克集团军投入战斗。

13日晚，最高统帅部同意了他的要求。但第3近卫坦克集团军要花2天时间才能赶到前线，在这段时间里，尽管第3和63集团军反复攻击德军防线，但他们只能缓慢向前推进，而无法形成突破。而与此同时，德国援军源源不断地赶到了。

↓ 在飞机、坦克掩护下，苏军士兵向德军防线发起进攻。

第3近卫坦克集团军的司令雷巴尔科将军决心不从第3和第63集团军进攻方向突破，而另选突破口，他希望这将出乎德军意料，以此弥补他缺乏炮兵和工兵的弱点。

19日10点30分，他的第12和15坦克军开始了攻击，这次攻击迎头撞上了德第2和第8装甲师，但苏军在空军的支援下到19日晚前进了12公里。之后，德第8装甲师的一次反攻，阻止了第15坦克军，但第12坦克军仍继续向前突破，20日，雷巴尔科投入了他的预备队——第2机械化军，企图强渡奥卡河并切断通往奥廖尔的铁路。但是，由于德军的抵抗和缺乏工兵的支援，苏军的强渡没有成功。

21日3时，波波夫下令第3近卫坦克集团军以第15坦克军和第2机械化军从奥廖尔东北部，第12坦克军从南部向奥廖尔发动攻击，到25日苏军终于得以切断了奥廖尔－库尔斯克铁路，但德军的抵抗越来越强了。在接下来的几天里，雷巴尔科反复攻击德军，企图找出德军防线上的弱点，但事实证明这样的弱点并不存在，于是第3近卫坦克集团军的进攻最终成为一场代价高昂的正面苦战。

→ 在坦克掩护下，苏军士兵向德军防线发起进攻。

奉希特勒之命同时指挥第9和第2装甲集团军的莫德尔此时感到了莫大的压力。尽管他准确地判断了主要威胁，并在能力所及范围内组织了反击。但由于兵力相差悬殊，加上失去了制空权，虽然尽了最大努力，莫德尔也只能做到迟缓苏军的攻势。

7月15日，苏联中央方面军也加入攻势。此时，莫德尔意识到失去奥廖尔登陆场只是个时间问题了。

16日，莫德尔便向希特勒请求，允许部队撤往"哈根"防线。

但是，希特勒却于20日下令禁止第9集团军和第2装甲集团军进一步后撤。苦苦支撑的莫德尔只好与克卢格一起，再次向希特勒请求，希望允许他们进行"弹性防御"。

到21日，苏第11集团军进入第11近卫集团军和50集团军之间的进攻位置，在这种情况下希特勒于22日同意了莫德尔的请求。

于是，由于苏军第1坦克集团军、第6和第7近卫集团军极度疲惫，7月23日，德军得以撤回到"堡垒"计划进攻时发起的防御阵地——别尔哥罗德防线。

No.2 反攻前的准备

7月23日，紧紧追赶德军的沃罗涅日和草原方面军也挺进到德军的防御前沿。

然而，苏军并没有立即转入反攻，而是开始了重大反攻之前周密准确的准备。

确实，经过十多天血战的部队需要休整和补充。

从7月12日开始，血战就在苏联方面军的所有地段上进行着，数百辆坦克和自行火炮在燃烧，战场上空弥漫着经久不散的硝烟，战斗进行得非常惨烈。

每前进一公里，苏军都要做出巨大的努力，并且要付出惨重的牺牲。

在这种情况下，朱可夫认为，不应该立即转入反攻。

斯大林终于同意了朱可夫的计划，苏军停止前进并开始了周密的准备。

在进攻之前，沃罗涅日和草原方面军必须做到：变更兵力和兵器的部署；为航空兵和炮兵进攻进行周密的目标侦察；补充遭受伤亡的部队，这对于第6和第7近卫集团军、第1坦克集团军及不少炮兵部队尤为重要；补充储备燃料、弹药和实施重大进攻战役必需的一切物资。

此外，草原方面军还必须制订详细的反攻计划并对其全面保障。

对于别尔哥罗德反攻，朱可夫和华西列夫斯基是这样考虑的：

沃罗涅日方面军以第5和第6近卫集团军、第5近卫坦克集团军和第1坦克集团军的兵力向瓦卢伊基和新沃多拉加方向发动主要突击。第5和第6近卫集团军突破地段上的炮兵密度要达到每公里正面230门火炮和迫击炮，坦克70辆。突破兵器如此大量集中是因为计划使两个坦克集团军在反攻的第一天就进入突破口。

草原方面军由第53、69和第7近卫集团军及机械化第1军组成，其主要任务是攻克别尔哥罗德，进而协同沃罗涅日方面军主力进攻哈尔科夫。

当苏军为即将发起的别尔哥罗德反攻精心准备时，德军却陷入了绝望之中。

首先，在前一段时间的战斗中，德军消耗了大量的战斗物资。

更让人感到前景阴暗的是，7月26日，希特勒在大本营会议上，要求从中央集团军群抽调几个师投入意大利战场。尽管这个要求遭到克卢格的强烈反对，但还是无济于事。也就是在这次会议上，希特勒已经谈到在尽可能短的期限内放弃整个奥廖尔和撤退至"哈根"阵地的问题。

在苏军力量不断加强的压力下，克卢格发现，即使竭尽全力，也无法保障部队有计划地成功撤退。

这时，为了使从东面进攻奥廖尔的部队更加密切协同，苏军最高统帅部从西方方面军抽出第11近卫集团军、第11集团军、第4坦克集团军和近卫骑兵第2军交给布良斯克方面军指挥。

这个决定不仅有助于顺利地继续对德军奥廖尔集团实施进攻，而且使西方方面军能够集中精力去完成击溃斯摩棱斯克方向敌军的任务。

No.3 肃清奥廖尔德军

8月初，在库尔斯克突出部最重要的铁路枢纽之一、敌方强大的支撑点奥廖尔的近郊，苏德双方展开了激战。

布良斯克方面军把敌人压到奥廖尔以东和以北，中央方面军右翼各兵团则从南面向奥廖尔推进。最高统帅部大本营给中央方面军司令员的任务是：使用各坦克集团军向克罗梅总方向实施突击，尔后从西面迂回奥廖尔，以配合布良斯克方面军击溃奥廖尔集团并占领奥廖尔。

与苏军相比，法西斯德军的处境日益恶化。特别是德军指挥部已经没有预备队可以使用了。即便是在缩短战线时将个别的师留作预备队，但为时不长，随后又不得不重新把它们投入战斗。

在仓皇撤退的过程中，希特勒要求德军对要放弃的地区实行"三光"政策——毁成废墟、掳走居民、毁掉庄稼，从奥廖尔紧急运走库存物资和抢劫来的财物。

德军兵败如山倒，全线大溃逃，苏军乘胜转入追击。侦察机频频升空，四下捕捉德军动向，轰炸机、强击机、歼击机昼夜不停地突击奥廖尔一带的公路、铁路网，无情追杀逃窜中的德军车队。

在德军退却过程中，安东诺夫将军于8月初将最高统帅关于必须以航空兵不断猛烈袭击撤退的敌军纵队的指示，转发给布良斯克方面军和中央方面军的司令员。指示要求："夜间，应以夜航轰炸机轰炸主要退却道路、

↓夜晚的莫斯科鸣放礼炮，以此庆祝奥廖尔和别尔哥罗德的解放。

道路交叉点和渡口。"

苏联飞行员成功完成了所受领的任务。8月1日晨，空中侦察发现约300辆汽车的敌军纵队从奥廖尔向西行驶，于是，空军第15和第16集团军的强击机和轰炸机迅速进入目标上空从低空进行攻击。据统计，5天内，空军第15集团军出动飞机约4,800架次，空军第16集团军出动飞机5,000架次以上。苏联飞机空袭过的道路上布满了敌军官兵的尸体以及击毁的汽车、坦克和其他技术兵器。

8月3日夜，第3和第63集团军的先遣部队抵达奥廖尔附近，收复奥廖尔的战役即将打响。

这样，争夺奥廖尔的战斗已进入最后阶段。

首先突入市内的是米哈利岑上校的步兵第5师，潘丘克上校的步兵第5师、步兵第129师和库斯托夫上校的步兵第380师的指战员，以及舒利金上校的近卫坦克第17旅。

当苏联军队一进入市内，留在市内的居民立即前来帮助部队。他们不仅把德军在市内防御配系的情报提供给了苏军指挥部，而且还帮助苏军渡过了奥卡河。于是，苏军在摧毁了奥廖尔东部德军的抵抗后，前出到奥卡河，继续追击强渡奥卡河的德军。

至8月5日拂晓，奥廖尔的德军已经被全部肃清。

也就是在同一天，草原方面军收复了别尔哥罗德。

当天晚上，为祝贺布良斯克方面军、西方方面军和中央方面军占领奥廖尔，草原方面军和沃罗涅日方面军占领别尔哥罗德，莫斯科鸣放了礼炮。

收复奥廖尔之后，苏联军队乘胜追击。

后撤的德军集团，由于战线缩短增大了战斗队形的密度，对苏军进行了猛烈的抵抗。但是，8月7日，当西方方面军和加里宁方面军先后转入进攻后，奥廖尔以西的德军集团的情况急剧恶化。

8月9日，第11近卫集团军和第4坦克集团军在霍蒂涅茨附近与德军展开了战斗。日落之前，他们从3个方面包围了该城，并切断了连接霍蒂涅茨和布良斯克的道路。一天之后，霍蒂涅茨获得解放。

8月12日，中央方面军又收复了德米特罗夫斯克-奥尔洛夫斯。

到此，德军只剩下卡拉切夫市了。由于奉命死守这个通向布良斯克的道路上的最后大枢纽部，德军在该市进行了顽强的抵抗。但是，苏军从东、南、北3方面封锁了德军。由于担心被合围，德军开始仓促向西撤退。

8月15日，苏军进入卡拉切夫市。

至此，奥廖尔登陆场实际上已经被拔除。从北面攻打库尔斯克的德军集团遭到惨败。

8月18日，苏军进抵"哈根"防御地区。

这样，在苏军对奥廖尔集团发动反攻的37天中，他们向西推进了150公里，击溃了德军15个师。

随着奥廖尔登陆场被拔除，苏德战场中央地段的形势发生了急剧的变化。这对苏军发展布良斯克方向的进攻以及前出到白俄罗斯东部地区来说，展现出了广阔的前景。

第8章
CHAPTER EIGHT

新一轮反攻

★在方面军的右翼，苏第40集团军和38集团军将分别于8月5日和8日发起攻击，其中第40集团军辖第2近卫坦克军，从6日起第10坦克军也将转属于该集团军，它的任务保护方面军的整个右翼。

★在苏第1坦克集团军左翼，第5近卫坦克集团军以第29和18坦克军为前锋，第5近卫机械化军为第二梯队，在炮兵和苏联空军的支援下迅猛地向德军后方前进，他们一路上击破德军的抵抗，到3日晚已突入德军防线达26公里。

No.1 朱可夫与"鲁缅采夫统帅"

8月初，当"库图佐夫"战役正在激烈进行时，在苏德战场西南翼占据有利战略形势的苏军，即准备在别尔哥罗德－哈尔科夫方向发起新的一轮反攻了，该轮反攻的代号为"鲁缅采夫统帅"。

按照朱可夫的计划，"鲁缅采夫统帅"作战将用草原方面军从正面攻击别尔哥罗德—哈尔科夫轴线，以沃罗涅日方面军从德军左翼第4装甲集团军和"肯夫兵团"的结合部实行突破，把德军一切为二，然后从西部包抄在哈尔科夫方向上的德军。同时，西南方面军也将以第57和第1近卫集团军从东北部向哈尔科夫攻击。

苏军"鲁缅采夫统帅"作战的进攻重点由沃罗涅日方面军承担。该方面军将由第5近卫集团军担当主攻任务，其攻击将集中在一个宽仅16公里的地段上。在这个地段上，该集团军的第32近卫步兵军（包括第66、97近卫步兵师和著名的第13近卫步兵师）将于右翼发动进攻，第33近卫步兵军则在左翼发起进攻。

朱可夫计划，在攻势的第一天，第5近卫集团军将向前推进12～15公里。一旦德军的突破口被打开，第1坦克集团军将从集团军右翼一个宽4公里的地段，第5近卫坦克集团军将从左翼一个宽6公里的地段进入突破口。在击破当面的德军后，这两个坦克集团军将向左回旋，第1坦克集团军将形成对哈尔科夫的外层包围圈，而第5近卫坦克集团军将转属于草原方面军从西部包抄哈尔科夫，并形成对该城的内层包围圈。

为了保证任务能够顺利完成，朱可夫要求苏联最高统帅部优先对第1坦克集团军进行补充。因为早在7月23日德军停止进攻时，第1坦克集团军只剩下不到300辆坦克。这样，第1坦克集团军得到了200辆新坦克的补充，再加上修复的坦克，在8月3日进攻前，第1坦克集团军拥有了742辆坦克和27门自行火炮。此外，第5近卫坦克集团军的坦克也恢复到503辆坦克，自行火炮恢复到40门。

在第5近卫集团军的右翼是第6近卫集团军，也将担任重要的突破任务，第5近卫坦克军将作为该集团军的装甲矛头。在第6近卫集团军右翼是第27集团军，并为该集团军配属了两个坦克军：第4近卫坦克军（180辆坦克）和第10坦克军，其任务是保护担任主攻的第5和第6近卫集团军的右翼。

在方面军的右翼，苏第40集团军和38集团军将分别于8月5日和8日发起攻击，其中第40集团军辖第2近卫坦克军，从6日起第10坦克军也将转属于该集团军，它的任务是保护方面军的整个右翼。

在沃罗涅日方面军的左翼，是草原方面军，它的任务十分艰巨。它将从正面向有完善的防御体系的别尔哥罗德－哈尔科夫轴线发动攻击，草原方面军司令科涅夫将军从左至右部署了第53、69和第7近卫集团军，他把手头唯一的装甲部队第1机械化军部署在第53集团军的地段上，而西南方面军的第57集团军计划在8日参加战斗。

为了确保突破的成功，苏军进行了精心的准备。到8月初，别尔哥罗德－哈尔科夫方向

↑ 苏军正在为即将到来的大战构筑迫击炮阵地。

的反攻准备已经就绪。苏军在主攻方向上集结了大量炮兵，仅在第5和第6近卫集团军的地段上，苏军火炮密度分别达到了每公里113门大炮和129门迫击炮，在53集团军的地段上更是达到了每公里242门大炮和迫击炮的程度。苏军的总兵力为900,000人和2,832辆坦克和自行火炮。

在战役准备过程中，朱可夫非常重视制造假情况以迷惑德军。

为了使德军摸不清苏军真正的主攻方向，苏军在苏吉地域模拟了坦克集团军和诸兵种合成集团军的集结，以及该集团在苏梅方向的进攻准备。

果然，德军被欺骗了，该地域成了德军指挥部一直关注的焦点，德军派遣了大量侦察机和轰炸机到该地域活动。甚至是"鲁缅采夫统帅"战役发起之后，德军指挥部仍在这一方向保持相当大的兵力。

当"鲁缅采夫统帅"战役的准备工作在紧锣密鼓地进行时，面对苏军的德军第4装甲集团和"肯夫兵团"丝毫没有意识到苏军的大规模进攻近在眼前。

一方面，德军认为，在库尔斯克，尤其是在普罗霍罗夫卡的攻势中受到严重损失的沃罗涅日方面军和草原方面军已经元气大伤，至少要到8月底才有力量重新发动进攻。另一方面，朱可夫的伪装工作做得确实非常成功。

这样，当苏联军队做好充分准备的时候，德军的许多部队尚未从对库尔斯克进攻作战中恢复过来。特别是优先整补的第2党卫装甲军又被调往他处，这使得德军的防线十分脆弱。

在苏军的进攻路线上的德军部队是第4装甲集团军的第52步兵军和"肯夫兵团"的第11军。其中，在沃罗涅日方面军正面，德第52军的第255、332和167步兵师占据了防御位置，平均每个师的防御地段宽度为14~16公里；在草原方面军前方是德军第11军的第168、198和166步兵师，每个师平均防守地段宽度为16公里。德军的预备队为第19装甲师和第6装甲师，以及第323步兵师和第52独立装甲营，这是德军可以在战斗一开始就投入的兵力。而德军第4装甲集团军和"肯夫兵团"加上后来增援的"大德意志"师，"帝国"师和"骷髅"师，总兵力也只有300,000人，坦克和自行火炮约600辆。在兵力对比中，苏军在人数上有3∶1的优势，在坦克上的优势更达5∶1。

而在苏军选定的突破地段上，苏军的优势更大，如苏第5近卫集团军，第1坦克集团军和第5近卫坦克集团军，将以160,000人，1,100辆坦克的兵力在一个16公里宽的地段上，攻击只有2个德国步兵团防守的地域，苏第6近卫集团军以85,000人，200辆坦克攻击也是由两个德国步兵

团的防线，而第53集团军则以77,000人，291辆坦克的兵力攻打由一个德国师防守的地段。苏军通过在重要地段上最大限度地集结兵力，以确保能顺利突破德军防线。

在一切准备就绪后，苏军各个部队都在紧张地等待进攻时刻的到来。

No.2 别尔哥罗德重获解放

8月3日5时，苏军炮群的怒吼打破了清晨的寂静。

在5分钟内，无数炮弹倾泻到德军第167、168和332步兵师的防线上。在接下来的30分钟里，苏联工兵又开始紧张地清除攻击路线上的障碍物，并在雷区中开辟道路，之后，苏军的大炮又一次开始了怒吼，这一次炮击持续了2小时10分钟。最后，以一阵"喀秋莎"火箭炮的齐射作为结尾，苏联坦克和步兵开始发起攻击，"鲁缅采夫统帅"战役正式打响了。

没有任何思想准备的德军被苏联的炮火惊呆了，结果损失惨重，特别是在德军第332和167步兵师的结合部上，防御工事被炸得七零八落，幸存的德国士兵在炮火下瑟瑟发抖，根本无力阻挡苏军的前进。这样，苏联第6近卫集团军的先头部队很快就突入德军防线达3公里。

之后，被打懵了的德军逐渐开始了回击。他们对苏军炮击作出的第一个反应是派第19装甲师第74装甲掷弹团和第52独立装甲营增援第332步兵师，第6装甲师和第19装甲师的第4装甲掷弹团支援第167步兵师，企图在最初阶段就阻止住苏军的突破。

↓ 德军防线在苏军坦克的攻势下土崩瓦解。

↑正在前线指挥战斗的瓦杜丁（右）。

德军的努力失败了。

　　7时55分，苏军步兵在坦克支援下沿着一条40公里长的战线向德军发起了全面攻势。由于出色的炮火准备，苏军得以迅速地攻入德军第一道防线。其中，为2个坦克集团军开辟道路的第5近卫集团军的攻势最为猛烈。该集团军右翼——第32近卫步兵军及其第66、97和13近卫步兵师，在第93坦克旅和第1547自行火炮团的支援下很快就突破了德第332步兵师第164步兵团的防线。由于德军尚未从猛烈的炮击下清醒过来，苏军得以迅速占领了德军前3条战壕。直到突入德军防线3公里后，才遭到第一次反击。这时，德国空军首次出动，轰击前进中的苏军，但这次空袭未能达到阻止苏军的目的。苏第32近卫步兵军一再痛击德第164步兵团，德军团部被快速前进的苏军攻占，到中午第164步兵团已经被击溃了。正午时分，苏军发起攻击仅4个小时后，苏第1坦克集团军开始进入突破口。

　　而该集团军左翼，第33近卫步兵军及其第6、9近卫伞兵师和第95近卫步兵师3个师，在第28和57重型坦克团、第1440和1549自行火炮团的支援下，攻入了德第332和167步兵师的结合部。第6近卫伞兵师迅速地突破了德第332步兵师的防线并于9点30分强渡沃斯克拉河。接着，该师又突破了德军第二道防线。

　　这样，到上午11时，第5近卫坦克集团军的先头部队开始进入突破口。下午3时，整个第5近卫坦克集团军通过了突破口，开始向德军防线纵深前进。

在第一天，第5近卫集团军突入德军防线8～14公里，而第1坦克集团军和第5近卫坦克集团军已经开始了向德军纵深的发展。

此后，在苏第1坦克集团军左翼，第5近卫坦克集团军以第29和18坦克军为前锋，第5近卫机械化军为第二梯队，在炮兵和苏联空军的支援下迅猛地向德军后方前进，他们一路上击破德军的抵抗，到3日晚已突入德军防线达26公里。

与此同时，当第5近卫坦克集团军、第1坦克集团军和第5近卫集团军在德军防线上打开一个大口子时，在第5近卫集团军的右翼——第6近卫集团军的23近卫步兵军的第52和53近卫步兵师首先突破德军防线。

直到晚上，第一批德军增援部队才姗姗来迟——第19装甲师的73和74装甲掷弹团先后到达了第332步兵师的后方，并开始对苏第1坦克集团军的第3机械化军发动反冲锋。

这样，德军第19装甲师的一次反击，把苏军阻止在离托玛洛夫卡4公里的地方，在第6近卫集团军的右翼，第51和71近卫步兵师的攻击也不够理想。本来，一开始这两个师成功地驱逐了德第676步兵团，但由于德军第52独立装甲营的"虎"式坦克和第255师的步兵不断向苏军发动反击，苏军的前进被阻止了。之后，尽管苏军立刻投入了二线的第90近卫步兵师和第5近卫坦克军，但由于德军的防守也越来越顽强，直到3日晚上，苏军仍未能达成突破。

而在苏第5近卫集团军左翼，苏草原方面军第53集团军和第69集团军的第48步兵军于3日8时发起了攻击。

在德军方面，第167步兵师在第6装甲师的支援下顽强地抵抗着苏军的攻击。由于别尔哥罗德－哈尔科夫轴线是德军防御的重点，该地区的防御体系十分完善，而苏军的炮火给德军阵地造成的损害不大，苏军的攻势从一开始就成了一场苦战，德军的每一个阵地都要经过激战才能夺得，当天下午科涅夫不得不下令提前投入第1机械化军，在它的协助下，苏军在3日日终时，得以突入德军防线8公里。

对于苏军第一天取得的战果，朱可夫表示相当满意。在这一天中，苏军第5、6近卫集团军和第53集团军都突破了德军第一道防线，第1坦克集团军和第5近卫坦克集团军都已投入战斗，其中第5近卫坦克集团军已经从德第4装甲集团军和"肯夫兵团"之间突入26公里，德军2个步兵师（332和167步兵师）遭到了重创。

然而，朱可夫关心的是，在德军增援部队源源不断地上来之时，苏军能否在4日继续扩大战果。

第二天凌晨4点，在猛烈的炮火和空军的支援下，苏军继续他们的攻势。

第6近卫集团军的第23近卫步兵军在第5近卫坦克军的支援下，一再攻击德军防线，但德军的顽强抵抗使苏军进展缓慢，在一天中只前进了4公里。

第5近卫集团军的第32近卫步兵军于4点30分发动进攻，其第66和97近卫步兵师猛烈攻击由德第19装甲师的侦察营、第73装甲掷弹团和164步兵团防守的地段，但仅仅前进1.5公里就被迫停了下来。

只有第13近卫步兵师的攻击比较顺利，该师和第1坦克集团军一起，切断了托玛洛夫卡

－别尔哥罗德公路，从南面威胁到了德军重要据点托玛洛夫卡。

在第32近卫步兵军的左翼，第33近卫步兵军继续他们的攻势，在4日他们把德军第167步兵师残部和第6装甲师逐离了托玛洛夫卡－别尔哥罗德公路，在4日终了时，苏军已经在德第4装甲集团军和"肯夫兵团"间造成了一个宽20公里的缺口。

同一天，苏第1坦克集团军继续它的攻势。卡图科夫命令第6坦克军协同第5近卫坦克军从北和东北攻击托玛洛夫卡，而第3机械化军将从东南部向托玛洛夫卡后方迂回。尽管对托玛洛夫卡的正面进攻再次被德军挡住，但第3机械化军的迂回则获得了成功。该军一路克服了德军的抵抗，在一天中前进了20公里。于是，卡图科夫迅速将集团军其他兵力——第6和31坦克军也投入这个方向。于是，德第19装甲师和第255、332步兵师在不知不觉中陷入重围。

苏第5近卫坦克集团军则在5点发起了攻击。该集团军已经把第5近卫集团军的步兵抛在身后10公里。到上午到9点，第5坦克集团军的第18和29坦克军迎头撞上了德国第6装甲师。在空军的支援下，德军利用河流和村庄作掩护，成功地阻碍了苏军的前进。这样，到4日晚，苏军的2个坦克军也只前进了3～4公里。在这种情况下，罗特米斯特洛夫决定把第二梯队的第5近卫机械化军投入战斗。原计划该军将从德军左翼迂回突破。但是，在这个攻势启动前，由于草原方面军第53集团军屡次攻打别尔哥罗德不下，瓦杜丁命令将第5机械化军调往53集团军地段，从西面向别尔哥罗德进攻。正在罗特米斯特洛夫失望之际，传来了第1坦克集团军突破成功的消息。于是，他立刻下令第18坦克军从第1坦克集团军的突破地域向对面的德军左翼迂回，而第29坦克军继续从正面向德军进攻。整个作战行动将在5日展开。

8月5日晨，苏军第6近卫集团军的第52近卫步兵军，

→ 在库尔斯克地区，苏军与德军展开了激战。

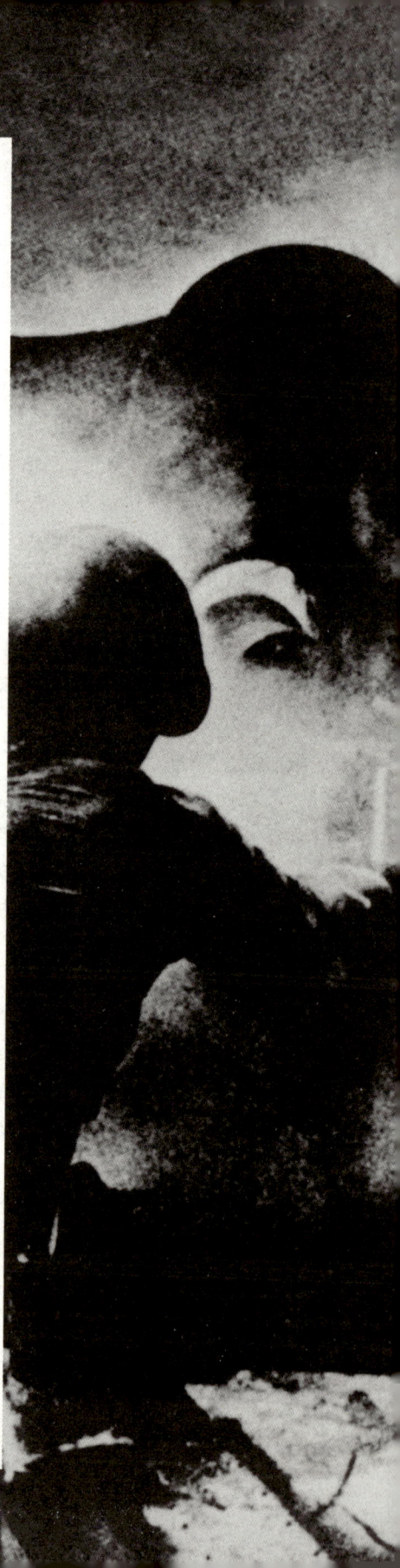

182

第5近卫集团军的第32近卫步兵军和第5近卫坦克军继续对托玛洛夫卡进攻。德军在这个防御中心的部队是第255和322步兵师，第19装甲师的主力和第52独立装甲营，共3个师的兵力。虽然兵力占劣势，德军的抵抗仍非常顽强，使苏军每前进一步都要付出很大代价。经过激烈战斗，到5日下午，苏军终于到达了托玛洛夫卡北郊约4公里的地方。在这里，德第52独立装甲营的一次顽强反击，再一次使苏军停顿了下来。苏军各个进攻部队中，只有第13近卫步兵师的进展令人满意，它已经深深地突入德军防线后方，并开始向右旋转，威胁到德军托玛洛夫卡防线的后方。

在步兵攻击的同时，苏联两个坦克集团军继续向德军的纵深挺进，第1坦克集团军开始向西南方向进攻，到5日傍晚它已经抵达克里莫夫地区，从而切断了德国托玛洛夫卡守军向南撤退的道路。

在同一天里，第5近卫坦克集团军开始向德第6装甲师和第167步兵师的左翼迂回。发现了苏军行动企图的德军竭力想延长他们的左翼，以阻止苏军突破。但由于兵力不足，随着防线的延长，德军的防御越来越薄弱，根本无法抵挡苏军的攻势。到5日晚，第5近卫坦克集团军已开始威胁到德军后方。而此时，德"肯夫兵团"已经没有预备队了。但这一天德军的援兵开始接近战场，第一个到达的第3装甲师已经抵达哈尔科夫南部，不过该师至少还需要1天时间才能赶到前线。

按照朱可夫的计划，苏第27和40集团军于5日凌晨向德第4装甲集团军第48装甲军发起攻势。在前一天，第27集团军以精心挑选的精锐部队向德第11装甲师（50辆坦克）的前沿阵地发起了试探性攻击，苏军在炮火掩护下，顺利地清除了雷区，并夺取了德军第一道战壕。

5日晨，在猛烈的炮火准备以后，第27集团军第163和166步兵师迅速通过前一天打开的通道突入德军防线。10点，第4近卫坦克军进入突破口，该军在一天里克服了地形的阻碍和德军的抵抗，前进了13公里。德第11装甲师发起了几次反击，但未能阻止苏军的前进。第27集团军的进展，从西面威胁到了托玛洛夫卡的德军守备部队，这支德军面对绝对优势的苏军，已经顽强地战斗了3天之久，现在他们终于到了无法再坚持下去的地步了，于是他们决定在5日夜晚，趁苏军的包围圈尚未合拢，从南部突围。可是他们并不知道，苏军第1坦克集团军已经迂回到了他们的南部，苏军的包围圈已经合拢了，他们现在突围已经太晚了。

在苏军的右翼，第40集团军于5日5点15分发起进攻，苏军的前锋第206和100步兵师在几个小时内就突入德第57步兵师的防线4公里，苏军的坦克部队第2坦克军也进入了突破口，当天第40集团军前进了8公里。为了堵住苏第40集团军打开的缺口，德第48装甲军的预备队第7装甲师被紧急调往该区域，并于当晚开始了对苏军第206步兵师的侧翼发起攻击。第40集团军司令立刻把第161步兵师调往一线，他很满意德第7装甲师出现在他的地段上，因为这意味着关键的战斗正在右翼进行，德第48装甲军无力抽调兵力前去增援。

然而，正当苏联弗罗尼兹方面军的攻势取得进展时，草原方面军4~5日的攻势则遇到了很大困难。

4日，草原方面军的第53和69集团军继续沿着别尔哥罗德－哈尔科夫公路进攻，第7近卫集团军在当天稍后也加入了攻击。但是，遭到了德军第6装甲师、第168和198步兵师依托完善防御体系的坚决抵抗。虽然苏军投入了第1机械化军，但一切试图快速突破的企图都失败了，苏军在4日的前进速度慢得令人恼火。为此，草原方面军司令科涅夫一再向朱可夫求援，终于在4日晚，得到了从第5近卫集团军转来的第5近卫机械化军。科涅夫决心将用第5近卫机械化军从西面向别尔哥罗德迂回。5日，在又一次猛烈的炮击后，科涅夫命令第53、69集团军从正面，第7近卫集团军从东面，第5近卫机械化军从西南面，向别尔哥罗德进攻。虽然德军的抵抗仍很顽强，但苏第53和69集团军还是逐渐接近了别尔哥罗德，第7近卫集团军强渡了北顿涅茨河，从东面威胁到该城，而第5近卫机械化军也开始威胁到德军的后方。

在这种情况下，曼施坦因下令放弃别尔哥罗德，撤往哈尔科夫，5日18点，苏军攻占了别尔哥罗德，不过德军主力得以避免了被合围的命运，有秩序地向哈尔科夫后退。

这样到6日，苏军第一阶段的攻势获得了成功，别尔哥罗德和托玛洛夫卡都落入了苏军的手中，朱可夫下令实行下一阶段的战斗，科涅夫的草原方面军仍将从正面攻击哈尔科夫，而瓦杜丁的沃罗涅日方面军将尽快以步兵消灭被围的德军，同时其坦克集团军将继续突破，并从西面迂回哈尔科夫。

No.3 将德军赶出哈尔科夫

6日清晨，苏第27集团军首先在炮火掩护下发起攻击，一路压迫德第57步兵师和第11装甲师节节后退，并在佛斯卡拉河对岸建立了一个桥头堡。

而消灭被包围德军的任务被授予了第6近卫集团军的第32近卫步兵军。该军在第1坦克集团军的部分兵力支援下，到6日晚上，已经牢牢地控制了德军向后撤退的道路。

当时，从托玛洛夫卡撤出的德军兵分两路——第19装甲师和第255步兵师向西南撤退，而第332步兵师则退向南方。7日天一亮，溃退的德军部队就遭到了苏联空军的猛烈攻击，之后，苏军的大炮又铺天盖地地压了过来。德军试图在炮火中杀出一条血路，但他们一再被击退。在这一天当中，苏联第32近卫步兵军击毙了5,000名德军，并俘虏了2,000人。在接下来的几天里，除了极少数德军在混乱中回到德方战线外，其余的全部被消灭了。

随着被围德军的毁灭，德军的形势越发严峻起来。德国第7和11装甲师在苏军第27和40集团军的攻击下步步后退，苏军主力也已经越过了佛斯卡河。

不过这时候，德军"大德意志"师的先头部队约有50辆坦克抵达了第48装甲军的地段，在这个生力军的援助下，德军勉强建立了一条完整的防线。

苏联第1坦克集团军和第5近卫集团军则继续向德军后方挺进。第1坦克集团军除第31坦克军一部协助第32近卫步兵军消灭被围的德军外，以第6坦克军和第3机械化军向德军后方快速前进，到6日中午，苏军已经前进了50公里。7日上午，接到瓦杜丁的命令，卡图可夫对德军重要的后勤供应基地——波格杜科夫铁路枢纽发动了突然袭击。这样，经过1个小时的战斗，苏军就完全控制了波格杜科夫，包括700吨燃料在内的大量德军物资被苏军缴获。

在第6坦克军左翼的第3机械化军却意外遭遇到党卫军"帝国"师。在意识到苏军进攻的规模后，曼施坦因迅速把可以找到的预备队调往前线，其中最重要的是第3装甲军，包括第3装甲师、第2党卫军"帝国"师和第3党卫军"骷髅"师。其中第3装甲师于6日抵达，并立即被派往第6装甲师的左翼以阻止第5近卫坦克集团军的迂回。而第2党卫军"帝国"师的先头部队也在6日抵达，苏联第3机械化军遭遇的就是这支德军。第3机械化军立刻向德军发起攻击，而第2党卫军"帝国"师显然并不想在全师兵力集结前和苏军打一场硬战，他们撤退了。

在第1坦克集团军的左翼，第5近卫坦克集团军的攻势不顺利，在得到第3装甲师的加强后，德军的防御变得十分坚强，只是在第5近卫机械化军回到集团军控制下后，苏军才得以继续前进，但快速突破的机会已经失去了。

在6、7日两天里，苏军的机械化部队前进很快，但由于苏军步兵正忙于清除被包围的德军，苏军的坦克部队和步兵已开始脱节了。

曼施坦因注意到了这个问题。这时，他的援军也开始陆续抵达，但除了第3装甲师以外，他并不急于把其余的兵力投入战场。曼施坦因并不想犯把坦克部队逐次投入战斗的错误，他需要时间来集结他的部队，同时他还要等待一个良好的时机，等苏军的坦克部队和步兵脱离，等苏军进攻能量逐渐消耗，这时他就会释放出他充分准备的反攻，打击苏军的装甲矛头。以前，德军就是用这个方法，屡次消灭了苏军突入德军防线的坦克兵力，曼施坦因坚信这一次也不会有什么不同。

而此时，瓦杜丁对当前的形势十分乐观，他认为德军已到了崩溃的边缘，只要再给以坚决的一击，就能取得胜利。于是，在催促步兵加快前进的同时，他命令卡图可夫和罗特米斯特洛夫继续攻击，攻击的重点放在第1坦克集团军的地段，该集团军将克服德军的一切抵抗，切断波尔塔瓦－哈尔科夫铁路。

8日，第1坦克集团军队第3机械化军和第31坦克军的进攻被德第2党卫"帝国"师击退，而通过侦察，卡图科夫得知德军正在通过波尔塔瓦－哈尔科夫铁路把增援部队从顿巴斯源源不断地开来，他更觉察到切断这条铁路线的重要。9日，他把第6坦克军也投入了战场，但德

第3党卫"骷髅"师也赶到了前线，苏军虽然获得了一些进展，但其强渡莫切克河的企图失败了，同一天，恼怒的瓦杜丁命令卡图科夫必须至迟于11日切断铁路线。

于是，卡图科夫重组了他的部队。在第一批步兵抵达后，他立刻命令加强了攻击，10日下午，第6坦克军第112坦克旅渡河成功。之后，该旅立刻组织了一支突击分队，向德军纵深突击。该分队一路克服德军的抵抗，于11日凌晨抵达集团军的目标伐索科坡里，并在德军的猛烈反攻下守住了伐索科坡里城市北郊，坚持到主力赶到，于12日再次攻占了伐索科坡里。

相比之下，苏第5坦克集团军的攻击极不顺利。德第3装甲师和第167步兵师依托完善的防御工事，进行了有效的抵抗。11日，德军第5党卫"维京"师的抵达，更增加了苏军的困难。就在这个时候，朱可夫决定把坦克兵力集中在进展较顺利的第1坦克集团军的地段，第5近卫坦克集团军奉命撤出战斗，前往加入第1坦克集团军在波哥杜科夫南部的战斗。

在苏军左翼，草原方面军对哈尔科夫的正面攻击却受到了极大的挫折。由于缺乏机械化部队的帮助，草原方面军的进攻沦为第一次世界大战式的残酷的阵地战。苏军每攻克一道德军的防线，就会发现前面又出现了一条新防线。离哈尔科夫越近，德军的防御就越坚强，苏

军的损失很大。

而在苏军右翼，第27、40集团军继续他们的攻势。此外，第38集团军也于8月8日加入了攻击。德军第11和第7装甲师、"大德意志"师、第57和68步兵师在苏军的攻击下，被迫缓缓向后退却。但由于为了暂时稳住这个方向的局势，为德军计划中的反攻争取时间，德军在这个地段上投入了大量预备队，苏军暂时无法突破。

这样，到11日，苏军将战线向前推进了60～100公里。而在战线中部，苏军的坦克部队已接近对德军至关重要的波尔塔瓦－哈尔科夫铁路线。

与此同时，曼施坦因元帅正在紧张地调集兵力，准备对苏军发动一场大规模的反攻。

按照原计划，在南方，德军将用第3装甲军在伐索科坡里向苏第1坦克集团军发动攻击，而第24装甲军以"大德意志"师为主力，在北方发动攻势。但是，由于苏军的进展过快，曼施坦因只能放弃同时发动这两个攻击的计划，而首先发动在南方的反击。

参加这次反攻的德军部队包括：第3装甲军的第2党卫"帝国"师、第3党卫"骷髅"师、第5党卫"维京"师以及第3装甲师也将参加这个攻势。不过，第3装甲师由于连日作战，受到了很大损失，只剩下不到30辆坦克和强击火炮，只能担任一个支援性的任务。

曼施坦因的计划很简单：第3装甲师和"维京"师将牢牢抓住苏军，而"帝国"师和"骷髅"师将分别从左右两翼夹击苏第1坦克集团军，同时集中空军的力量轰击苏军部队。

苏第1坦克集团军和第5近卫集团军在连日的激战中已经遭到了很大的损失。第1坦克集团军剩余268辆坦克和自行火炮，第5近卫坦克集团军也只剩下115辆坦克和自行火炮，前者损失了近一半的兵力，后者的损失则高达80%！

如果从数目上看起来，苏军的坦克数量与德军相比仍为2∶1的优势，但德军已经集结完毕，并补充了充足的弹药和燃料。苏军坦克部队却处于追击状态，部队分散很广，而且经过多日激战，弹药和燃料都已严重不足，更重要的是苏军未能察觉德军的进攻准备。

当然，更令人不可思议的是，瓦杜丁再一次犯了当年春季作战的同样错误，认为德军即将全线撤退，即使德军发动一场反攻，也不过是为了掩护其主力撤退而已。所以，他一再命令卡图科夫不要理睬德军部队的"骚扰"性攻击，全力向前突破，切断德军后撤的道路。这样德军的反攻完全达到了出其不意的效果。

8月11日11时，德第2党卫"帝国"师和第3党卫"骷髅"师从两个方向向第1坦克集团军发起了进攻，苏军的各个先头部队立刻陷入了包围，苏第112坦克旅和第1近卫坦克旅经过苦战，于11日晚终于突围成功，回到苏军防线，而第49坦克旅和第17坦克团则没有那么幸运，他们在德军的包围中，奋战数日后，全军覆灭。

这样，苏第1坦克集团军在德军的重击下，在一天中损失了1/3的坦克，而德军紧紧抓住这个机会，决心在苏军得到增援前首先消灭第1坦克集团军。

在这危急时刻，苏联第5近卫坦克集团军的及时赶到挽救了卡图科夫。

罗特米斯特洛夫率领第5近卫坦克集团军和配属他指挥的第5近卫集团军第32近卫步兵军的第13和97近卫步兵师，于12日4时抵达波格杜科夫南部。当他察觉出正面临着德军的大规模攻击时，果断下令转入防御。

而此时，瓦杜丁仍没有意识到形势的严峻，继续命令第1坦克集团军和第5近卫坦克集团军继续他们的攻击。结果，继续向前进攻的苏军被"骷髅"师包围。除少部分突围成功外，被德军悉数消灭。

这样，到12日晚，战场上的形势发生一些逆转。苏军的进攻没有奏效，而德军继续发展他们的攻势，这一天他们迫使苏军后退了3～4公里。

在这种情况下，瓦杜丁才重新做出反应，他命令第6近卫集团军向德军的左翼发动攻击，以将把德军从第1坦克集团军和第5近卫坦克集团军的方向上引开。

13日5时30分，第6近卫集团军和第1坦克集团军的第6坦克军发起了进攻，并很快对德军的左翼产生了威胁。其中第6坦克军前进了10公里，再一次攻占了伐索科坡里。但苏军的攻击并没有立刻产生效果，13日9时，在经过60分钟的炮击后，德军继续向第1坦克集团军和第5近卫坦克集团军进攻，激烈的战斗持续了一整天。

在战斗过程中，罗特米斯特洛夫不断受到瓦杜丁和科涅夫的催促，命令他"以果断的一击，摧毁当前的德军"，但这谈何容易！罗特米斯特洛夫并不是一个只知惟上级命令是从的将军，他清楚地知道现在的最佳选择是暂时转入防御，等德军消耗掉他们的进攻能量，而苏军滞后的步兵和炮兵赶到，才能转入进攻。而一直到13日晚，瓦杜丁才终于看清了形势，同意第1坦克集团军和第5近卫坦克集团军转入防御。

14日战斗继续进行，德军虽然尽了最大努力，但其前进速度逐渐缓慢了下来。而此时，来自德军左翼的威胁越来越大，苏第6近卫集团军和第6坦克军于14日前进了10～12公里，已经严重威胁到德第3装甲军的后方，面临被包围的危险，德军别无选择，只能首先应付这个威胁。

当晚，"帝国"师和"骷髅"师秘密地从前线撤出，向西运动。这次机动极为成功，苏军毫无察觉。15日凌晨，德军攻击第6近卫集团军的防线，苏军遭到了重击，整个集团军被迫全线后撤，其第52和第90近卫步兵师以及第6坦克军陷入重围，最后只有第52近卫步兵师突围成功。

但是，虽然第6近卫集团军遭到了惨败，但苏军至少达到了把德军从苏军正面引开的目的。这样，尽管战斗持续到8月17日，但在波哥杜科夫的战斗暂时平息了下来。

在这次争夺之中，双方都蒙受了重大损失。苏第1坦克集团军到17日只剩下160辆坦克和自行火炮，第5近卫坦克集团军的损失较少，仍保持130辆坦克；而德军"帝国"师只剩下32辆坦克和19门强击火炮，"维京"师剩下18辆坦克和4门强击火炮。

在继续战斗前，双方都需要一段时间补充消耗的兵力，朱可夫下令苏军在两天内做好继续进攻的一切准备。

第5近卫坦克集团军陷入波哥杜科夫一带的苦战，直接影响到苏军对哈尔科夫的攻击。苏草原方面军第53、69、第7近卫和第57集团军逐渐向哈尔科夫逼近，德军在哈尔科夫投入了第167、168、198、106、320、282、39和161步兵师以及第6装甲师的余部，此外第223和355步兵师也抵达哈尔科夫南部，这些部队依托完善的防御工事，使苏军的前进极为缓慢。经过激战，苏军于12日抵达距哈尔科夫10公里的地方，在这里苏军的攻势再一次停顿了下来。虽然西南方面军的第1近卫集团军于12日从哈尔科夫东南部发起了攻击，但在得到坦克部队增援前，苏军快速攻克哈尔科夫的可能性几乎不存在。

到8月18日，战场的局势是这样的，在德军右翼陷入僵持，而德军在中部的反击虽然给苏第1坦克集团军以重创，但消灭苏军装甲部队的企图未能成功。

↑ 在库尔斯克前线上的德军"虎"式坦克。

这对德军极为不利，曼施坦因原来的计划是先以两翼的部队拖住苏军，然后集中装甲部队先摧毁中部的苏军，再向左旋转，以一个两翼的攻势毁灭苏军的右翼。要实现这个目的首先要做到的是在苏军能收敛分散的部队，和增援的炮兵和步兵赶上来前，先消灭苏军孤军深入的坦克部队，可是这个企图失败了。

也许从这时起，曼施坦因理解到这一仗输定了。不过他还有一线希望，也就是德军在其左翼计划中的由"大德意志"师为主导发动的反攻。

到8月18日，苏军对哈尔科夫的攻击被暂时阻止了，但德军为此付出了重大代价，防守

哈尔科夫防线的德军各个师大多数只剩下团甚至营的规模，在该地的德军装甲部队第3装甲师只剩下10辆坦克，第6装甲师还有4辆坦克，第905和228独立强击火炮营分别只有5门和17门强击火炮。可见德军的防御能力已经到了极限，能否守住哈尔科夫将取决于德军在北部的反击是否能得手。

在战线北方，德第4装甲集团军从13日起建立了一条比较稳定的战线。从那时起德军就开始聚集兵力，准备反击。

第4装甲集团军司令霍斯的计划是：以第52军的第88、75、68步兵师和新到的第112步兵师以及第11装甲师和第19装甲师的余部继续抵挡苏军右翼第40和38集团军的攻击，同时以"大德意志"师、第7装甲师和新到的第10装甲掷弹兵师组成一个突击兵团，向东南方攻击苏第27集团军和第6近卫集团军并和南方的德第3装甲军汇合，从而达成从两翼包抄并消灭大量苏军。

为了实现这个计划，霍斯面临的问题是他的部队经过长期的激战，已经受到了很大削弱，除了刚抵达的第10装甲掷弹兵师称得上齐装满员之外，"大德意志"师虽然一向得到优先补充，但现在兵力只有46辆坦克和22门强击火炮，第7装甲师只剩下17辆坦克，第11装甲师只有6辆坦克，此外附属给"大德意志"师的第51独立装甲营也只有13辆"虎"式坦克，

← 着陆后的苏军伞兵士兵立刻钻入掩体中，准备向德军开火。

虽然在最后几天德军极力对各个装甲师进行了补充，但不能从根本上解决问题。

这一次，瓦杜丁预料到了德军的反击，并且正确地估计到德军需要几天时间来补充部队，所以他决心发起一个先发制人的攻击以打乱德军的部署。

8月15日，拥有6个步兵师和第3近卫机械化军的第47集团军在第40和38集团军之间占领阵地。于是，瓦杜丁命令该集团军于17日发起攻击。这次攻击将由苏军第40和47集团军的10个师的兵力，在250～300辆坦克支援下，攻击一段由德军3个步兵师防守的地段。

很显然，光靠当地的德军无法抵挡这样的攻势，而更重要的是苏军发起攻击的时间正好比德军早了一天。

这样，17日7点，苏军在猛烈的炮火掩护下，迅速突破了德军第68、57和112步兵师的防线，苏军攻击的主力——第47集团军前进了8～12公里。

苏军的这次攻击给霍斯造成了一个两难的局面。他有两个选择，或者放弃计划中的反击，把手头的兵力投入北方，阻止苏军的突破，或者他可以暂时不管北方的局势，按预定计划发动反击，希望在他左翼的德军防守部队能在他消灭当前苏军以前能守住防线。几经考虑，霍斯决心把赌注下在他左翼的德军能坚守足够久的情况下，按计划发动反击。

于是，8月18日，出现了苏军和德军在不同方向上同时发动进攻的情况。德军以"大德意志"师为装甲矛头，第7装甲师担任左翼的掩护，第10装甲掷弹兵师负责德军的右翼，对东南方向发动一场强有力的打击，试图切断苏军第27集团军和第6近卫集团军的大量部队。同时德第3装甲军的"骷髅"师（39辆坦克和16门强击火炮）在第223步兵师两个团的支援下，向北强渡穆拉河与南下的德军汇合。

而在这一个地段，尽管苏第27集团军部署了5个步兵师和第93坦克旅，但由于苏军的侦察工作做得十分马虎，结果对德军的攻击准备缺乏应对措施。

18日9点，在一阵猛烈的炮火和空袭后，"大德意志"师迅速在苏军防线上打开了一个缺口，并前进了12公里，苏军第57集团军的大量部队已经被切断。

好在朱可夫迅速地作出了决定：命令苏第6近卫集团军坚决阻止南部的德军"骷髅"师北上，第27集团军对南下的德军作坚决的逆袭，第1坦克集团军顶住当面德军。同时，将最高统帅部预备队库利克中将的第4近卫集团军投入战斗，首先阻止德军的进攻，然后再以强大的反击消灭德军。

这样，到18日终了时，尽管北方德军第4装甲集团军的部队在一个7

公里宽的地段上突入苏军阵地24公里，但南方"骷髅"师强渡穆拉河的每一次企图都被苏第6近卫集团军瓦解，这为苏军集结兵力赢得了时间。

19日德军的攻击遭遇到苏军越来越顽强的抵抗，事实上第一支第4近卫集团军的部队第8近卫伞兵师和第7和第5近卫伞兵师已先后投入了战斗。当天17点30分，第8近卫伞兵师转守为攻，成功地突入"大德意志"师后方数公里，这有效地迟滞了德军的前进速度。于是，受到鼓舞的库利克将军下令于20日把整个第3近卫坦克军投入到这个地段。

20日，德军"骷髅"师的攻击终于有了一些进展，在苏第6近卫集团军第52近卫步兵师的防线上打开了一道狭窄的走廊，并于德第4装甲集团军的第10装甲掷弹兵师建立了联系，这样苏第166步兵师和第4近卫坦克军陷入了包围。虽然被围的苏军蒙受了重大损失，比如第166步兵师的第432步兵团只剩下了52个人，但德军也已经精疲力竭了，虽然包围了苏军却已无力消灭他们，被围的苏军坚守在他们的阵地上，直到25日苏军迫使德军解围为止。

同一天，苏第4近卫集团军发动了强大的反击，德军的攻势终于被阻止了。德第4装甲集团军的部队被渐渐地向北赶去，21日苏第4近卫集团军沿着一条18公里宽的地段继续向德军攻击，但由于各个部队协调极差，苏军只能迫使德军后退，而不能击破他们，而且苏军本身也蒙受了很大损失，21日晚库利克下令终止了进攻。不久斯大林下令解除库利克的职务，并且直到战争结束，他再也没有得到过任何指挥军队的机会。

在德军的攻势逐渐瓦解的同时，苏军在北方的攻势却不断取得进展，苏第38、47和40集团军越来越深入德军后方。19日苏军已攻抵普赛尔河畔，德军虽然不断发动逆袭但只能延缓而不能阻止苏军的突破。在激战中，德军第11和19装甲师合起来只剩下13辆坦克和16门强击火炮。形势越来越紧急，最终德军于21日被迫把第10装甲掷弹兵师和新抵达的第34步兵师以及有31门强击火炮的第239强击火炮营转移到苏军突破口，才再一次暂时稳住了战线。

而德军的这一次反击的失败也就注定了哈尔科夫的命运。

与此同时，陷入苦战的科涅夫将军意识到，在德军依托极其完备的防御设施进行顽强抵抗的情况下，任何正面的进攻都很难取得成功。于是，他把进攻的主力放在右翼的第53集团军地段上。

科涅夫的计划是这样的：18日，第53集团军绕过德军的防线，从德军左翼迂回，切断了哈尔科夫－波尔塔瓦铁路，断绝德军的后方交通。之后，从西部和西南部攻击哈尔科夫。与此同时，第69、第7近卫、第57和第1近卫集团军将继续向当面的德军进攻，以阻止德军任何把兵力调往第53集团军突破口的企图。

18日下午4时45分，苏军的进攻开始了。在45分钟猛烈的炮击后，第53集团军的第一线部队第299、84和116步兵师从德第3装甲师和第168步兵师的结合部突破了德军防线。在这一天中，苏军前进了3公里，当第53集团军司令马那格洛夫将军发现初步达成了突破后，他立刻投入了二线的第252步兵师以加快苏军前进的速度。德军虽然发动了连续的逆袭，但未能阻止苏军的前进。

19日苏军已抵达哈尔科夫西部最后一道天然屏障——乌迪河北岸，并于20日成功地在河

↑ 突破德军防线，继续向前进攻的苏军。

南岸建立了一个桥头堡。

为了帮助第53集团军扩大战果，科涅夫立即把第69集团军的第48步兵军转交第53集团军。同时苏第69、第7近卫、第1近卫和第57集团军也向当面的德军发动进攻，由于德军的顽强抵抗，苏军只能缓缓向前推进。局势至此已很明朗，哈尔科夫接近地的战斗结果将由第53集团军的攻势决定，一旦第53集团军形成突破，整个哈尔科夫城内的德军将陷入重围。由于曼施坦因已经下了放弃哈尔科夫的决心，所以对德军来说至关重要的是，不惜一切代价阻止苏第53集团军的突破，以保住德军撤退的通道。

20日，科涅夫终于盼来了他等待已久的好消息。朱可夫鉴于弗罗尼兹方面军的形势已经稳定，同意把第5近卫坦克集团军调往草原方面军，科涅夫立刻决定将其投入由第53集团军打开的突破口。

21日9点，第5近卫坦克集团军投入了战斗。但是，初始的攻击就极为不顺。首先，抵达乌迪河北岸时立刻陷入由一场大雨形成的泥泞中；其次，罗特米斯特洛夫惊讶地发现在乌迪河上并未架设好足以承受坦克的桥梁；最后，德军埋设的雷区竟然也没有清除，数辆坦克立刻被地雷炸毁。更糟糕的是德军发现了苏军的坦克，并马上集中炮火进行轰击，几分钟内，

就有11辆苏军坦克起火爆炸。无可奈何下的罗特米斯特洛夫只好下令后退，第5近卫坦克集团军出其不意的效果已经丧失了。

第5近卫坦克集团军的退出使得突破德军乌迪河防线的任务落在第53集团军的身上。

冒着德军的猛烈炮火，苏第28近卫步兵师成功地扩大了河南岸的桥头堡，这使苏军于20日把第252和84步兵师运过河去。当晚一条载重60吨的浮桥架设成功，第5近卫坦克集团军终于在21日渡过了乌迪河。

为顶住苏军的进攻，曼施坦因把一切可以抽调的机动兵力都投入到苏军的突破口——防守哈尔科夫西部的第168和198步兵师、第3装甲师、德第2党卫"帝国"师和一个由42辆"豹"式坦克和8门强击火炮组成的党卫军独立装甲营被立刻投入该方向。于是从22日起，哈尔科夫西部的战斗达到了白热化的程度。

经过一天的苦战，第5近卫坦克集团军切断了哈尔科夫－波尔塔瓦铁路，但这时双方都已经精疲力竭了，近卫坦克集团军已经无力完成迅速从西部包围整个哈尔科夫守军的任务。

然而，虽然苏军从哈尔科夫西部包抄德军以切断其退路的企图未能成功，但由于德军把最后的预备兵力投入了该方向，苏军在其他的进攻方向上取得了越来越快的进展。22日晚第

53集团军的第89近卫步兵师和第107步兵师率先攻入哈尔科夫西城。23日2点，苏第69和第7近卫集团军也攻入市区，这时德军开始了全面撤退。

残暴的德军在撤退前烧毁和炸掉了数百座漂亮建筑物，将城市洗劫一空，到处是一片废墟。

在一所医院所在的医疗门诊地区，法西斯匪徒杀害了约450名红军指战员伤员；在集中营，屠杀了6万余哈尔科夫人，15万余人被运往德国。

黎明时分，炮声停息。苏军的步兵、炮兵列纵队向城里开进，牵引车、坦克车隆隆而过。哈尔科夫沉浸在欢腾的气氛之中。孩子们拿着花束从所有巷口迎面跑来。德国人的路标碎片砸落到沥青地上发出了"噼里叭啦"的声响。到处都有自发的群众大会，墙上出现了"亲爱的红军万岁"的标语。

8月23日中午，哈尔科夫的法西斯德军被全部肃清。这也是自"巴巴罗萨"行动以来这所城市第4次也是最后一次易手。

当日晚，莫斯科向草原方面军将士鸣炮致敬，224门礼炮鸣放20响。悦耳的礼炮声在莫斯科上空久久回荡。

哈尔科夫的陷落标志着库尔斯克战役最终以苏军的胜利而告终。

长达2个多月的库尔斯克战役不仅演出了一场世纪坦克大会战，而且也是苏德空战的一个转折点。整个战争中，德军损失坦克近2,000辆，飞机损失达2,000多架。经库尔斯克一役后，德军元气大伤，再也无力阻止苏军前进。

被迫撤退的德军别无选择，曼施坦因也只能下令后退到下一道防线——第聂伯河，这是希特勒重新选定的"东方壁垒"。

为了阻碍苏军的前进，希特勒要求曼施坦因实行彻底的"焦土"政策。于是，在顿涅茨河与第聂伯河之间，一切可以被苏军利用的建筑物都被焚毁，一切公路、铁路、桥梁都彻底破坏，农作物被付诸一炬，水源被污染，粮食被强行征收，来不及带走的一律烧掉。此外所有的牲畜，机械装置和所有"适合于服役年龄"的男子，也就是所有60岁以下的男子都被强行带走，这其中有许多人都死在路上。

之后，随着"鲁缅采夫统帅"行动的顺利进行，苏联中央方面军从库尔斯克发起进攻，将涅韦尔－奥廖尔一线已开始的攻击与南面"鲁缅采夫统帅"行动联系在一起。同时，西南方面军和南方面军也在伊辛姆－塔干罗格战区对德南方集团军群发起攻击。

到8月底，苏军的大部分方向都展开了战略反攻，一鼓作气要将德军赶过第聂伯河。

到1943年9月中旬，苏军的推进迫使南方集团军群撤过了第聂伯河。到12月中旬，德军只不过占据着基辅南部第聂伯河西岸的小块地域。之后，一场新的攻击即将发起，轴心国军队面临被赶出整个西乌克兰的噩运。再往后，整个东线就是苏军不停地进攻、德军不断地防御，直到苏军攻入柏林为止。

希特勒在东线的最后一次大反攻攻得厉害，败得也彻底。希特勒终于陷入了自己挖掘的坟墓中，从此不得翻身。

03

BATTLE

> 会战·柏林

第1章
CHAPTER ONE

希特勒看到了结局

★和每次发动攻势一样，希特勒一直在拖延。10月间，他说11月发动攻势；11月间，他又说12月发动进攻。本来已经定在12月7日，他又改在了12月14日。直到12月14日那天，他才决定12月16日发动进攻。

★执行"狮鹫计划"的是剽悍的党卫军头目奥托·斯科尔兹内。此人头脑冷静，做事果断，他曾率人把被俘的墨索里尼从盟军的眼皮底下救了出来，是一个敢在盟军肚子里翻江倒海的人物。

No.1 赌徒般的决策

自从盟军在法国的诺曼底登陆以来，德国受到来自东西两线的夹击，对德军来说，几乎每个星期都是致命性的。

1944年7月31日，盟军在阿夫朗舍完成重大突破。

8月2日，土耳其同德国断交。

8月15日，盟军在法国境内的地中海沿岸登陆。

4天之后，大批德军被包围在诺曼底的弗莱兹一带。

8月20日，标志着苏联南乌克兰集团军突围开始。

3天后，罗马尼亚发生政变并立即对德宣战。

几小时后，保加利亚叛变。

8月25日，盟军开进巴黎。

这些对希特勒的打击是致命的。然而，他决不轻易放过每一份军事简报，并不断发布新的命令。

12月12日，希特勒邀请他的将领到新指挥部"鹰巢"的地下暗堡里，听他介绍阿登反攻的作战方案。

在最高级的会议上，希特勒发布了一道低调子的命令说，盟军已经打到德国边境，而在亚的南面已经突破了防线，所以，在他们那方面不会有大规模的战事了，他要求部队死守他们的阵地。

其实这是希特勒愚弄盟军的一条计策。

正是在发布了这个命令后，希特勒在密室里和他的将军们策划了阿登战役的发动。为了欺骗盟军和谍报分子，它给这个计划起了个迷惑人的代号——"监视莱茵河"。

阿登攻势，不仅蒙蔽了西方盟军最高参谋部的将军们，即使德意志帝国属下的大多数将领，开始也被蒙在鼓里。

阿登反攻是希特勒德国垂死之前的孤注一掷。

正因为如此重要，胜败在此一举，所以希特勒是慎之又慎，谋略于亲信，策划于密室。

后来事实表明，希特勒的保密防范措施产生了何等好的效果。直到阿登进攻的第二天，一架盟军飞机才刚刚观察到在山峦耸立的爱弗尔高原上集结了几千辆汽车。

和每次发动攻势一样，希特勒一直在拖延。10月间，他说11月发动攻势；11月间，他又说12月发动进攻。本来已经定在12月7日，他又改在了12月14日。直到12月14日那天，他才决定12月16日发动进攻。

1944年12月16日凌晨，比利时东南的阿登山脉，著名的"魔鬼前线"。

在弯弯曲曲长达140公里的战线上，美军只派了6个师把守。3个是新兵师，3个是筋疲力尽的劳累之师，其战斗力可想而知。而德军的兵力也强不到哪儿去。近几个月来，双方都在

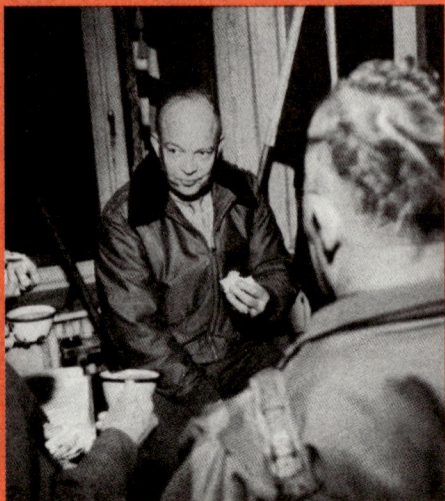
→ 尚未意识到问题严重性的艾森豪威尔

积极休整，彼此察言观色，但是谁也不敢贸然招惹对手。

只是盟军还不知道，德军的兵力已经在发生变化了。

一场激战的序幕就要拉开。

清晨5点30分，激烈的战斗在"魔鬼前线"全面爆发。在漫长的战线上，迫击炮、火箭炮、88毫米口径炮隆隆直响，地动山摇。数以千计的坦克轰轰地向前方开进。沉闷的炮声从后方传来，远程炮将36厘米的炮弹射向美军战线后方数公里之外的目标。这是盟军自诺曼底登陆以来第一次遭受这么猛烈的炮火。

一个小时后，炮火停止了。

阵地上出现令人恐怖的沉寂，但是转瞬即逝。在新近下的大雪的映衬下，身穿白衣的德军，几乎看不见人形，像魔鬼似地从阴霾中冒了出来，12到14个人排成横排，迈着缓慢而可怕的步子向盟军步步进逼。

美军吓得大惊失色的新兵和打得筋疲力尽的老兵一起上阵，仓皇迎战。但是终因寡不敌众，只好且战且退。许多地段被突破，德军如入无人之境。

阿登山脉北面，有一个狭窄的山谷，叫洛斯海姆，是东方通向西方的古道，地势险要，只有轻兵把守。早在1870年以及1940年，德国大军就从这个长11公里的走廊里势如破竹地通过。现在，德军又在坦克、装甲车和炮火的掩护下从从容容地通过了山谷。

难道，历史又将重演不成？

黄昏，美军的北部战线业已瓦解。

当阿登山脉炮声隆隆的时候，艾森豪威尔还睡意正浓。

傍晚时候布莱德雷将军从卢森堡来到巴黎。他和艾森豪威尔正在讨论兵员问题的时候，情报部的一个上校悄悄地走进会议室，报告说，德军当天上午在阿登地区发动了进攻。

布莱德雷不以为然，认为这只是一次"骚扰性进攻"。艾森豪威尔则头脑清醒得多。"这可不是局部的进攻，"他断言，"德军向我最弱的一环发动局部进攻，这不符合逻辑。"他认为情况紧急，救兵如救火，便命令布莱德雷火速派2个装甲师赶去救援。

德军奇袭初步成功，是由于各种复杂因素促成的。但最主要的是盟军统帅部的自满情绪：每个人都在考虑如何打击敌人，从不考虑敌人可能打击他们。没有人看到德军在埃费尔的集结，没有人预料到德军的行动会超出局部反击的范围，没有人预料到德军会以比1940年进攻法国时更强大的兵力来发动急攻。而且是在同一个地方。

因此，最高统帅部盟军远征军停止一切进攻，集结一切可能的力量，从两翼夹击突破口，首先从南面向德军出击，然后再从北面合围。

19日上午，艾森豪威尔在凡尔登召开紧急会议。他强调，默兹河一线必须守住，决不允许德军从西部堡垒当中伸出脖子。所有的司令官都认为，应该坚守巴斯托尼，把德军的突破压缩在从巴斯托尼到圣维特之间40公里宽的距离内，然后打击已经发展成一个大包的德军的软腹部。艾森豪威尔汇集了大家的意见后，决定由巴顿用至少6个师的兵力发动一次强大的攻击，走挽救危机的关键一步棋。

在凡尔登会议进行的同时，盟军的将军们还不知道巴斯托尼已经被德军团团包围，危在旦夕。

No.2 恐怖的敢死队

巴斯托尼是比利时的一个小城，周围是地势起伏的乡村，在崎岖不平的阿登山区，这里的地势却异乎寻常地平缓，并且有很好的公路网。这个公路交叉点，是防守阿登森林和其后面默兹河的关键所在。德军占领不了巴斯托尼，就不能越过阿登推进到默兹。盟军如果防守坚固，不但能够阻止曼特菲尔率领的第5装甲军沿公路向默兹河上的迪囊进攻，而且能够牵制准备进一步推进的大批德军。

美军在巴斯托尼的这一次抵抗决定着德军的命运。

12月18日凌晨，曼特菲尔装甲部队的前哨已经离巴斯托尼只有24公里。这时城里只有美军一个军部的参谋人员。除此以外，炊事兵、勤务兵、汽车兵和乐师倒是不少。只是这些后勤兵的战斗力可想而知。

这些散兵游勇做梦也没有想到，在他们即将成为瓮中之鳖的前一天晚上，在莱姆斯休整的第101空降师奉命以最快速度赶往160公里以外的巴斯托尼，大汽车开着灯跑了整整一晚上，在24小时内赶到该城，比德军到得稍早一点。

这是一次决定性的行军比赛，德国人输了。

德军虽然包围了巴斯托尼，但是要想绕过它，继续向默兹河推进，是有很大困难的。他们不得不把强大的军队留下来牵制这个公路交叉点，试图把它拿下来。

这是一场血战。一次次地进攻，一次次地反击。此起彼伏，无休无止。双方伤亡极为惨重。小城周围到处是尸体，横七竖八，惨不忍睹。

22日中午，德军突然暂停进攻。第47装甲军司令冯·卢特维茨将军写信给101师代师长麦考利夫将军，要求巴斯托尼守军投降。他却收到一封后来流传很广的信，信上只有一个字："呸！"

除了德军在战场正面强大的进攻，最让盟军恐慌之极的是希特勒一手策划的"狮鹫计划"。

执行这一计划的是剽悍的党卫军头目奥托·斯科尔兹内。此人头脑冷静，做事果断，他曾率人把被俘的墨索里尼从盟军的眼皮底下救了出来，是一个敢在盟军肚子里翻江倒海的人物。

令希特勒失望的是斯科尔兹内那些化装成美军的士兵，只有几辆吉普车的人越过了前线，但是这些人对美军造成的破坏却远远超出了"狮鹫计划"所预期的效果。

有一个小队长，竟能让一整团的美军走上错路，而他手下的士兵则在更换路标、剪断电线，忙得不亦乐乎。

另一车装成美军的德军，被一支美军拦住问话时，故意装出惊慌不已的样子，使美军也惊恐起来，随之逃之夭夭。

第3支小分队则把美军布莱德雷司令部与北面指挥官联络的电话切断，使美军指挥部成了聋子和哑巴。

然而，给美军造成破坏最大的，还是斯科尔兹内手下被俘的4个人。当这几个俘虏向美军情报官员招认了他们的任务以后，美军便立即广播说，在后方，数以万计的德军穿着美军制服，正在进行破坏活动，提醒盟军提高警惕。但是他们怎么也想不到，斯科尔兹内敢死队的惨败却孕育出德军一个很大的胜利。

在整个阿登地区，在荒野的路上，在茂密的丛林中，在荒无人烟的村庄里，50万美军挤成一团。暗语和识别牌已经不能够再证明身份。接连好几天，有上万的美军被自己的宪兵拦阻，他们必须回答自己出生在哪州哪府，在哪一个棒球队赢得冠军，以便证明自己是美国人。但是，有一些真正的士兵忘记或者根本不知道答案，那么好吧，先关起来再说。

在巴黎，对斯科尔兹内及其敢死队的恐怖已经达到顶峰。有一份歇斯底里的报告说，斯科尔兹内的士兵，穿着牧师和修女的衣裳，刚刚从天而降。据一个俘获的斯科尔兹内的敢死队队员供称，他们的目的地是和平饭店，在那儿会师后，以便劫持艾森豪威尔。美国保安人员对这个编造出来的谎言笃信不疑，连盟军最高统帅部四周也装上了铁丝网，卫队人数也翻了两番。大门口停放着坦克，进门的证件被查了又查。若哪扇大门被重重一关，艾森豪威尔办公室的电话便响个不停，询问他们的最高统帅是否还活着。

最高统帅艾森豪威尔答应，如果天气放晴，他给巴顿的反攻提供空中支援。

12月23日，阿登天气晴朗，能见度极好。盟军笨重的C－47飞机给巴斯托尼城内的101空降师投下成吨的补给品，战斗机扫射着巴斯托尼四周的德军，P－47飞机用杀伤弹、汽油凝固弹和机关炮猛烈地袭击德军。

↑ 一名即将被处决的德军敢死队员。

↑ 德国党卫军头目斯科尔兹内。   ↑ 德军将领曼特菲尔。

　　德军第2装甲师的一个侦察营在前一天到达迪囊以东5公里的高地，只要发动坦克的汽油和援军一到，就可以沿斜坡直冲默兹河。

　　然而，未等汽油和援军到来，美军第2装甲师突然从北面打来，巴顿第3集团军3个师也从南面攻上来。德军的第2装甲师被打得七零八落，乱作一团。

　　覆盖阿登山区的白雪被染红了。对德军来说，现在面临的问题是如何从狭长的走廊地带撤退，以免被切断和消灭。

　　首当其冲的曼特菲尔给"鹰巢"最高统帅部打电话，他部队的左翼已经暴露，再次请求放弃强渡默兹河。

　　1月3日，盟军蒙哥马利所部从德军凸出部的侧翼发动了攻击。

　　德军面临被英美军队反攻切断的危险。

　　从这一天开始，德军以2个军9个师的兵力向巴斯托尼发起攻击，展开了阿登战役中最激烈的战斗，但结果是节节败退。

　　到1月16日，恰恰是希特勒以他最后的兵力作赌注发动攻势的一个月后，德军又回到他们开始攻击的战线。

　　此战德军死伤和失踪约12万人，损失了600辆（门）坦克和重炮，1,600架飞机和6,000辆汽车。美国也损失很惨重：死亡8,000人，受伤40,000人，被俘或失踪21,000人，还损失了733辆（门）坦克和反坦克炮。但是美军能够补充他们的损失，而德军办不到，他们已经把最后的招数都使出来了。

　　或许希特勒已经明白了整个战争的结局。

　　他所能够做的，不过是在柏林作最后的垂死挣扎。

第2章
CHAPTER TWO

处处被挤压的德军

★白俄罗斯第2和第3方面军在东普鲁士合围了德军北方集团军群的主力。并在4月荡平了它的残部。白俄罗斯第2方面军在但泽东南地区以及格丁尼亚地域彻底击溃了德军维斯瓦集团军群的残部。

★苏军在对德作战中首当其冲，发挥着重要作用。其兵力和装备也远胜于盟军。况且，苏军占据着有利地形，已经前进到奥得河－尼斯河一带，距离柏林仅仅60公里。为了粉碎希特勒的阴谋，彻底消灭德军，迫使德国法西斯无条件投降，苏军决定以自己的力量攻克柏林。

No.1 形势的逆转

1944年下半年到1945年初，苏军在东线，英法美在西线的胜利进军，使军事斗争的主战场已经渐渐转移到德国本土。希特勒已经受到东西两面的夹击，在战略上陷入艰难处境中。

1945年1月到3月，苏军先后粉碎了东普鲁士、波兰、西里西亚、东波美拉尼亚和匈牙利的法西斯军队及其重兵集团，到4月1日，已经推进到德国腹地。

冬季进攻战役的顺利实施，使白俄罗斯第1方面军和乌克兰第1方面军粉碎了德A集团军群，进而深入到德国东部。白俄罗斯第1方面军各部队推进到波罗的海沿岸到尼斯河入口处的拉茨多夫之间的奥得河一带，并且在河的西岸占领了几处登陆场。乌克兰第1方面军各部队也推进到拉茨多夫到彭齐希之间的尼斯河一带，其左翼已经到达捷克斯洛伐克边界的拉蒂博尔地区。

乌克兰第2、3、4方面军也于3月下旬重新发起进攻，击败了德军的南方集团军群。

南斯拉夫军队在苏军的直接帮助下，也同德军的E集团军群继续进行战斗。

列宁格勒方面军和波罗的海第2方面军继续封锁着图库姆斯、利巴瓦地域的库尔良季亚集团军群。

白俄罗斯第2和第3方面军在东普鲁士合围了德军北方集团军群的主力。并在4月荡平了它的残部。白俄罗斯第2方面军在但泽东南地区以及格丁尼亚地域彻底击溃了德军维斯瓦集团军群的残部。

1945年初，西欧战区的战略态势也迅速向着有利于盟军的方向扭转。盟军借助苏军冬季攻势的胜利和德军第6坦克集团军和其他许多兵团西线东调的机会，于3月下旬重新发动对德军的急攻，在波恩至曼海姆一带渡过了莱茵河，并于4月1日之前挺进到布雷达、波恩、卡赛尔、曼海姆和米卢兹一线，合围了德军的鲁尔集团。

在意大利前线，法第1集团军占领了法意边界的赛扎、尼察一带，美第5集团军和英第8集团军也在佛罗伦萨以北一线与德军交战。

在英美政府的催促下，英美联军统帅部也改变了过去那种慢吞吞的行动计划，准备发起新的进攻，迅速向东方挺进。3月23日，英美联军转入反攻，一路没有遇到顽强的抵抗。当德军的鲁尔集团被合围以后，其西部战线实际上已经彻底崩溃。至此，盟军继续向汉堡、莱比锡、布拉格方向推进，苏军和英美联军之间的距离已经缩小到150~200公里。

此时此刻，希特勒统治下的法西斯德国，其军事政治形势也是显而易见的，他发动的大规模侵略战争败局已定，曾经希望统治世界的希特勒主义正在走向最后的灭亡。

在军事上，德国的军事力量与过去相比已经大大衰退。到1945年4月，德国武装力量的总数尽管还剩下263个师，14个旅，82个师级战斗群、残缺师、残缺旅、战斗群，总共相当于325个师，此外还有11个预备师，但是其战斗力已经大大丧失。

在这种情况下，德国的政治军事首脑仍然拒绝投降，他们有自己的政治意图和战略计划。

希特勒的战略意图实质是不惜任何代价，坚决守住东线，制止苏军进攻，避免无条件投

降。德军最高统帅部预料到苏军要向柏林方面实施主要突击，于是在这个方向上集中了大量的兵力和武器，并企图阻止德军继续向西进攻。德军在波美拉尼亚和匈牙利组织了两次强大的反突击，但是均以彻底失败告终。

从经济上讲，德国的经济形势此时也在急剧恶化。

军事上的失利和经济上的恶化导致了希特勒的内外交困。

首先，国内矛盾更加尖锐地暴露了出来。多年战争给德国带来了巨大的灾难，面包和食糖大量短缺，城市居民每周只配给1,700克面包和少许食糖。空中不断有飞机轰炸，许多城市都变成了废墟，到处都是断壁残垣。人们要么居住在地下室之内，要么到处流窜，几乎没有安身立命之处。整个德国就像是一个乱糟糟的蚂蚁窝。人们早已厌恶了希特勒的战争政策，都希望德国战争机器早日关闭，结束这场丑陋的恶梦。

同时，法西斯集团内部也出现了裂痕。军方一些高级将领见到大势已去，都想要将希特勒抛弃，另外寻找出路。

从外交上看，德军面对东面苏军强大的进攻和西线英美盟军的巨大压力，像退潮的海水一般迅疾地溃退下来。常言说得好："树倒猢狲散。"此时此刻，败局已定。过去追随德意志的一些仆从国，如芬兰、罗马尼亚、保加利亚、匈牙利等眼看德国大势已去，便纷纷退出战争，保加利亚和罗马尼亚还迅速掉转枪口，对德军反戈一击。

1945年2月以后，原先保持中立和站在非交战国地位的许多国家，也急忙向德国宣战，土耳其、埃及、叙利亚、瑞典以及刚刚退出战争不久的芬兰，也都相继加入反对法西斯德国的行列。

No.2 谁来占领柏林

柏林在战略上占据着极为重要的地位，它不仅是德意志的历史名城，也是希特勒帝国的政治、经济、文化和军事指挥中心。它更是德国这部战争机器的关键部位，决定着这一战争机器的运转。要彻底打败德国，必须尽早攻克柏林。

由此可见，进攻柏林，摧毁法西斯德国这一巢穴，具有十分重大的意义。攻克柏林已经是箭在弦上，不得不发。

奥得河－尼斯河东岸，挥师西进的苏联军队已经占领了德国的波美拉尼亚、勃兰登堡和西西里亚等省份。苏军距柏林仅仅有60公里！

莱茵河以东，乘胜追击的盟军已经在鲁尔地区围歼了德军B集团军群的主力，正向德军腹地进攻。

法西斯德国败局已定。攻克柏林指日可待。

那么，谁来占领柏林呢？

围歼德军B集团军群主力以后，西线德军已经基本崩溃。盟军的下一步行动是向德国纵

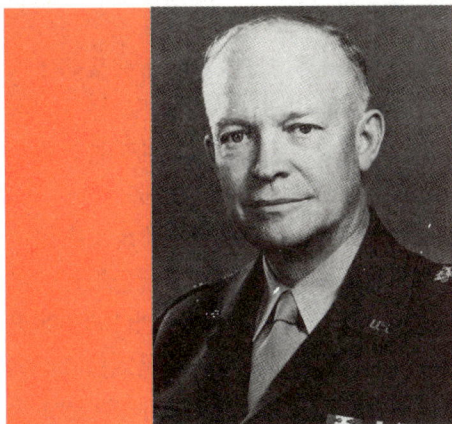

深方向推进。在是否把柏林作为进攻的主要目标上，英美两国产生了严重的战略分歧。

岌岌可危的德国政府面临苏军和盟军的严重威胁，仍在作最后的挣扎，希特勒政府准备撤出柏林，向南后退，企图到东南部山区集结力量，负隅顽抗，把战争拖延下去。德国的这一个意图被盟军情报人员所掌握。为了尽早结束战争，盟军必须尽早与苏军在易北河会合，切断德国人的南撤之路，把德国分成南北两大区域，破坏他们的互相联系，粉碎拖延战争的企图。

盟军最高统帅艾森豪威尔根据情报，决定把第21集团军群的美军第9集团军从蒙哥马利的指挥中抽调出来，重归第12集团军群司令布莱德雷指挥。根据他的计划，第12集团军群从左翼向不来梅和汉堡方向突击，占领海港要塞，保障后勤供应，切断境外德军与本土的联系，促使其早日投降。第6集团军群从右翼向德国南部和奥地利方向突击，防止德军建立山区根据地，拖延战争。

艾森豪威尔在计划中没有把柏林作为主要目标。然而，英国首相丘吉尔的打算却不一样，他一心想让蒙哥马利的部队捷足先登，攻克柏林，为大英帝国增光添彩。蒙哥马利也真有这个打算，因此，艾森豪威尔的计划遭到了英国的强烈反对。

蒙哥马利指责艾森豪威尔从他指挥的部队中抽调了美军第9集团军，削弱了他的进攻力量。蒙哥马利找到英军参谋长诉苦，参谋长便去找丘吉尔抱怨。丘吉尔同意部下的意见，批评艾森豪威尔的计划排除了英军攻克柏林的可能性，等于是把柏林拱手让给苏联。如此一来，苏军就会把功劳据为己有，不利于战后政治问题的处理；所以，盟军不应该停留在易北河，而应该抢在苏联人之前攻克柏林。

艾森豪威尔的计划却受到了美军的欢迎。

就在英国方面向华盛顿提出抗议之后，马歇尔却明确告诉艾森豪威尔，支持他作出的一切决定。

1945年2月在克里米亚召开的雅尔塔会议，是在德国战败前，英、美、苏首脑举行的一次安排战后世界的重要会议，会议的中心议题是分割德国，而分割德国的第一步是划分三国的占领区。

当雅尔塔会议作出决定之后，盟军命中注定要放弃攻占柏林。艾森豪威尔在战略上几乎没有什么回旋的余地。因为，这是一个不可侵犯的分界线。再说，既然确定了三国分区占领，那么由谁先来攻占的问题就变成次要的了。攻占柏林不再是英美优先考虑的事情，除非柏林的战略地位突然得到了提升，或者英美铁了心要把苏联势力排挤出德国中部。

而具体军事形势和因素也不利于盟军而有利于苏军。盟军缺乏攻占柏林的现实条件。即使德军不进行抵抗，盟军的兵力也不足，辛普森率领的美国军队虽然离柏林已经很近，但美军总数才50,000人，并且炮兵很弱。而据盟军将领估计，拿下柏林最少要付出100,000士兵的生命，对于仅仅一个标志来说，这个代价太高了。此外，盟军的后勤也不足以保障部队的进攻。与此相对，苏军的准备充分得多，他们离柏林更近，并且是大兵压境。如果盟军抢攻，只能刺激苏联加快进攻节奏，先于盟军之前占领柏林。这样盟军仍然是徒劳无益。

在波诡云谲、错综复杂的二战中，苏德战争是其中一个极为重要的组成部分。血与火之中的恩怨，攻守强弱的转换，为我们理解苏联占领柏林有着很好的背景作用。

1940年夏，德国征服北欧、西欧诸国后，即着手制订入侵苏联的战略计划，进行侵苏的准备工作；1941年春，侵占巴尔干半岛后，开始在东欧集结兵力，加紧完成对苏作战部署。德国对苏作战计划"巴巴罗萨"方案确定其战略企图是：集中优势兵力沿三个战略方向实施闪电式进攻，把苏军主力消灭在苏联西部地区，使用空军摧毁乌拉尔工业区，最终击败苏联。

1941年6月22日拂晓，德国撕毁《苏德互不侵犯条约》，突然进攻苏联。准备不足的苏联刚开始节节败退。

渐渐稳下阵脚后，苏军开始积蓄力量，伺机反攻。

1943年2月2日，苏军围歼了进攻斯大林格勒的德军主力。苏军取得斯大林格勒会战的胜利，从根本上扭转了苏德战场的局势。

1943年夏秋战局以苏军主动进行的库尔斯克会战开始，双方在普罗霍罗夫卡地域进行了第二次世界大战中规模最大的坦克战，并以苏军的获胜告终。从此，苏军完全掌握战略主动权，德军彻底丧失战略进攻能力，全线转入防御。

1945年的东线，德军已被赶出苏联国土，主要战场转移到东普鲁士、波兰和捷克、匈牙利境内。为了配合盟军在西线阿登地区粉碎德军的反扑，苏军从1月中旬起在北起波罗的海、南至多瑙河的广阔战线上发起进攻，并连续进行维斯瓦河－奥得河战役、东普鲁士战役、东波美拉尼亚战役等战略性进攻战役，一步步逼近柏林城。

攻守易势，强弱转换，德军已经不是苏联人的对手。

苏联人始终把柏林作为自己的最高战利品。

苏军在对德作战中首当其冲，发挥着重要作用。其兵力和装备也远胜于盟军。况且，苏军占据着有利地形，已经前进到奥得河－尼斯河一带，距离柏林仅仅60公里。为了粉碎希特勒的阴谋，彻底消灭德军，迫使德国法西斯无条件投降，苏军决定以自己的力量攻克柏林。

1945年3月，艾森豪威尔与苏联最高统帅部建立了直接联系。攻克柏林，非苏军莫属。

第3章
CHAPTER THREE

势如破竹的
东线战场

★为了给德军造成错觉，苏军还设置了大量的假目标。仅仅在白俄罗斯第2方面军第2突击集团的地带内，就放置了坦克模型350个，火炮模型500个，致使德军误认为苏军将在什切青地区发动主要突击。

★德军统帅部充分利用了有利的地形条件，强迫当地居民、战俘和外国工人构筑工事，建成了纵深梯次配置的强大防御体系。这一防御体系包括奥得河－尼斯河防御地区和柏林建筑地域。

217

No.1 厉兵秣马

苏军确定会首先攻克柏林。

按照斯大林的设想，柏林战役将由朱可夫元帅的白俄罗斯第1方面军、科涅夫元帅的乌克兰第1方面军和罗科索夫斯基元帅的白俄罗斯第2方面军共同实施。但是由于当时白俄罗斯第2方面军正在但泽东南和格丁尼亚以北地域的德军进行紧张的战斗，必须晚几日才能投入柏林方向的作战，所以斯大林没有让罗科索夫斯基元帅参加这个作战会议和计划研究。

按照苏军原先的设想，攻克柏林的战役要推后一段时间进行。现在出现了意外情况，战役发起比原来提前了，因此战役准备的时间十分有限。

为了落实斯大林的指示，朱可夫、科涅夫带着他们的参谋班子夜以继日，用了一个昼夜多的时间，分别拿出了自己部队关于柏林战役的基本构想。

根据斯大林最后批准的计划，苏军柏林战役的总企图是，在短时间内消灭德军维斯瓦集团军群和中央集团军群主力，攻占德国首都，前出至易北河与盟军会师，迫使法西斯德国无条件投降。

苏军最高统帅部大本营计划以3个方面军的强大兵力，在6个地段突破德军在奥得河和尼斯河的防线，合围、分割并歼灭德军柏林集团主力，同时前出到易北河地区。方面军战役纵深计划为130～165公里，每昼夜平均进攻8～14公里。3个方面军的基本态势是：白俄罗斯第1方面军居中，乌克兰第1方面军在左，白俄罗斯第2方面军在右。

苏军最高统帅部按照上述企图给参加柏林战役的主力3个方面军分别下达了具体的作战任务。

白俄罗斯第1方面军司令员是苏联元帅朱可夫，军事委员是捷列金中将，参谋长是马利宁上将。该方面军的战役总企图是对从东面掩护柏林的德军集团实施强大的突击，从北面和南面迂回柏林，向柏林展开进攻，尔后推进到易北河。方面军司令员决定使用4个合成集团军和2个坦克集团军的兵力从屈斯特林登陆场实施主要突击，粉碎从东面掩护柏林方向的德军集团，占领德国首都柏林。

乌克兰第1方面军司令员是苏联元帅科涅夫，军事委员是科赖纽科夫中将，参谋长是彼得罗夫大将。该方面军的战役总目的是粉碎特布斯和柏林以南地域内的德军集团，尔后挺进到贝利茨、维滕堡、易北河地区。其主要突击集团的任务是在进攻的第二天结束之前突破福斯特、穆斯考地带上的德军防御，推进到斯普里河。

白俄罗斯第2方面军司令员是苏联元帅罗科索夫斯基，军事委员是苏博京中将，参谋长是博戈柳博夫上将。该方面军的战役企图是用其左翼的3个合成集团军、3个坦克军、1个机械化军和1个骑兵军的兵力在什切青、施韦特地段实施主要突击，尔后向诺伊施特累利茨方向进攻。

由苏军顶尖智囊人物谋划的这个作战方案，准备采取合围、分割、各个歼灭的战术消灭德军柏林集团。合围德军主力的任务由从西北包围柏林的白俄罗斯第1方面军和从西南迂回柏林的乌克兰第1方面军共同承担。分割被围之敌的任务，则由从柏林西面和南面实施辅助攻击的白俄罗斯第1方面军的两个集团军承担。在柏林以北和在德累斯顿方向进攻的军队则应该保障白俄罗斯第1方面军和乌克兰第1方面军的主要突击集团。白俄罗斯第2方面军将切断德军第3坦克集团军同中央集团军之间的联系，并歼灭这个坦克集团军，从北方确保白俄罗斯第1方面军的进攻。

4月2日到6日，苏军最高统帅部大本营给参加柏林战役的各方面军下达了训令。于是各个方面军便根据自己的任务着手进行战役的直接准备。

作战任务确定之后，执行任务的苏军将领们都认识到，这将是一场前所未有的硬仗。

于是，无数载有炮兵、迫击炮兵和坦克部队的列车，滚滚开向柏林方向。从表面上看，这些全是民用列车、平板车，运的是木材和干草。然而，一旦列车达到车站，撤去伪装之后，就有坦克、火炮、牵引车开下平板车，并立即驶入掩护工事。空的列车向东驶去，而越

↓ 时任白俄罗斯第1方面军司令员的朱可夫元帅。

↑ 时任白俄罗斯第2方面军司令员的罗科索夫斯基元帅。

来越多的装有技术兵器的新的列车又源源不断地开来。就这样，苏军补充了大量的重型炮火、迫击炮和火炮牵引车。

3月29日，当波美拉尼亚最后的炮火停熄后，苏军炮兵和坦克部队遵守着严格的伪装规定，开始向南调动。奥得河东岸所有的大小森林里都驻满了军队，柏林方向集中了数万门各种口径的火炮和迫击炮。

白天，奥得河登陆场往往荒无人迹，但是一到了夜晚就活跃起来，成千上万的人在用铁铲、铁棒、十字镐掘地。而一到了清晨，却看不到这一巨大作业的蛛丝马迹。一切都做了伪装，公路上空空如也。一到夜间，坦克，炮兵以及装载弹药、燃料和粮食的车辆便行驶在道路和田野上。但是，这些车辆全都是熄灯驾驶，并且尽量减小发动机的轰鸣声。一到早晨，甚至连坦克履带的痕迹都被工兵清除了。

为了给德军造成错觉，苏军还设置了大量的假目标。仅仅在白俄罗斯第2方面军第2突击集团的地带内，就放置了坦克模型350个，火炮模型500个，致使德军误认为苏军将在什切青地区发动主要突击。

在战役准备过程中，各方面军都进行了大规模的变更部署，进行了周密的侦察，出动侦察机对柏林以及德军的3道防线进行了6次空中照相。在进攻出发地域修建了大量的工程建筑，仅在奥得河就架设了通向登陆场的桥梁多达25座。

对柏林战役所进行的整个准备工作，就其规模和紧张程度来说，是前所未有的。在白俄罗斯第1方面军比较狭窄的地段上，短时间内就集中了83个步兵师、1,155辆坦克和自行火炮、1.4628万门火炮和迫击炮，以及1,531门火箭炮。

苏军各方面军司令员都集中了兵力武器，组建了强大的突击集团，形成了很高的战役密度和对敌的绝对优势。为了突破德军强大的防御，各方面军都建立了纵深的战役布势。

万事俱备，只欠东风。

德军统帅部为了准备柏林决战，于4月上旬重新调整了军队部署，特别注重在奥得河和尼斯河西岸构筑坚强的纵深防御工事。德军在奥得河和柏林之间建立了绵密的防御体系，包括柏林防御区在内，整个纵深达到100余公里。

奥得河以及尼斯河的西岸地带极利于组织坚固的防御，而敌人所有的防御地带通常都通过许多河流、湖泊、沼泽、高地和密林。在这些地方，存在许许多多与都市规模一样的居民点以及坚固的石头建筑。而德军把每一个这样的居民点都变成了坚强的支撑点。

为了掩护自己的防御阵地，德军建立了广大的防坦克和防步兵障碍，如铁丝网、地雷等。德军还利用空军来加强防御地界的掩护，并从柏林防空区调来了大量的空军。

德军还企图利用奥得河各水闸以及多数运河春季泛滥时期还没有过去的机会来防御苏军，并且事实上苏军占领的许多地区也的确被水淹得差不多了。

在奥得河防御地带的防御体系内，德军极为关注泽劳弗高地的防御，因为这个高地可以用来有效地防御柏林东面的接近地。泽劳弗高地和泽劳弗城是靠近柏林的最坚强的支撑点。这一高地位于奥得河旧河床的西岸，比河床高40余米。高地坡度为30～40度，它既能使德军在很远的距离内看见苏军的配备纵深，又能牵制整个奥得河水域的泛滥。因此，德军统帅部早在1月份就开始准备奥得河以及尼斯河防御地界的构筑，并忙于着手建筑柏林的防御区。

德军统帅部为了准备决战，不仅竭力在柏林战略方向上增加军队的防御数量，而且还竭力提高德国官兵的士气。

No.2 把黑夜点亮的战斗

对柏林的最后进攻就要开始了。1945年4月15日莫斯科时间早晨5时，柏林时间早晨3时。朱可夫手表上的指针即将指向这一时刻……

刹那间，上万门火炮、迫击炮和"喀秋莎"火箭炮射击的火光，把整个大地照得如同白昼一般。紧接着响起了火炮发射以及炮弹、迫击炮弹和航空炸弹爆炸的震天动地的隆隆声。在空中，轰炸机不间断的轰隆声也越来越大。

苏军利用黑夜尚未过去之际，动用了4万门火炮和迫击炮一起朝奥得河左岸发出怒吼，高达1,000多度电光的探照灯同时射向沿河战场，把敌方阵地照得一片雪亮，使德军感到眼花缭乱。

巨大的攻城榴弹炮密集地发射着，飞向了遥远的德军后方，摧毁了德军的钢筋水泥工事，扫平了德军的掩体，压倒了德军的炮火阵地，把一切障碍物高高地抛向空中。

在炮击的霹雳声中，时常可以听到苏制"喀秋莎"火箭炮那特殊的持久不断的射击声。天空闪耀着各种颜色的线条，绿色的、蓝色的、黄色的、淡紫色的。顿时又隐没在黑暗中，而随之传来的是德军那边的震耳欲聋的爆炸声。

到黎明时候，苏军已经攻克了德军第1阵地，开始向德军第2阵地发起冲击。

希特勒军队完全被埋葬在一片炮火和钢铁的海洋之中。掀起的烟尘在空中形成一道厚厚的烟墙，有的地方甚至探照灯的强烈光芒也照射不透。

苏军的航空兵一大批一大批地从战地上空飞过，数百架轰炸机突击了苏军炮火射程够不到的远程目标。在交战的头一个昼夜里，苏军出动的轰炸机达到6,550架次。

德军虽然在柏林地域有大量飞机，但是在夜间却无法有效地使用它们，而天亮以后各个冲击梯队已经冲至离德军非常近的距离内，以致德军飞行员要轰炸苏军的先头部队，就有击中自己部队的危险。

第一天，苏军原计划发射炮弹119.7万发，实际上发射了123.6万发。2,450车皮的炮弹，即差不多9.8万吨钢铁，落到了德军头上，纵深达到8公里内的德军都被消灭或者受到压制。

通常情况下，苏军只是在清晨拂晓之际实施炮火准备，然后白昼发动进攻。这一点早已成了苏军进攻作战的惯例，并且德军对此也已经习以为常了。

但是这一次却极不一样，白俄罗斯第1方面军提前了行动时间，利用黎明前的黑暗发动了进攻，在黑暗条件下发动进攻可以达到进攻的突然性。白俄罗斯第1方面军

司令员朱可夫可是煞费苦心，以此作为突破敌人防御的作战方案。

该方面军在发起总攻的前两天，实施了战斗侦察，以查明德军集团的火力配置，确定德军防线的薄弱环节。莫斯科时间4月16日，苏军空军第18集团军在40分钟之内出动745架飞机轰炸了指定的目标，其密度之高，平均每分钟飞越目标上空的飞机多达18架。紧接着，第47集团军的步兵投入了战斗，战斗进行得非常惨烈，该集团军各部粉碎了敌人的反抗，击退了德军第606特种师的多次反冲击，并于当天向前推进了4～6公里，占领了德军防御纵深内许多重要的防御支撑点。

经过一天的战斗，苏军共俘获德军第606特种师约300名官兵，其中多数俘虏均承认苏军4月16日拂晓之前发起的进攻出乎他们的意料之外。

苏第3集团军经过一天的激战，也取得重大进展，突破了敌人的主要防御地带，其右翼挺进8公里，抵进了德军中间的防御地带。在战斗中，该集团军生俘德军约有900人。

苏军第5集团军在36部探照灯的照射下也转入了进攻，其获得的最大战果是实施中路进攻的步兵32军。该军各部挺进8公里，在当日已经前出到古奥得河右岸，逼近了德军第二防御地带。其步兵第9军进行左翼进攻，在日终前，也向前挺进了6公里。而负责右翼进攻的步兵第26军粉碎了敌人的顽强抵抗，同样向前挺进了6公里。

在争夺维尔比西火车站的战斗中，苏军英勇冲杀，一举攻占。在火车站地域内的一所房屋中，一群希特勒分子当时正在准备反冲击；苏军一名指挥员以及一名冲锋枪手隐蔽地接近该房屋，迅速向房内投入3枚手榴弹，逼得屋内惊慌失措的德军四散逃窜，但又被冲锋枪射手的子弹打倒在地。

总之，在进攻的第一天，苏第5集团军粉碎了敌人的顽强抵抗，向前推进了6～8公里，他们突破了德军主要防御地带的所有3道阵地，共俘获德军官兵400余人。

此外，白俄罗斯方面军近卫坦克第1集团军、第2集团军以及方面军第60、61、33、69、47集团军等都同时向德军发起了强有力的进攻，歼灭和俘虏了大量敌人。

为了使白俄罗斯第1方面军加速进攻，斯大林向乌克兰第1方面军司令员发出指示：你部立即对德军柏林集团实施合围机动，使用各坦克集团军从南面突击柏林。4月17日，白俄罗斯第1方面军司令员要求各集团军司令加快进攻速度，以免战斗发展迟缓而使军队在攻克柏林之前招致过多过早的消耗。

防守奥得河设防地区的德军第9集团军各师在4月16日和17日两天的战斗中兵员损失达到80%，并损失了几乎所有武器，德军因而变得一蹶不振。鉴于这种情况，德国统帅部于4月18日从柏林城防队中调出希特勒"青年军"坦克歼击旅和"多拉"坦克歼击旅，从坦克第3军中调出"荷兰"摩托化第23师，组成了新的预备队投入战斗，此外，德军还从柏林各独立营、队、军校中抽调人员投入战斗。

希特勒军队不惜一切代价竭力阻止苏军进攻。他们对有不愿打仗嫌疑的士兵实行残酷镇压，有的甚至被随意枪毙。但是，无论是希特勒军队的拼命顽抗，还是惨无人道的措施，都无法阻挡苏军的猛烈攻击。

No.3 徒劳的防御

1945年初，德军在华沙至柏林方向连遭失败，被迫退守奥得河－尼斯河防线以后，德军统帅部便考虑到苏军将很快进攻柏林。为了阻止苏军进攻柏林，从2月起便采取措施着手进行坚守柏林的准备。

德军的防御企图是：首先顽强地扼守住奥得河－尼斯河西岸地区，在数百公里宽大正面上和数十公里纵深内阻止苏军前进。如果一旦沿河防御被突破，则以柏林以及周围地形为依托，阻止苏军突入柏林，从而赢得时间，以达到拖延战争的目的。因此，苏军不得不在一个广大的地域与德军作战。这一作战地域，东起奥得河－尼斯河，西至易北河，南起苏台德山，北至波罗的海沿岸，中央是柏林。

奥得河是一条大河，发源于捷克斯洛伐克境内，从南向北蜿蜒700多公里，全河道都可以通航，是重要的交通动脉。

中游从奥博莱市到科斯钦的河面宽100～225米不等，深2米有余。下游，由于有诺特奇河和瓦尔塔河注入奥得河，河面宽度加大到300米，平均水深3米。春汛时候，水深达到8米。

奥得河在历史上就是从东方通向柏林的门户，而现在，它却成了德军防御苏军的坚强堡垒。

德军统帅部充分利用了有利的地形条件，强迫当地居民、战俘和外国工人构筑工事，建成了纵深梯次配置的强大防御体系。这一防御体系包括奥得河－尼斯河防御地区和柏林建筑地域。

奥得河－尼斯河防御地区是在奥得河和尼斯河以西构建的，正面宽400公里，全纵深约20到40公里，德军将领认为，柏林会战将决定于奥得河的战斗，因此，该防御地区构筑了梯次配置的3道防御地带，工事十分坚固。

主要防御地带，即第一防御地带，是沿沃林湖东岸和奥得河、尼斯河西岸一线构筑的，纵深5到10公里，有2到3道阵地，每一个阵地由1到2道绵亘的堑壕组成，前沿设有许多地雷场、铁丝网以及其他障碍物。在主要地带上的布雷密度达到每公里正面2,000颗。

第二防御带距离主要防御地带前沿10到20公里，纵深1到5公里，由1到3道堑壕和大量的支撑点组成。泽劳弗城和防御工事最坚固的泽劳弗高地组成了第二道防御地带的最强抵抗枢纽，支撑点内集中了大量炮火，高地前沿设有3米深、3.5米宽的防坦克壕和其他工程障碍，这个抵抗枢纽部支持着整个柏林城的防御体系，对防守柏林起着关键作用。

第三道防御地带距离主要防御地带和柏林市20到40公里，由大量居民地和1至2道堑壕构成。战役开始时候，该防御工事内的工事构筑尚未完成。

柏林筑垒地域从1945年初开始构筑，它完全是充分利用柏林市周围的河川、湖泊、森林以及市郊和市区的铁路与各种建筑构筑而成。该建筑地域包括3道环形防御围廊，即远郊防御围廊、近郊防御围廊和市区防御围廊。

远郊防御围廊距离市中心25到40公里，以居民地为基础，兼以运河、湖泊等天然屏障构成，部分防线与奥得河防御地区第三防御地带重合。在主要地段上挖了堑壕，通往市区的主要道路修筑了街垒，多数桥梁已经被炸毁。

近郊防御围廊是沿着柏林城郊构筑的，距离市中心10到15公里，纵深6公里，是柏林筑垒地域中最主要的防御围廊。它以郊区市镇组成坚固的抵抗枢纽部，每个枢纽部构筑3道堑壕，并挖有许多防坦克崖壁和壕沟，工厂区修筑许多永备火力点，工事坚固，是德军保卫柏林的主要依托。

↓德军动员普通民众加入到挖战壕的队伍中来。

市区防御围廓沿环城铁路构筑而成，城内以各个街区、各个大的建筑群组成抵抗枢纽部，并且以坚固建筑物构成连、排支撑点。在通往市中心的街道上筑有街垒，十字路口和广场上配置了火炮，埋伏了坦克，整个市区修筑了400多个钢筋混凝土工事。

德军统帅部不仅在柏林防线上构筑了许多道防御地带，而且还以重兵集团据守。防御柏林的德军有48个步兵师、9个摩托化师、6个坦克师以及其他一些部队和兵员，总兵力约有100万人，拥有火炮和迫击炮10,400门，坦克和强击火炮1,500辆，作战飞机3,300架，使防御兵力武器密度达到每9公里正面一个师，每公里正面有火炮和迫击炮17门，在屈斯特林到柏林方向上，防御密度最大，每3公里正面一个师，每公里正面有火炮和迫击炮66门，坦克17辆。

最初，遭到苏军强大火力攻击的德军，只是进行了瞬间的抵抗，随即便受到苏军火力的强烈压制。德军炮兵连一发炮弹也没有发射，其防御火力配系就已经被打乱了。希特勒军队被埋葬在一片火海之中，其第一阵地内的兵力损失达到30～70%，已经不可能进行有力的抵抗，只得慌忙撤退到第二阵地，以泽劳弗高地为据点进行坚守。

德军在泽劳弗高地用炮兵和迫击炮进行抵抗，而且德军的轰炸机群也开始突击进攻的苏军。

当苏军接近泽劳弗高地的时候，德军的抵抗也更加激烈。泽劳弗高地是一道良好的天然屏障，它高居四周地势之上，并且坡面陡峭，在各方面都成为柏林进攻途中的严重障碍。它犹如一面厚墙挡在苏军的前面。

对于德军来说，守住这一防线的意义特别重大，因为它的后面就是柏林。希特勒的宣传机关千方百计地强调泽劳弗高地具有决定性的意义，吹嘘它是不可战胜的。甚至把它称为"柏林之锁"和"无法攻克的堡垒"。正是在这儿，在泽劳弗高地的脚下，德军集中了最大量的兵力和武器，决心将它变成苏军通向柏林的"死亡之地"。

泽劳弗高地不仅限制了苏军坦克的行动，对苏军炮兵也是个重大的障碍，它遮盖着苏军的防御纵深，使得苏军无法从己方阵地上观察德军纵深。

过去，德军总是把防御力量部署在第一防御区域内，而在第二、第三防御地带只是构筑工事，通常不派兵占领。特别值得注意的是，德军只是把坦克预备队和机械化师配置在浅近后方准备实施反冲击，而不占领防御区域。此时，德军鉴于过去防守失败的经验教训，改变了某些防御部署原则，采取了与过去极不相同的部署方法。他们以少量部队来占领第一防御地带，而把大量的步兵、坦克和炮兵配置在第二第三防御地带内，并掌握强大预备队。下午1时，朱可夫了解到了这种情况，并且得知德军在防御上还基本是完整的。倘若苏军仍然采用原来冲击和进攻时候的那种战斗队形，要攻克泽劳弗高地是不可能的。

为了加强冲击部队的突击力并确保突破泽劳弗高地，朱可夫和各集团军司令员商量了以后，决定再把卡图可夫将军和鲍格丹诺夫将军的两个坦克集团军投入交战。

但是，当天剩下的时间组织的几次进攻仍然没有效果。两个坦克突击集团投入交战以后，苏军的作战地域内变得十分拥挤，步兵和坦克的战斗队形互相错乱。由于地形限制，冲击的时候不能投入众多兵力，因而冲击力不够，但是遭到杀伤的程度却很大。尤其是德军顽强扼守每一个地区，每一个战壕，每一个散兵坑，苏军不得不逐个争夺。德军知道高地正面遭受炮火袭击，因而，在高地的背面，修建了许多火力点，并且隐蔽得相当巧妙。当苏军好不容易登上高地，准备向纵深扩大战果的时候，这些隐蔽的火力点便枪炮齐发，从背后消灭一心向前冲的苏军。就这样，反复冲击了几次，苏军都被迫撤回到出发阵地，形势严峻了。

4月17日凌晨，白俄罗斯第1方面军在30分钟的炮火准备后在多个地段上发起了进攻，随后，苏军将大部分炮火用于直接瞄准射击，增加对德军兵力武器压制的效果。

为了阻止苏军的进攻，德军从预备部队中抽调了四个师加入战斗，对高地的争夺更加激烈。

苏军近卫第8集团军与近卫坦克第1集团军各部队密切协同，于当日中午攻占了泽劳弗高地。共青团员罗达连科高喊着"斯大林格勒的战士们到了"，第一个冲上敌军阵地，命令德军投降。近卫军中士卡特阔夫把红旗插在了高地上。

高地上一片激战的痕迹：德军被烧毁的坦克，被炸毁的火炮，密集的弹坑，遍地的尸体……

4月21日，白俄罗斯第1方面军完全攻克了奥得河防线，突破了德军的第1、2、3防御地带和东北部的外层环行防线。

从4月16日到21日，白俄罗斯第1方面军经过顽强的战斗，其右翼向西推进了24~52公里，中路达65公里，左翼为14到35公里。每个昼夜的平均推进速度分别为右翼4~8.7公里，中路10.8公里，左翼2.3~5.8公里。

整个战斗是激烈的。交战是在空中和地面包括柏林在内的整个防御纵深内进行的。德国法西斯部队进行顽强抵抗，企图不惜任何代价阻止苏军进入柏林。结果双方在人员和武器装备方面遭受的损失都很大。不过，从苏军取胜的角度而言，在6天的时间里，白俄罗斯第1方面军击退了德军第9集团军主力16个师，其中6个师是在战斗过程中从坦克第3和第4集团军调到该集团军的。德军损失官兵7.8万余人，其中击毙6.5万，俘虏1.3万，损失坦克和自行火炮292辆，飞机566架。

这次进攻是在异常复杂的情况之下进行的。在最困难的几天，方面军进攻的时候右翼是暴露的。苏军需要攻克由德军预先占领的从奥得河起的纵深地带的严密防御，包括坚固设防的柏林在内。此外，每日都要抗击来自德军预备队和柏林城防部队以及兵团的反冲击。突破敌人每道防御地带都要进行炮火准备和航空兵火力准备。好在该方面军空军握有制空权，给发动进攻创造了有利条件。而敌军已经丧失了有效地利用自己的航空兵保护自己部队的战斗队形、后方，特别是奥得河各个渡口的可能性。

从4月16日到21日，该方面军空军第16集团军共出动飞机19,245架次，空军第18集团军共出动飞机1,794架次，空军第4集团军共出动飞机440架次，加起来共21,479架次。

从指挥上讲，该方面军做到了最大程度的集中指挥。方面军司令员每天都要下达命令或者战斗号令，以具体规定各个集团军的战斗任务。朱可夫元帅的指示涉及到改进组织战斗和

军队指挥，夺取敌军大支撑点的方法以及组织指挥和组织后勤等。集团军首长常常不得不干预纯战术性质的问题。如各集团军司令员曾经向部队发出对敌支撑点实施机动的指示，以期避免对他们实施正面突击等。此外，集团军司令员以及集团军司令部每天都要研究和协调与友邻部队以及各个兵种部队之间的协同作战问题，研究其所属兵团的组织指挥和整个部队后勤保障工作等方面的问题。

此外，白俄罗斯第1方面军在柏林方向开始转入进攻以前和在4月16日到21日攻克德军防御地带的过程中，均在部队进行了大量的军队动员工作。该方面军要求正确对待德军被俘官兵，以戳穿德国宣传机器所宣传的"沦为西伯利亚俘虏之悲哀和受到的侮辱"之类的鬼话。所有这一切，都是取得战斗胜利的不可缺少的因素，正是在这种作用下，苏军终于突破奥得河防线，向柏林发起了进攻。

当朱可夫的白俄罗斯第1集团军在泽劳弗高地久攻不下的时候，斯大林给朱可夫打电话说科涅夫的部队进攻比较顺利，可以命令他的两个集团军从南面突击柏林。

在进攻柏林的道路上，出现在苏军面前的另一道防线就是尼斯河。该河的对岸到处都是防御工事，处处布满了地雷，并且拉上了铁丝网。在整个防御线上，还有许多坚固的堡垒，这些堡垒都是由一些古老的城市建筑而成的，如古本、福而斯特、摩斯高等。

↑战后遍地都是德军遗弃和被击毁的武器装备，战场一片狼藉。

 根据苏军最高统帅部的作战计划，突破德军尼斯河防线的任务将由乌克兰第1方面军来完成。在司令员科涅夫元帅的指挥下，该方面军官兵也于4月16日发动了进攻。

 进攻开始之前，该方面军同白俄罗斯第1方面军一样，也命令所属各个部队派出侦察分队进行侦察。

 不过，他们在开始进攻的方式上却与白俄罗斯第1方面军不同。这主要是因为乌克兰第1方面军在维斯瓦河－奥得河战役中未能在尼斯河西岸占领登陆场。因此，在这次发动进攻时，乌克兰第1方面军决心首先强渡尼斯河，进行夺取登陆场的战斗。

 科涅夫认为，渡河的时候绝对不能使用探照灯，因为如果探照灯把间隙地带照亮，那对渡河部队必将不利。恰恰相反，部队官兵需要的是尽可能隐蔽地接近河岸，在夜色掩护下悄悄渡过尼斯河。

 苏军为了成功地实施这次大规模袭击，隐蔽工作的确做得很好。他们把大量的兵力、火炮以及其他装备秘密地集中到岸边的森林里，集中于多沼泽的尼斯河岸。白天，他们静静地藏起来，一到晚上便向河边靠近。谁也不敢吸烟，谁也不敢大声说话。白天，当德军侦察机进行侦察时，看到的只是无边无际的森林。工兵们甚至把坦克履带的痕迹都掩盖了起来。

 4月16日6时15分，乌克兰第1方面军开始实施火力准备。科涅夫来到第13集团军观察所亲自指挥作战。苏军炮弹呼啸着飞过尼斯河，雨点般地落到了德军阵地上。与此同时，该方

面军航空兵也对河对面的德军进行了猛烈的轰炸，德军阵地立即变成了一片火海。

6时55分，乌克兰第1方面军第1梯队各师的加强营开始强渡尼斯河。

7时5分，轰炸机第1梯队出现在战场上空。由于炮弹爆炸和森林起火增强了烟雾浓度，所以不得不把预先准备的航空兵密集突击改为按梯次实施。以18到27架飞机为一个编队，导向目标区，以便更安全地在目标地域上空机动以及更好地搜寻目标。

8时30分，强击航空兵对德军实施了集中突击。

8时40分，第1梯队各师开始在尼斯河西岸发起冲击，引起了德军的激烈抵抗。为了防止苏军突破防御战术地带，和尔后向纵深发展，德军从预备队中调来了第21坦克师和"元首卫队"坦克师的部分兵力，从而使乌克兰第1方面军的进攻速度迟缓。

当军队进攻受阻后，科涅夫决定把第3、第4坦克集团军投入战斗，以加强进攻的突击力量。然而，尽管这样，苏军的进攻仍然遇到相当大的困难，挺进得并不顺利。这样，苏军部队不得不在弹痕累累、雷场密布和到处都是防坦克壕的地段上前进，花费了很多精力去不断地排除各种障碍。

此外，森林沼泽中的大火也常常挡住他们的去路，使他们无法高速向前面推进。由于受到德军的疯狂抵抗，他们甚至每通过一个城镇和村庄都要经过浴血奋战。

因此，乌克兰第1方面军主要突击集团在第一天只是向前推进了8到13公里，未能完成当

日的任务。

在德累斯顿方向上，方面军第52集团军和波兰第2集团军一天之内前进6到10公里，突破了德军较为薄弱的防御地带。

4月17日，乌克兰第1方面军主力突击集团开始对德军第2防御地带实施突破。

由于受到德军的反突击，科涅夫立刻命令近卫坦克第3、第4集团军协同各个合成集团军，以粉碎敌人的反突击，突破德军第2防御地带。

各集团军准确选择了主要突击方向，很快分割了德军防御部署，歼灭了大量敌人。到当日战斗结束前，苏军在15公里正面上突破了德军第2防御地带。并在斯普里堡方向上造成了突破第3防御地带的有利条件。

与此同时，在辅助方向上行动的军队也突破了第2防御地带，正向第3防御地带推进。

德军在第2防御地带的防守战斗中失利以后，妄图在第3后方地带利用斯普里河西岸强大水域这一有利地形进行有组织的抵抗。为达到这个目的，德国法西斯统帅部4月17日下午就开始把部分兵力撤退到第3防御地带。

德军第2防御地带被突破后，他们在两天的战斗中已经损失了科特布斯方向上的主要战役预备队。这给乌克兰第1方面军加速进攻和从行进间一举突破德军第3防御地带创造了有利条件。

然而，要突破第3防御地带，困难仍然是相当大的。因为苏军不得不强渡又一条大河——斯普里河。

德国法西斯统帅部已经在第3防御地带做好了阻击苏军的准备，为了加强这种阻截，德军又继续在该防御地带组织更多的军队进行抵抗，着手从预备役和其他战线调动兵力。德军企图为防守第3防御地带内的主要抵抗枢纽部——科特布斯、施普伦贝格建立最强大的集团。

4月18日，德军向科特布斯到施普伦贝格的第3防御地带调来了1个预备兵团、步兵第275师、1个元首近卫坦克师和党卫军"弗伦斯贝格"坦克第10师。此外，伞降摩托化第2师和步兵第344师也开始到达施普伦贝格以西26公里的曾夫滕贝格地域，步兵第214师也将部分兵力调至了科特布斯地域。同时，德国法西斯统帅部对乌克兰第1方面军突击集团的左翼实施反突击，以阻止苏军的进攻。

同一天，乌克兰方面军开始强渡斯普里河。该方面军第7机械化军和第27步兵军的部队首先渡过河，并在河对岸建立了登陆场，以保障主力部队顺利渡河。到18日战斗结束之前，科特布斯以南已经形成一个统一的登陆场。

4月19日晨，近卫坦克第3、第4集团军和第13合成集团军全部渡过了斯普里河，并在这个登陆场上占领了进攻出发阵地。

在整个战斗中，该方面军炮兵部队的迅速开进和密切配合，减轻了这次战斗的困难，他们的强大火力保证了渡河的成功。

此外，该方面军舟桥和工兵部队也对战斗的顺利进行起到了重大的保障作用。舟桥第126营的舟桥兵们仅用3个小时的时间就架设了一座60吨级的桥梁，工兵部队也在很短的时间内完成了一座30吨级桥梁的架设任务。到4月18日战斗结束之前，该方面军在斯普里河上共架起来4座桥梁。

从4月16日到18日，经过整整3天的紧张战斗，乌克兰第1方面军诸部分别在福斯特至穆斯考35公里的地段，和施泰因巴赫至彭齐希20公里的地带上突破了尼斯河防线，并在这两个方向上向前推进了30公里，平均每个昼夜前进速度为10公里。

在3天的激战中，乌克兰第1方面军共歼灭德军约有14个师，为各坦克集团军迅速向柏林机动，完成突击与合围柏林的任务创造了有利条件。同时也为方面军合围集结在法兰克福－古本地区的德军集团提供了可能性。

4月19日，尼斯河西岸，经过一昼夜的激战，乌克兰第1方面军已经于黎明以前在斯普里河西岸、斯普里堡以东南北一线占领了一个正面10公里、纵深约有5公里的登陆场。

其左翼，著名的一望无际的摩斯大维尔福斯特大森林，被沉沉的炮火笼罩在茫茫的火海之中，数不清的栗树、芳香菩提树、槭树、云杉、松树等不甘死亡地在熊熊的战火中痛苦地呻吟着，给人以难以忍受的沉闷之感。

坦克第1集团军的进攻是于中午开始的。

12时30分，集团军各个部队依据方面军的命令全线向前推进，冲在最前面的是由近卫上校团长伊万·费奥多罗夫维奇·苏霍鲁夫指挥的近卫步兵第82师第242团，他们的主要任务是攻占进攻柏林的必经之地——明赫贝格。

明赫贝格是个小城镇，但是由于其地理位置重要，因而被德军选作支撑点，并且在其正面布设了大量地雷，敷设了许多障碍，构筑了不少防御工事。无论从哪个角度讲，正面进攻都要花费很大的代价，因而，上级赋予近卫步兵第242团任务的时候，特别强调要从侧后入手，卷击敌人。

经过几次勘查和深思熟虑之后，苏霍鲁夫命令以最快的速度沿着从奥得河延伸过来的道路前进，迅速靠近明赫贝格。苏霍鲁夫命令其第3连留下，团主力后撤一段时间后神速地突入明赫贝格以北的森林，尔后以协调一致的冲击，从翼侧和后方突入市内。他命令步兵分散成小组，随同坦克和自行火炮行动，仅用半天的时间就攻下了明赫贝格，最终以微小的代价，完成了上级交给的任务，为方面军主力迅速突入德军纵深作出了突出的贡献。

巴鲁特位于柏林东南面约50公里处，是柏林重要的外围屏障，也是被称为"军队的大脑"的德军总参谋部的大本营——陆军总参谋部——措森的咽喉以及重要依托。由于它具有重要的地理价值，因而被兵家称为通往柏林的门户，守卫柏林的"门闩"。也就是说，拿下了这个要地，就等于拿到了进入柏林的第一把钥匙，打开了通往柏林的第一道大门，开辟了进入柏林的通路。执行攻占巴鲁特地域任务的是米特罗法诺夫少将率领的近卫坦克第6军。

↑正在忙碌架桥的苏联工兵。

经全面分析，米特罗法诺夫决定由近卫坦克第53旅担任主攻，以近卫坦克第52旅作为助攻，在炮火的掩护下，在较短的时间内拿下巴鲁特，进军措森城。

进攻发起前，军长正式向近卫坦克53旅和52旅下达了命令：近卫坦克53旅以3个加强营从东南进攻巴鲁特，在行进间拿下该城，近卫坦克52旅以部分兵力从西南实施迂回进攻，其任务是前出到敌人守备部队的后方，协同坦克第53旅消灭据守该城之敌。

巴鲁特守城德军已经炸毁一切通向城内的桥梁，并且在各条道路上设满了鹿砦，在道路的交叉点上埋上了地雷。陆军大本营命令该城守军，要不惜一切代价，守住该城，为大部队调整部署争取时间。并指示：由于戈尔森失守，原先从柏林派出的准备增援戈尔森方向的预备队全部留在巴鲁特，参加坚守巴鲁特的战斗。

依据总参谋部的命令，巴鲁特守军急令全城居民加强防御，要与小城共存亡。但是还没有等到他们为增援的预备队分配具体的任务，呼啸的炮弹就铺天盖地而来，仅仅几分钟过后，巴鲁特城就成了一片火海。凶猛的炮弹排满了巴鲁特，几乎没有一个角落被遗漏掉。炮弹如同长了眼睛一样，钢筋混凝土防御工事被摧毁了，炮兵阵地被压倒了，一个个防坦克障碍物相继抛向空中，又散落着分向四方。刚才还在紧紧张张进行战斗准备的小城，顷刻间变成了一片废墟，暴露于地面的人员也所剩无几。

必须承认，德军作战是很顽强的。多年来的战争实践，使他们学会了如何对待战争。炮火刚过，他们立即先后爬出了掩蔽部，占领了各自的战斗阵地。但是苏军的冲击速度是他们始料不及的，他们还没有来得及仔细观察周围的情况，强大的冲击队就锐不可当地楔入了他们坚守着的阵地，碾进了他们的战壕。

最先冲入巴鲁特城的是由先尼科夫少校指挥的摩托化冲锋枪营。在一片"乌拉"的喊声中，双方展开了白刃格斗。

伊武什金大尉率领的第一营进来了，他们以迅雷不及掩耳之势攻占了巴鲁特火车站，驱散并消灭了近千名守敌，夺取了完好的坦克8辆，又投入了纵深战斗……

战至13时，巴鲁特守敌已经全部肃清，两个旅又向措森方向展开了进攻……

当太阳昏昏沉沉地落入西方地平线时，乌克兰第1方面军的坦克集团已经前进了45～60公里，前出至多普痕地域和柏林防御远郊围廓的接近地，直接威胁着德军第9集团军的后方。普霍夫的第13集团军已经前进到芬斯太尔渥尔杰地域，坚决隔断了维斯瓦集团军群和中央集团军群的联系，从而将德军战线分割成两个部分：维斯瓦集团军群的左翼被逼向北面，成了苏军各坦克集团军的链下之鬼，中央集团军群的左翼则被逼向南面。近卫第3集团军切断了科特布斯敌兵集团西退之路，近卫第5集团军顽强地攻占了斯普里堡。

全面分析了一天的情况，并认真听取了指挥部人员的意见以后，科涅夫元帅决定让方面军的第2梯队，由鲁钦斯基将军指挥的第28集团军在措森、巴鲁特方向进入战斗，向柏林方向发起进攻，并消灭柏林东南森林中的敌人。

白俄罗斯第1方面军当中，由波格丹诺夫将军指挥的近卫坦克第2集团军，在库兹涅佐夫将军指挥的突击第3集团军的进攻地段上突入了贝尔格地域，突击第3、第5集团军和近卫第8集团军已经突破敌人第4防御地带的防御，正向纵深展开进攻，近卫坦克第一集团军已经前进至卡格尔、菲尔斯滕瓦尔格、艾尼肯多夫地域。

白俄罗斯第2方面军的主力虽然没有向德军发起进攻，但是其第1梯队师的几个团，奉命于4月18～19日强渡了奥得河东支流，在复杂的河滩上占领了河间地，并前出到西支流，为主力的进攻占领了出发位置。同时，该方面军以积极的作战行动在宽大地带内牵制了相当多的正面德军，使其无法向柏林接近地调动兵力，有利地支援了白俄罗斯第1方面军和乌克兰第1方面军的进攻。

到4月20日，参加柏林战役的3个方面军，都已经形成向柏林城区推进的有利态势。德军最高统帅部4月20日的作战日记记载：

"对最高指挥机构来说，德国武装力量悲惨死亡的最后一幕业已开始……一切都是在匆忙之中进行的，已经可以听见俄国坦克在远处开炮……情绪十分沮丧。"

当报告传到苏军最高统帅部大本营的时候，斯大林的脸上出现了近日少有的轻松。他知道尽管进展速度不如他设想的那样神速，但是3个方面军的战役进展十分顺利，德军借作屏障的奥得河已经被他的军队征服，并被毫不留情地抛在了后面。至此，德军防线已经被冲破，其庞大兵力正被包围在柏林东南，他们灭亡的时日已经近在眼前。

第4章
CHAPTER FOUR

趁虚而入的
西线战场

★在杜塞尔多夫大桥以北25公里处河面上还有一座桥，辛普森如果能夺得这座桥，蒙哥马利很可能先于苏军打到柏林，而且希特勒一定会暴跳如雷，因为这座桥的名字就叫"希特勒桥"。

★从莱茵河到易北河标志着西欧战争已经达到高潮，因为凯塞林的防线即将在致命的一击中被撕开，德军将无法恢复元气。很明显，盟军希望在战争的最后阶段造成德军的完全失败。

No.1 生死争夺莱茵河畔

希特勒孤注一掷在阿登地区发动的反击战失败了。

战争的主动权重新回到了盟军手中。

原先因为阿登战役而搁浅的盟军西线进攻计划现在又重新拾了起来。经过反复研究论证，1945年1月中旬，艾森豪威尔把它呈报给盟军最高统帅部会议。

在东线苏军大举进攻、对柏林构成严重威胁以后，希特勒不得不从西线调出7个师去加强对东线的防御。但是西线还是留有59个师的兵力，他们企图依托沿着西部边境线构筑的齐格菲防线和天然屏障莱茵河，阻止盟军向德国本土进攻。

齐格菲防线犹如一道坚硬的外壳，保护着德国的西部边界。防线北起荷兰安平东南，南至瑞士与德国边界，全长约有600公里。防线北段在莱茵河以西，南段在莱茵河以东，防护着鲁尔和萨尔两大工业区。攻克齐格菲防线，即破坏了德国的经济命脉。为了尽快打破这个防御外壳，向德国本土推进，艾森豪威尔把这个总的行动计划分为三个阶段：首先是突破齐格菲防线，肃清莱茵河以西的敌军；第二步强渡莱茵河，并合围鲁尔地区的德军集团；而后发动最后的进攻，进抵易北河与苏军会师。

为此，艾森豪威尔把蒙哥马利指挥的第21集团军群部署在北部下莱茵河地区，并决心在这儿实施主要突击；把布莱德雷指挥的第12集团军群部署在南部萨尔盆地，配合中路军队实施向心突击，歼灭那儿的德军集团。

这是智慧和经验的结晶。

在阿登反攻之前，蒙哥马利就一直在筹划越过莱茵河的作战计划。1月底，冰雪融化，默兹河的水位一天之中就上升了2米，致使洪水泛滥，尽管如此，2月8日早晨5时，越过莱茵河的作战行动准时发动。

上千门火炮持续轰炸了10个小时，900架轰炸机对莱茵城堡进行了猛烈的轰炸，而后，由担任攻击的加拿大第2师开路。这一仗打得很漂亮。2月12日，许多德国官兵一枪未放，集体投降。

由蒙哥马利指挥的第9集团军于3月初首先进抵莱茵河。集团军的指挥官辛普森发现，这里有一条流经莱茵河的运河，通过运河运载人员物资，德军是不易发现的。但是，这个主意被蒙哥马利否定了。

辛普森明白，蒙哥马利计划他自己的渡河方案已经有一个月了，他不愿意让任何人占了他的上风。

霍布斯和巴顿两人都已经向前推进了很远。但是他们被艾森豪威尔牵扯住了，只要蒙哥马利没有到达莱茵河，霍布斯就不能攻打科隆，巴顿就不能攻打科布伦茨。

巴顿苦恼极了，他对布莱德雷说，历史将谴责美国最高统帅部软弱无能。他一再要求布莱德雷让他攻打科布伦茨。万般无奈，布莱德雷对他说：如果有机会，你可以攻打。

2月27日，机会来了，临时借给巴顿的第10装甲师已经前进到离古城特里尔10公里的地方，一旦德军从那儿被赶走，他们别无出路，只能一直退到莱茵河。

第10装甲师继续前进，直捣特里尔。一个俘虏供认，他的任务是及时把美军到达的消息传给负责拆毁摩泽尔湖上两座桥梁任务的部队。

理查逊中校决定完整地夺取这两座桥，他派出一半兵力到北边那座桥，但是这座桥在他们到达之前被炸掉了。前面那座桥叫皇帝桥，是罗马时建造的，理查逊亲自带队夺取这座桥。

那天晚上，月亮正圆，理查逊用50毫米口径的机枪射击着爬到桥头，命令步兵和5辆坦克过桥。6个喝醉酒的德国兵竭力要把另一段的通道炸掉，但是，他们刚刚把火药点燃，美国兵已经扑了上来。

巴顿拿下特里尔以后，既可以沿着摩泽尔河顺流而下直抵科布伦茨和莱茵河，也可以折向东南进逼萨尔工业区。无论他选择哪一个方向，谁又能阻止他呢？但是就在这个时候，有人给他送来一份美军最高统帅部的电报，命令他避开特里尔。

电报认为，夺取该城需要4个师的兵力。

巴顿的回电妙趣横生："我用两个师的兵力夺取了特里尔。你们要我干什么？是不是把它再还给德国？"

尽管德国对盟军越过莱茵河战役的反应迟钝，但是，盟军越过鲁尔区已经把他们的目标暴露无疑。2月25日，德军西线总指挥员伦德施泰特元帅再次向希特勒请令，他说："假如不全面撤出莱茵河，整个西线将彻底崩溃。"

没有人理睬他绝望的呼唤。

盟军部队在航空兵的支援下，势如破竹，进展神速。辛普森在2月23日渡过了罗埃尔河，到3月1日推进到莱茵河。在北面，英国第2集团军和加拿大第1集团军逼近莱茵河。而蒙哥马利开始了渡河的准备工作。在南面，霍布斯3月5日抵达莱茵河畔的科隆，3天后巴顿也到达莱茵河。

由于希特勒的轻率决定，德军受到致命打击。在莱茵河西线战役中，德军被俘25万，20多个师被彻底消灭。德军现在只有30多个师来防守莱茵河。

3月1日这天，辛普森占领了门兴格拉德巴赫。

这是迄今攻克的德国最大城市，距离莱茵河只有3公里。

这个地区的莱茵河上有8座桥，只要辛普森能夺取其中任何一座，就可以从这儿首渡莱茵河。

这下可解了艾森豪威尔的围。

然而，夺取一座完整的桥梁谈何容易？

自从拿破仑以来，还没有一支外国军队能渡过莱茵河。德军为了阻止盟军，在每座桥梁下都安装了足够的炸药，一旦感到大桥危急，瞬间就会将其炸毁。

3月2日，辛普森得知离他们25公里远的河面上有座杜塞尔多夫大桥，于是，他便组织了一支化装成德军装甲车的别动队，力争在德军炸毁之前将其占领。

当夜幕降临的时候，会讲德语的士兵爬上装甲车，和装甲车阴影下的步兵一起出发了。这些美国兵大大方方地越过了德军的防线，即使迎面而来的德军步兵队伍也没有向他们喊口令。

黎明时分，别动队已经远远地看见大桥了。一支过路的德军迎面过来，一个骑自行车的德国兵认出别动队身上的美军制服，但是，还未等德国兵喊口令，别动队已经把这支德国部队消灭了。

就在这个时候，警报器响声大作，等第一辆"谢尔曼"坦克重重地压上桥面的时候，随着震天动地的爆炸声，莱茵河里涌起巨大的水柱，当激起的水柱落下去的时候，杜塞尔多夫大桥的一大半已经无影无踪了。

在杜塞尔多夫大桥以北25公里处河面上还有一座桥，辛普森如果能夺得这座桥，蒙哥马利很可能先于苏军打到柏林，而且希特勒一定会暴跳如雷，因为这座桥的名字就叫"希特勒桥"。

担任夺桥任务的B独立团海因茨上校打算，先由一个步兵连飞快地穿越该桥，并使桥那头的守军失去抵抗能力。与此同时，工兵便把敌人预先安放在桥上的引爆装置拆除。

这是一次冒险的行动，成功的希望不大，但是海因茨上校觉得应该试一试看。

攻桥与守桥的火力交织在一起，异常猛烈。跑在最前面的4辆美军坦克被炸毁。当其他坦克推进到大桥的中段，遇到一个将近4公尺宽的大深坑，就再也无法继续前进了。

夜半时分，忽然一声巨响，爆炸的火光把桥后的夜空照得通亮。别动队队长霍金斯心想，德国人准是把桥炸毁了，可是天太黑，什么也看不见。因此，他命令3名工兵前去探路，看看还能不能越过大桥。

3名工兵乘着夜色匍匐前进，发现大桥丝毫没有受到损坏，然后他们查看了桥墩、支架和每个连接点，有条不紊地剪断了第一根导线。

当这3个工兵顺着大桥爬回西岸，德国人也匍匐前进来到桥上，又用新的导线把炸药包连接好。天刚亮，就听见一声可怕的巨响，紧接着第二声、第三声……

行将出击的美国士兵的心全凉了。

大桥的东半部摇摇晃晃着跌进河里，发出雷鸣般的轰响。

至此，辛普森的夺桥计划宣告失败。

→ 西线的美军装甲部队正在向莱茵河推进。

在横跨莱茵河的所有桥梁中，盟军最不想得到的自然是没有军事价值的桥梁了。

数月间，盟军最高统帅部在制定作战计划时，谁也没有把雷马根铁路桥当作可以通过部队的桥梁。

雷马根大桥并不是一座重要的桥梁。从西面通向雷马根的所有公路，路面都很差，而且，当进攻的部队一旦从这儿渡过莱茵河，迎面挡住去路的就是一堵高达180米的玄武岩峭壁。过了峭壁，在大约18公里的地段上，群山耸立，森林茂盛，只有一些难以使用的公路蜿蜒其间。只要德军决心抵抗，装甲兵队就无法前进。然而，无论如何，抢占莱茵河上的任何一座桥梁，都有不可估量的军事和政治意义。

3月6日将近中午的时候，霍布斯的先头部队第9装甲师越过两支德军防线连接处的缺口，下午4点左右，这支部队开进距离雷马根大桥18公里的梅肯海姆市。

这个师的师长伦纳德准将对是否夺取雷马根大桥犹豫不决，正在这个时候，他的顶头上司第3兵团司令朱利金少将给他打电话。朱利金半开玩笑地说："你看到远处的小黑点了吗？那就是雷马根的大桥。要是你能够把桥攻下来，你的大名将流芳后世。"

说完，朱利金挂上了电话，就马上把他说过的话忘记了。

伦纳德把夺取雷马根大桥的任务交给B独立团。该团指挥官霍格准将立即派出两支快速行动部队：一支是恩格曼中校率领的两个营，任务是径直开往雷马根东部，夺取雷马根市；一支是普林斯指挥的装甲步兵营，任务是从雷马根的背面发动进攻，伺机攻占雷马根桥。

普林斯的部队直奔东南，一路上几乎没有遇到什么抵抗。他们行进到距离莱茵河西岸还有几公里的地方，突然转向朝南挺进，渡过了阿尔河，奇袭了辛齐格城。这一行动大大出乎人的意料，躲在钢筋混凝土掩体里的德军被打了个措手不及，300个德国兵当了俘虏。进城后，一个居民告诉他们，听说雷马根大桥预定当天下午4时炸毁。

事不宜迟，普林斯一面派人给霍格准将的总部送信，一面用无线电同恩格曼的部队直接联系。

与此同时，恩格曼的部队已经穿过距离雷马根5公里的小村子，走进了俯瞰莱茵河的那块高地的树林里。走在恩格曼前面的是A连1排的代理排长萨宾厄，他出生在美国纽约市的布鲁克林，现年25岁，矮小结实，一脸络腮胡子。

下午一点钟左右，他来到一个向右急转弯的路口，看到了蜿蜒曲折的莱茵河和雷马根城的壮丽景色，不禁叫了起来："上帝，看看这个吧！这是多么喜人的自然景色啊！假如不是这个该死的战争，这应该是一个多么美好的时刻。"

萨宾厄惊奇地欣赏了很久，突然转身问靠他最近的一个人："你知道这条河叫什么名字吗？"

紧挨排长的里奥中士曾经在参谋部工作，是一个见多识广的人。他告诉排长，这就是闻名世界的莱茵河。大家都被那壮观的美景所吸引，仿佛战争也在一刹那停止了。

这时，部队的指挥官恩格曼中校乘着他的吉普车，飞快地来到队伍前面。他端着双筒望远镜足足在那儿观察了一分钟，清晰地看到奶牛、马匹、士兵和汽车正川流不息地通过大桥。他惊奇万分，兴奋莫名：这次，一个天外飞来的运气又来了。

他命令A连步行前进，开进雷马根；C连过几分钟，再乘坐半履带装甲车尾随其后。然后转向第14装甲营的约翰·格林鲍尔中尉，命令道："约翰，我要你向雷马根突击。你要用坦克护卫大桥，不管什么人企图来炸桥，你都把他们干掉。"

络腮胡子排长萨宾厄奉命攻占雷马根大桥。他们抄近路从葡萄地里的一条小路翻过山头，沿着河岸朝雷马根走。出城向东不到1公里，萨宾厄就看到两座像碉堡一样的炮楼，那就是雷马根大桥的最西头。

守卫雷马根大桥的德军弗里森哈恩上尉和4名工兵看到了萨宾厄的部队。他们蜷缩身子隐藏在一个炸药包边上，准备用这包炸药在公路上炸一个坑，以阻止美军车辆前进。根据上级通报，一支正在后撤的炮兵随时都可能来到这里，因此，弗里森哈恩在等待他们过去之后再把大桥彻底炸毁。

当萨宾厄的部队接近桥头时，弗里森哈恩还在犹豫不决，但是，当他看到美国士兵闪闪发光的钢盔时，便大声叫了起来："引爆炸药！"

一个工兵迅速按下引爆器，炸药包轰的一声爆炸了。当烟雾消失后，弗里森哈恩看到，在通向大桥的公路上炸开了一个10米宽的大坑。但是，当他们返回大桥的时候，一颗美军炮弹在离他几米远的地方爆炸，把他掀翻在地，左腿摔成了骨折。

弗里森哈恩咬紧牙关，继续向桥的那头爬去。只剩下300米了，然而，他觉得河那岸仿佛是海角天涯。

↑雷马根大桥所遭受的攻击，还不足以使其毁坏。

　　霍格准将来到俯瞰莱茵河的拐弯处，当他发现雷马根大桥还完好无损的时候，他简直不相信自己的眼睛了。他甚至怀疑：德国人是不是想等到恩格曼的所有人马都上了大桥以后，再把桥炸掉？

　　"占领这座桥！"霍格准将向恩格曼命令道。

　　"是，将军！"

　　下午3时15分，霍格接到普林斯那份"德军下午4点炸毁桥"的电报，又转向恩格曼："敌人将在45分钟以后炸桥，你马上到大桥去。"

　　"是，将军！"

　　恩格曼一边应命，一边跳上自己的吉普车。

　　在恩格曼赶到大桥附近，发现德军用炸药炸出的那个大坑时，他明白，几个小时以内，一辆坦克也没法通过。

　　他问A连连长蒂默曼中尉："你认为连队可以通过大桥吗？"

　　"我们可以试试看。"

　　德军防空部队从山顶上射击的炮弹不断飞向桥顶。在烟雾里，大桥似乎在来回晃荡，快要倒塌下来了。蒂默曼凝视着大桥，问道："要是大桥在我面前炸毁，那该怎么办呢？"

　　恩格曼无言以对。

　　于是，蒂默曼窜到一个弹坑里去，冲着正在等他命令的排长们叫道："有命令，要我们过桥！"

　　络腮胡子萨宾厄提醒说："这是敌人的一个圈套，一旦我们到了桥

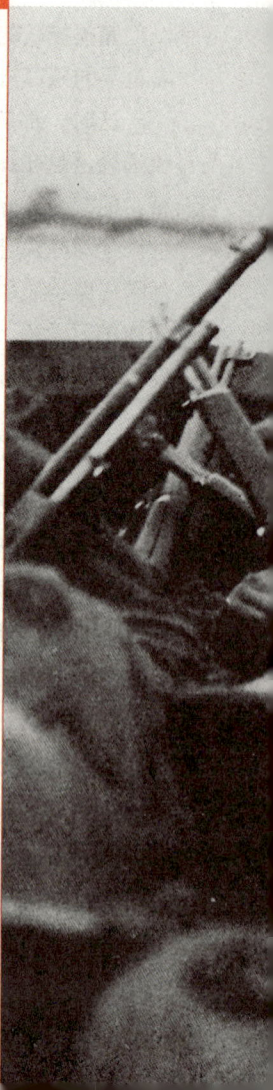

当中，他们就会把他炸掉的。"

蒂默曼开始犹豫了。不过还是开了口："命令就是命令，人家要咱们上，咱们就上吧。"

说着，他又爬出了弹坑。

就在这时，在山顶上的霍格准将收到第3集团军拍来的一份电报。这份电报取消了前令，也就是说，让他们停止夺取雷马根大桥的任务。因为巴顿的部队几乎已经穿插到了莱茵河了。所以，上级来命令，要霍格现在率部队南下，向科布伦茨挺进，以期同巴顿的部队汇合。

霍格脑袋"轰"的一下，整个人似乎被什么吊在了空中。

假如按照命令行事，他就会丧失这次战争中的天赐良机。他拿起望远镜仔细注视着大

↓ 正在强渡莱茵河的美军士兵。

桥。这时候，恩格曼的部队还没有发起冲击，要停止整个行动还为时不晚。

霍格犹豫了。

对他来说，这是一次困难的选择。事情很明显：如果成功，他会成为英雄；假如失败，他将很可能失去指挥权，甚至葬送掉他的军事生涯。

他决定尝试一下，不管后果如何，也要夺桥！

在河的那一边，刚刚苏醒过来的弗里森哈恩上尉蹒跚地向悬崖脚下的那条铁路隧道走去。在隧道入口处，他见到了满脸恐慌的布拉特格。

"美国佬快要上大桥了，"布拉特格催促道，"快命令炸掉桥吧！"

弗里森哈恩迟疑不决。一个小时以前，他曾经谦卑地请求上司舍勒少校答应他提前炸桥，却被他顶了回来。舍勒告诉他，希特勒最近下了新的命令，每个过早地炸毁莱茵河上任何一座桥梁的人，都将被送往军事法庭受审。想到这儿，弗里森哈恩不知所措地回答道："舍勒少校应当发出炸桥的命令了。"

正说着，一个中士刚刚从桥上爬过来，他告诉弗里森哈恩，美军正在河的另一端集结，看来夺占大桥的行动就要开始。听到此，布拉特格忙接着说："上尉，不能再等了，你要负起这里的责任来。"

弗里森哈恩操起电话，要通隧道另一端的舍勒指挥所，焦急地报告了险情，最后冲着话筒大声喊道："少校，我们应该把桥炸掉！美国人已经接近桥头堡了。"

此刻的舍勒还在念念不忘希特勒的严令。他仍在踌躇。

"假如你现在还不下令的话，"弗里森哈恩激动地说，"那么，我就要下命令了。"

舍勒长叹一口气，说道："好吧，炸桥。"

弗里森哈恩转身叫他周围的人卧倒在地，把嘴张大，以保护他们的耳膜。他自己则跪倒在爆炸装置旁边，这个装置连接着安放在桥下各处的60来个炸药包。他拿出一把钟摆似的钥匙，在引爆装置上旋转了一圈。可是什么事情也没有发生。他又往各个不同的方向疯狂地转动着钥匙，仍然没有动静。他突然意识到，引爆装置的中心线路被切断了，而且很有可能是刚才那发令他受伤的美军潘兴式炮弹炸断的。

他赶紧命令一个专门小组出动接通线路，然而，这些人刚刚走出隧道出口，就遭到一辆美军坦克的射击，只好又退了回来。弗里森哈恩问他手下的军官，谁自愿出去，用手引燃备用炸药包。这包重达300公斤的炸药安放在第二个桥头堡的那边。这是一个九死一生的任务，好半天，无人搭腔。终于，一位中士站起身来无奈地说："只好我去试一试了。"

他匍匐着钻出隧道，迎面是一阵可怕的机枪连射，他不顾一切地向前猛冲，转眼到了备用炸药安放处。

弗里森哈恩拖着伤腿焦急地从隧道口向外张望，过了好大一会儿，他才听到一声巨响，桥架随之飞起。真是谢天谢地，大桥终于被炸坏了。

在大桥远处，霍格准将听到的只是微弱的爆炸声，可是当他看到桥身被炸药抛向空中的时候，便断定桥被炸毁了。

他极为沮丧。

然而，大桥既然已经被炸毁，他也没有必要再给自己找麻烦了。这样一想，他的心头稍稍得到一丝安慰。可是，当烟尘渐渐散去，他惊讶地发现，大桥依旧完好。

于是霍格准将跳进他的吉普车，下了山冈，通知恩格曼，立即命令全队通过大桥。

冲在最前面的还是络腮胡子萨宾厄的那个排。桥中部有一个坚固的堡垒，那个在参谋部干过的里奥冲了进去。他发现5个德国兵正挤在一挺卡了壳的机枪旁边，于是手中的M－1冲锋枪朝墙上打了两枪，用德语高声喊道："举起手来！"

几名德国兵都吓呆了，转过身来，乖乖地举起双手。里奥弯下身子，用一只手把机枪三角架合拢，把它从窗口扔出去。然后用不太地道的德语问道："上面还有什么人？"

俘虏道："没有了。"里奥用枪一指，道："带我上去看看。"

他用枪头把5名俘虏推到前面，踏上螺旋扶梯，刚到上层，就与两个人不期而遇，他们一个是士兵，一个是中尉军官。酗酒过度的德军中尉一看不好，急忙俯身去抓旁边的引爆器。里奥上前一把将他拖到自己的脚下。然后把7名俘虏一并推下楼梯。

在碉堡外面，德拉比克在寻找他们的班长里奥。有人告诉他，班长已经冲到前面去了。德拉比克听到这句话，不顾一切地向前冲去，他跑得太快，以至于钢盔都跑丢了。这一跑，使他成为了第一个跨过莱茵河的美国人。

自从1944年7月20日险遭谋害以来，没有其他任何事情比美军攻占雷马根大桥更加让希特勒心烦意乱的了。

大桥的失去意味着德军在西线拥有的最后一道天然防线——莱茵河——的丧失。现在，英美同苏军一起把他们压缩在莱茵河和奥得河之间约600公里宽的地带内，最后一道防线就是死守德国的心脏——柏林。

No.2 易北河大会师

1945年3月，刚刚渡过莱茵河，美军就已经看到了胜利，他们开始思考在哪儿和苏军会合。

推进至德国腹地的是3个集团军群：蒙哥马利元帅的第21集团军群，包括英国第2集团军、加军第1集团军和美军第9集团军；布莱德雷的第12集团军群，包括美军第1、第3和第15集团军；雅各布·德弗斯中将率领的第6集团军群，包括美军第7集团军和法国第1集团军。总共有73个师的兵力。

战争到了这个阶段，盟军部队在一些重要方面存在着很大的优势：部队数量、空中支援、补给和部队士气方面等等。盟军对未来的前景是很有信心的，尤其是把德军的劣势考虑在内，他们更有理由这样了。

到1945年3月下旬，德国武装部队已经处于一片慌乱之中，德军已经是疲惫之师，无

↑莱茵河大会师使胜利的天平更加倾斜向盟军一方。

法提供更多的补给。弯曲的通讯线，资源匮乏，很少的空中支援和大范围的士气消沉对作战能力造成了破坏性的影响。当直接和对手相比的时候，无论是地面还是空中德军都已经不是对手。

从莱茵河到易北河标志着西欧战争已经达到高潮，因为凯塞林的防线即将在致命的一击中被撕开，德军将无法恢复元气。很明显，盟军希望在战争的最后阶段造成德军的完全失败。

在这种情况下，盟军最高统帅部的战略目标也有了修订。在3月的最后几天，蒙哥马利的第21集团军群收到一封概括战略变化的电报，盟军最高统帅部声明，将主攻方向从21集团军群转向第12集团军群，进攻易北河和穆耳德河。盟军现在的目标是把德军一分为二，并最终与苏军在易北河上胜利会师。

3月28日，迈尔斯·登普西中将率领的美国第2集团军以3个军的兵力突破了位于韦瑟尔处的莱茵河上的桥头堡。到4月5日，其左翼到达威瑟河，右翼在尤尔岑，英军正在迅速逼近威瑟河。3天后，两个军已经渡过了威瑟河，其中的第8军已经占领了位于汉诺威以北的莱纳河上的桥头堡。但是就在此地，第8军遭到了德军"大德意志师"的阻击。尽管德军在西线整体实力很弱，但是他们充分利用防御阵地英勇战斗，减缓了盟军进攻的势头。

蒙哥马利以英军在莱纳河延迟为借口，提出需要更多的部队帮助英军前进。第21集团军群的指挥官们认为，如果第2集团军有希望阻止苏军挺进北海，那么增援兵力就至关重要。最后援助有两种形式：艾森豪威尔认为布莱德雷可以保护自己的左翼，从而腾出更多的英国部队集中于第2集团军的前进；登普西命令美国第18空降军帮助占领易北河到波罗的海一线。

到了4月中旬，英国第2集团军的3个军发展顺利：左翼，第30军位于不来梅郊区；中部，第12军正在向汉堡挺进；右翼，第8军已经逼近易北河。英军在短短3周内大约前进了320公里。

3月28日，分别由威廉·辛普森中将和科特尼·霍奇斯将军率领的美国第9和第1集团军开始包围鲁尔。瓦尔特·莫德尔陆军元帅在北面哈姆附近和南面锡根附近发动反攻，试图突破重围，然而所有企图都失败了。莫德尔把自己的命运与希特勒的政权联系在一起。作为回报，他在54岁时被提升到陆军元帅一职，但是他无法阻止德军的溃败，谁都不能。

由于地形和高楼林立的工业环境，为狙击手提供了大量隐蔽处，因而鲁尔"口袋"的收尾工作相当缓慢。美军前进时，他们发现"口袋"地区的军队和居民都是衣衫褴褛。连续不断的战略轰炸摧毁了该地区3/4的房屋，通讯也已经瘫痪。被围困的德军粮食和弹药已经所剩无几，无法运送到最需要的地方。4月12日，美军到达埃森时，根本无法将物品运到任何地方。鲁尔的危急形势让希特勒十分沮丧，对在那儿的作战部队来说，更是沉重的打击。

到了4月14日，德军以相当快的速度投降，以至于看管他们成了美军的一大难题。这一天，当第9集团军和第1集团军在鲁尔河上靠近哈根的地方会师时，口袋被撕开了。4月16日，大约8万名德军在24小时内投降。两天后，325,000德军士兵包括30名将军被俘，一切有组织的抵抗结束了。

此时，在西线已经没有有组织的抵抗了。希特勒失去了对事态发展的控制。

4月初，第9集团军继续向西进逼易北河。4月4日，第9集团军的部队还在威瑟河上，4月8日就已经通过莱纳河，4月10日占领汉诺威，到4月11日就已经到达马格德堡南边的易北河。

一个多星期以后，苏军先头部队终于进抵易北河，美苏两军指挥官们相互进行了拜访。

25日14时，苏军最高统帅部大本营收到了科涅夫元帅的简短报告：

"今天13时30分，在第5近卫集团军辖区的斯特列拉地区，第58近卫师的部队在易北河上与盟军第1集团军第5军团第69步兵师的侦察小组会合。在易北河旁的托尔高地区，第58近卫师第173近卫突击团先头营与美国第1集团军第5军团第69步兵师的侦察小组会师。"

不久，科涅夫元帅受苏联政府委托，回访了布莱德雷，并向布莱德雷将军授予了"苏沃洛夫"勋章。

↑科涅夫与布莱德雷举杯庆祝两国军队胜利会师。

第5章
CHAPTER FIVE

最后的抵抗

★机械化第9军和第28集团军的步兵第61师先头部队抢先登上了对岸，他们的任务是抢占登陆场，掩护主力渡河，但是遇到了德军的顽强抵抗。就像不怕死的赌徒一样，德军猛烈的火力使不少苏联士兵倒在血泊中，余下的被迫撤退到南岸。

★第47集团军指挥部和乌克兰第1方面军攻打波茨坦的近卫坦克第4军取得了联系，最后商定第47集团军由北向南，近卫坦克第4集团军和13集团军部分部队由南向北，夹攻波茨坦集团。

No.1 撕开最后一道防御

不管人类在怎样地书写自己的历史，不管血雨腥风中谁是谁非，太阳还是一如既往，无忧无虑不偏不倚地以它那灿烂的光芒宣告一天的开始。尽管鸟语花香的景色被累累弹痕、处处废墟和遍地残尸所代替，历史还是走进了新的一页。

这天是1945年4月20日，它既是德国元首、帝国大元帅阿道夫·希特勒的56岁寿辰，也是苏联红军首次炮击柏林的日子。由于它具有历史性的意义，所以它不仅在当时引起了人们的重视，即使历史不断演进，人类也不会忘记这一天。因为没有这一天的存在就不会有希特勒的灭亡，也就不会有德国法西斯分子的彻底失败。

朱可夫的远程炮兵对柏林市区的炮击，拉开了强攻柏林的序幕。

战争是残酷的、激烈的，瞬息万变的情况使得官兵们的神经始终处于紧张当中，但是由于受到战场环境的限制，受观测能力的限制，紧张激烈的战争也有相对安静的时刻，不管它在枪炮嘶鸣、弹雨倾泻的空间如何波澜壮阔、愈演愈烈，但是只要夜幕一降临，紧张激烈的枪炮声就会渐渐稀疏、平淡，继而停止。从某种意义上说，在夜视能力还不发达的情况下，夜幕成了人们停息战斗的屏障，成了人们可以在血火交织的战场上自由呼吸的保护伞。"日落而息"似乎成了交战双方共同遵守的规则。

然而，当新的黎明刚刚取代黑夜，那不解人意的太阳骨碌骨碌从东方爬上天际、露出地平线时，战火也就按照不成文的战斗法则随之苏醒，刚刚熄灭的灰烬也随之复燃。不管情愿与否，你都必须走出静谧的梦乡，或投身于挥枪舞炮的英勇冲击，或融入横刀立马的抗击之列。在"日落而息"之后，随即"日出而起"。

天刚刚蒙蒙亮，第28集团军司令员鲁钦斯基将军就急忙从桌子旁站起来活动活动腰肢，准备迎接新的战斗。他刚刚打了个盹，尽管连日征战相当疲劳，但他丝毫不敢安懈怠。自20日投入战斗以后，他的部队以11个小时实施了110~180公里的强行机动，完成了从西面包围德军第9集团军的任务，保障了主力部队进入交战，弥补了近卫坦克第3集团军与近卫第3集团军的左翼之间约60公里的间隙，又将投入围歼柏林之敌的战斗。

经过反复思考，鲁钦斯基将军决定：命令步兵第61师协同近卫坦克第3集团军强渡泰尔托运河，抢占波茨坦火车站和柏林城中的安特加尔火车站；命令步兵第128军以两个师正面向东展开，占领托伊皮茨、邦斯多尔地区，制止德军向柏林突围。

决心定下后，鲁钦斯基将军直接插到第61师，听取了师首长的决心汇报，又对具体的渡河准备、渡河战斗保障、登岸措施等问题作了研究。而后又分赴步兵第128军和步兵第20军听取战斗决心。

在步兵第128军，军长决定步兵第152师在米滕瓦尔德一线展开，以顽强的反击制止德军向柏林方向突围。

在步兵第20军，军长决心将近卫步兵第48师和步兵第20师集中于甘斯哈根地域，占领舍内贝格、维尔默斯多夫地域。

← 希特勒面容日渐憔悴。

　　两个军的决心基本符合集团军的意图，当即得到鲁钦斯基将军的批准。由于近卫步兵第3军继续执行向巴鲁特进攻的任务，无需调整部署，鲁钦斯基将军决心将主要精力放在向柏林进军的方向上。

　　强渡泰尔托运河是实现进攻柏林的关键。为了实现这个目标，乌克兰第1方面军组织了强大的炮火保障——在4到5公里的突破正面上集中了1,420门火炮和迫击炮，每公里正面上的突破火炮密度为315门，如果把自行火炮也计算在内，每公里正面则达348门。用于直接瞄准射击的45、57、76和122毫米口径的火炮400余门，平均每公里正面为90门。

　　经方面军批准，近卫坦克第3集团军和步兵第28集团军决定以一天的时间进行强渡运河的准备工作。首先是组织了有各坦克军、机械化军长和各炮兵师长参加的实地侦察，主要任务是明确各自的渡河位置，查明德军的火力配置，研究渡河保障方法和登岸后的行动。而后有针对性地组织步兵、坦克兵、航空兵进行强渡运河训练，并检查渡河器材以及战斗物资……

　　24日6时20分，当东方红霞尽染，太阳还在琢磨着该不该照亮这批烧焦的土地时，千余门大炮喷着强烈的火焰发出了撼天动地的吼叫，万余发炮弹在几分钟内拖雷携

253

↑苏军向柏林发起了最后的进攻。

电般飞向了运河北岸。这浩瀚的炮火既宣布新的一天开始，又宣布着苏军已经开始强渡泰尔托运河。

55分钟后，运河北岸已经是一片焦土，地表的生灵已经所剩无几。近卫坦克第3集团军正在雷巴尔科的指挥下强渡运河。40多米宽的河面上，小木船几乎首尾相接地冲向对岸。当第一只小船刚要靠岸，战士们正准备登岸冲锋时，德军却仿佛一下子从地底下钻出来似的，枪炮齐鸣，一时间弹雨飞泄，无遮挡的苏军官兵纷纷落入水中，河面上顿时漂浮着一片血色。

首次突击失败了，雷巴尔科立即指挥所有炮火再次对对岸德军进行压制射击，同时命令近卫坦克第6军、机械化第9军等再次发起冲击，命令岸边的所有火器向对岸德军射击，掩护渡河。

机械化第9军和第28集团军的步兵第61师先头部队抢先登上了对岸，他们的任务是抢占登陆场，掩护主力渡河，但是遇到了德军的顽强抵抗。就像不怕死的赌徒一样，德军猛烈的火力使不少苏联士兵倒在血泊中，余下的被迫撤退到南岸。

此时，科涅夫元帅正在雷巴尔科指挥所，他亲眼目睹了炮兵、航空兵的突击效果，也看到了官兵被阻的情况。科涅夫嫌雷巴尔科的观察所观察不力，就带着雷巴尔科、方面军炮兵

↑守护柏林的德军负隅顽抗。

司令员瓦连佐夫、两个航空兵军的军长、炮兵军长等转移到一幢8层楼房的房顶上，当看到机械化第9军被迫后退后，雷巴尔科决定改由进展顺利的近卫坦克第6军抢占登陆场，为大部队渡河开辟道路。

近卫坦克第6军的先遣部队是近卫摩托化步兵第22旅，在旅长沙波瓦洛夫中校的指挥下，该旅先遣支队乘木船渡到运河对岸，部分人沿着被毁桥梁的骨架渡到对岸，大部兵力靠工兵漕渡，在炮火和坦克的弹幕射击掩护下，以较小的代价渡过了运河，并以顽强的拼搏，在北岸开辟了几个登陆场，掩护后续部队强渡和工兵架设舟桥。

10时30分，当第一批桥梁架设完毕，大部队开始强行突入时，雷巴尔科的集团军机械化第71旅已经结束了争夺柏林郊区舍纳菲尔德的战斗，从西面向巴斯多尔夫地区前进，从而与白俄罗斯第1方面军部队在德军第9集团军的后方会师。

近卫坦克第6军渡河成功后，经过一天激战，向北推进了2～2.5公里，于日终前抵达查希特菲尔德、策伦多夫地区。雷巴尔科决定机械化第9军和近卫坦克第7军在近卫坦克第6军之后渡河，向德军纵深发展进攻。至傍晚，鲁钦斯基的集团军近卫第61师同苏霍夫的机械化第9军一起，在马林多夫地区激战一天之后，在布科、布里茨地域与崔可夫的近卫第6集团军

255

↑ 时刻密切关注柏林动向的斯大林。

取得了联系。

至此，德军第9集团军固守的法兰克福－古本集团与柏林集团间的联系就被完全隔断了，余下的，只是分而歼之。至此，苏联红军进攻柏林中与柏林交战的第一阶段——突破柏林的防御和实现对柏林集团的双层合围即宣告结束。余下的，将是激烈紧张的柏林巷战，直到彻底消灭法西斯集团，将苏军的红旗升到柏林的上空。无情的事实已经宣布，第三帝国的日子已经屈指可数。

4月22日。对于苏军来说，这天是柏林战役最关键的一天——战斗的进程将制约和影响着柏林战役尔后的进程和结局。

为此，最高统帅部发布训令，指示务必于4月24日以前完成对法兰克福－古本集团的合围，并无论如何必须制止该集团向柏林或者向西和西南突围。

为了实现最高统帅部的决心，各个方面军都对自己的行动作了调整。根据方面军的命令，雷巴尔科将军指挥近卫坦克第3集团军在激战中于4月21日夜以机械化第9军和近卫坦克第6军强渡诺特运河，在米滕瓦尔德·措森地段突破了外层环形防线。

11时，苏霍夫的机械化第9军先遣部队在云斯多夫地域切断了柏林环城的公路干线，继续向柏林市区展开进攻，并在行进间于日终前协同第28集团军的步兵第61师在马林菲尔德、兰克维茨地域突入柏林南部，占领了马洛夫、布兰科菲尔德和利希滕拉德等柏林城郊，前进了25公里。在肃清占领地域残敌后，该部队部分兵力前出到特尔扎运河一线，但遭到运河北岸守敌的猛烈抗击，前进受阻。

米特罗法诺夫的近卫坦克第6军在措森地域强渡诺特运河后，直指柏林西北方向，到日终时前进了25公里，攻占了泰尔托城，并进至泰尔托运河南岸，但也同样遭到运河北岸守敌的强烈抗击，被迫停止前进。

诺维可夫将军的近卫坦克第7军于日终前前进了35公里，进至施塔德斯多夫一线，也被运河北岸守敌阻于运河南岸。

至此，近卫坦克第3集团军已经完成了突破柏林外层环行防线，突入柏林南部的任务，并在马林菲尔德地域楔入了柏林的内层环形防线。

列柳申科的近卫坦克第4集团军沿着指定的轴线向柏林西北的波茨坦方向发展进攻，于日终前前进了20公里，抢占了扎尔蒙德、多布里科地域。至此，该集团军既占领了向柏林围攻的波茨坦和勃兰登堡突击的良好出发地位，又截断了德军企图从西面实施突击以解救柏林东南被围集团可能利用的路线。

戈尔多夫的近卫第3集团军于日终前强行占领了德军抵抗的枢纽

部——科特布斯，全歼了科特布斯集团守敌，从而从南面和西南面完成了对德军法兰克福－古本集团的包围，实现了合围柏林集团的关键一步。

普霍夫的第13集团军一面向西挺进，一面从南面可靠地保障了方面军坦克集群的进攻，并肃清了残留在坦克集群后方的敌军部队，于日终前前进了45公里，占领了特博克、克罗普施太特、贝尔齐希、埃森、施韦尼茨地区。

由于进攻路线众多，村寨纵横，朱可夫的白俄罗斯第1方面军的进攻速度比在地势开阔、天然屏障较少的乌克兰第1方面军的进攻速度稍为缓慢，但是都如期完成了最高统帅部赋予的任务。

这样，经过白俄罗斯第1方面军近卫第8集团军、第69集团军和乌克兰第1方面军近卫第3集团军、近卫坦克第3集团军和第28集团军部分兵力的共同进攻，到22日傍晚，一个马上就要包围德军法兰克福－古本集团的圆环十分清晰地显示了出来。苏联红军为将德军柏林集团分割成两部分，拦截其第9集团军主要兵力并将其合围聚歼于柏林东南的森林内创造了条件。从日前的态势看，德军第9集团军已经处于白俄罗斯第1方面军3个诸兵种合成集团和乌克兰第1方面军3个集团从北、东、南、西南几面的严密包围中。

苏军最高统帅部大本营。

随着作战参谋的标绘，斯大林面前的地图清晰地呈现出两个大小不一但是都已几乎闭合的包围圈：一个是在柏林以东和东南的法兰克福－古本集团合围圈，它稍小一些，却把德军第9集团军紧紧地箍在其中；另一个稍大一些的是在柏林以西，它几乎将防守柏林的德军全部围了起来。这两个合围圈之间的距离在西部方向上达80公里，而在南部方向上仅为50公里，夹在两个合围圈之间的是柏林及其所有郊区。

至此，希特勒防守柏林的完整构图，被彻底撕裂了。

No.2 无谓的挣扎

斯大林根据新的战场形势，决定先向德军"法兰克福－古本"集团开刀。

从4月26日，科涅夫的乌克兰第1方面军开始了对柏林东南森林沼泽地的法兰克福－古本集团的进攻。

法兰克福－古本集团是德军第9集团军各部队和坦克第4集团军的部分兵力。该集团有11个步兵师，2个摩托化师，15个各种独立团，4个旅，71个独立营，1个炮兵团，5个独立炮兵营，1个坦克团，1个坦克营，共约有20万人，2,000余门火炮和迫击炮，300辆坦克和强击炮。苏军则有277,000人，7,400门野炮和迫击炮，280辆坦克和自行火炮。

苏德围歼与突围的交战地区，遍布森林、湖泊、沼泽，还有许多隘路。就在这样的地形上，双方展开了攸关柏林命运和整个二战命运的殊死交战。中国古代兵法曾经说"置之于死地而后生"，德军确有一种背水而战的味道。可是苏军各个大部队，处于一种进攻的巨大惯

↑ 大批投降的德军官兵。

性当中，德军拼与守都无所谓，重要的是把它打垮。

德军固守着隘路口，在苏军进攻方向上布满了鹿砦、街垒和各种地雷。

德军在白俄罗斯第1方面军方向上进行拼命抵抗，想在乌克兰第1方面军方向上挤出一个缺口，保证其主力与文克的第12集团军会合。在乌克兰近卫第3集团军和第28集团军接合部方向上集中了4个师的残部组成了占有优势的强大突击集团，准备突破苏军队形的包围。

苏军组织了70架飞机对敌集结集团实施了集中突击，极大地削弱了敌军力量。

德军突击集团的集结地，一排排航炮，一群群航弹四处炸开，遭袭之处，弹片飞溅，尸体遍地，一些重装备随处翻仰。尽管苏军突袭凌厉，德军还是于4月26日8时聚集了50多辆坦克，在强击炮的支援下像钉子一样楔入了苏军战斗队形，在第28集团军和近卫第3集团军的接合部中突了进来，两军犬牙交错，近战厮杀，双方刺刀都派上了用场，交战又一次进入白热化。

德军在苏军两个师的接合部突了出来。

德军切断了连接苏近卫坦克第3集团军和第28集团军的主要交通线。

苏军轰炸航空兵第4军以55架飞机对突击的德军实施了集中突击。步兵第39师顽强地阻击了德军。

乌克兰第1方面军指挥部密切关照着战局的每一步变化。按照方面军司令员的指示，近卫步兵第50师、第96师被调来突击德军的突围集团。两个师很快进入了战斗。

在反突围的战场上，苏军航空兵全天不断穿梭，起飞近500架次，各集团军在不同方向上纷纷出击，挤压敌人。战至27日，向东南，近卫步兵第121师已经前出到易北河，与美军第1集团军第5师先遣队会合。乌克兰第1方面军所占地区纵深达到15～20公里，给法兰克福－古本集团以重创，还解放了3,000余名战俘。

波茨坦，位于柏林市区西南部，那里，盘踞着守备柏林的一支重要集团。波茨坦的地理位置十分重要，哈韦尔河从柏林南部绕过波茨坦，连接易北河。这个镇子不仅是柏林守军向西突围的咽喉，也是锁住哈韦尔河、从而固守柏林的重要枢纽。在最后几天里，波茨坦集团已经成为支撑柏林稳定的主要集团。

4月27日，白俄罗斯第1方面军第47集团军司令佩尔霍罗维奇中将已经正式指挥波兰第1集团军独立迫击炮第1旅，该旅是奉命配属第47集团军作战的。在白俄罗斯第1方面军部队中，第47集团军是这次战役中机动迂回最远的一个集团军。他们从奥得河东岸出发，一直迂回到了柏林南部，不计沿途交战，仅就高速迂回这一点，他们也堪称一支劲旅。

第47集团军指挥部和乌克兰第1方面军攻打波茨坦的近卫坦克第4军取得了联系，最后商定第47集团军由北向南，近卫坦克第4集团军和13集团军部分部队由南向北，夹攻波茨坦集团。

强击炮阵地近百门大炮已经做好了一切准备。

各攻击集团已经占领了各自进攻的出发阵位，有的是陆路攻击，有的是越河攻击，这是这些攻城部队与柏林市区守敌的第一仗。

一群红色信号弹升了起来。

大炮、迫击炮向着不同的目标呼啸、怒吼起来，波茨坦顿时出现了片片黄色烟区，从隐蔽的建筑物中，不时打出敌军的炮弹，这是被隐蔽起来的炮位，苏军的直瞄炮兵就是对准这样的目标的，一场实力悬殊的火力对抗就这样拉开了围歼波茨坦集团的战幕。几百门各种口径的火炮很快就使这个不大的镇子大片大片地成为瓦砾。

按照指挥部的协调计划，几个突击集团向波茨坦发起了多路进攻。

德军为了守住波茨坦，用了很多时间来构筑地下通道和掩蔽部。强大的炮火准备时，他们都猫在了地下掩蔽部和坚固建筑物里，地面部队总攻发起后，德军纷纷占领被破坏的建筑物的有利位置，拼死顽抗，可是占据绝对优势的突击集团已经分别把各主要建筑物紧密包围起来，以

强击手段一个个地拔钉子。几个小时的工夫，一批德军就举旗投降了。

一批残存的顽抗分子通过苏军突击部队的夹缝或者地下通道聚集到了万恩泽岛上。

万恩泽岛是波茨坦地区的一个较大的岛屿，周围湖河环绕，不易攻打，这股残敌纠集在一起，做了重新编组，试图依靠周围的水障，拼死抵抗。

近卫坦克第10军与第13集团军第350师采取各种方法渡河前出到了万恩泽岛，他们迅速穿插、迂回，马上控制了大部分桥梁和渡口，后继部队源源进岛，果然应验了科涅夫的判断，残敌十分零乱，一小股一小股进行着没有组织的抵抗，第350师以小兵群战术灵活穿梭于树林、建筑物之间，一队队坦克全速向敌人守备地区开进，这两支队伍很快站稳了脚跟，牢牢地扭住了柏林集团波茨坦方向的这支臂膀。

4月22日，星期天。

随着战争节奏的不断加快，希特勒走向毁灭途中的最后转折点终于到了。

4月24日，德军坦克第56军军长魏德林走进了希特勒办公室，一纸柏林城防司令官的任命书摆在了他的面前。接到任命，他既有点踌躇满志，又有点大难临头的感觉。他笔挺地站在那儿，倾听希特勒的训词："从今以后，你就接替雷曼中将城防司令官的职务，要记住，保卫柏林直到最后一个人。"希特勒的训词已经明显带有恼羞成怒的意味。魏德林向希特勒报告了修改后的城防计划。东部第1、2防区和南部第3防区分别加强了1个坦克师，北部第7、8防区加强了1个伞兵师，东部第5防区加强了1个坦克师。最完整、战斗力最强的机械化第18军留作预备队；对某些防区的个别指挥官还作了调整。

苏军两个方面军围住了柏林后，希特勒又下令把外围部队包括海军在内向柏林集中。

希特勒亲自担任柏林防御的总指挥，不仅人防工程加强了，兵力及火力也作了重大调整。大街小巷和交叉路口都处于周围火力控制之下，特别是街角的建筑物里不仅兵力密集，而且从枪支、长柄反坦克火箭弹到20～75毫米口径的加农炮一应俱全。守备建筑物的部队被分成营连不等的分队分守于各个支撑点。每个楼的上层都有兵力设防，单人或双人狙击手配置完全到位，用于市内战斗时射击和机动的兵力和兵器配置在第一层、地下室和半地下室。多数火器都配置在建筑物里，侧翼还有4米厚的坚固街垒作掩护，街垒又由枪手、长柄火箭弹手和地雷作掩护。坦克被固定在街垒后作发射点，重型坦克则埋伏在交叉路口抵抗枢纽部的后部，用于阻击沿街进攻的对方坦克。每一个地下通道，朝外的一段都布置了兵力防守，还利用发达的地下设施体系埋伏了很多兵力，以待苏军冲过之后，对其后方战斗力较弱或孤立的目标给以杀伤。

全市齐备粮、弹30天用量，并将库存分散于郊外，市中心几乎没有仓库，以防被炸。密布于地下的电话电缆线，是希特勒在被围情况下市内指挥的主要信息通道。

经过几年的作战，柏林城内已经后备兵员奇缺，为了加强防御力量，希特勒下令把政府职员、军事学院人员以及所有能组织起来的人员组成了预备队和多个国民挺进营，充当了柏林城最后的坚守力量。

第6章
CHAPTER SIX

直刺纳粹心脏

★切尔尼亚耶夫少尉在仔细观察情况后，确定了攻击方案。他命令重机枪指挥员弗拉先科和两名反坦克枪射手向这栋楼房的窗户射击；瓦西列夫斯基中士用45毫米火炮去消灭敌人的机枪和随后重新出现的发射点；其他小组在火力掩护下抓住有利时机突击。

★希特勒下达了疯狂的命令，要不惜一切代价守住大厦。朱可夫和库兹涅佐夫命令，要不惜一切代价拿下大厦。大厦地域，苏德两军刀兵相见。

↑向柏林城区攻击前进的苏军部队。

No.1 巷战，柏林

柏林市中心区的战斗开始了。

苏联最高统帅部早在计划和部署柏林战役力量的时候就已经明确了一个方针：攻打柏林市区，由乌克兰第1方面军协同白俄罗斯第1方面军作战，因此，白俄罗斯第1方面军司令员朱可夫无疑要唱主角。

朱可夫指挥部的挂图上，友邻部队包括本方面军攻打波茨坦和万恩泽岛的部队都是用单箭头标示出来的，而突击市区的几个主要集团都是用宽大的双箭头标绘的。上北下南的柏林市区地图，15条铁路从中心枢纽部向四面八方伸展开去，其北、东两面的斯普里河，南面的兰德维尔河以及西边的运河，在市中心围成了一个岛形地域，国会大厦、帝国办公厅等核心建筑坐落于其中，这儿是柏林的中心防区——第9防区。地图上雄健刚毅的向心攻击箭头，显示着3组6个对进集团：突击第3集团军和近卫第8集团军北南对进，分别指向国会大厦和帝国办公厅，经过26日的激战，它分别进至斯普里河北岸和兰德维尔河南岸。这两个集团军往南，近卫坦克第2集团军与科涅夫的近卫第3集团军、近卫坦克第3集团军形成对进。东西两个方向，突击第5集团军与科涅夫的第13集团军、近卫坦克第4集团军对进。赫然一幅百手掏心图。

苏军对德军柏林集团分割包围后，一部分被围于柏林东南，由乌克兰第1集团军负责歼灭，白俄罗斯第1集团军部分兵力配合。另一部分则被围于市中心区。围攻市中心区的战斗很快就要打响了。由于市中心区街道纵横，建筑密集，防御设施坚固完备，又是希特勒大本营所在地，所以朱可夫在指挥上就考虑得异常缜密。

　　参谋长马利宁按照朱可夫的意思，具体汇报了柏林市中心区的情况："被围于市中心区的德军主要是第9集团军6个师的残部。此外，还有党卫军警卫旅，各种侦察分队，10个炮兵营，一个强击炮兵旅，3个坦克旅，6个反坦克炮兵营，1个炮兵师，2个炮兵师的一些部队和几十个国民突击营。据有关部门判断，总兵力约有20万人。这是他们建制部队的情况。"参谋长又补充道："根据我们的侦察员和先期与敌人接触的部队的报告，在战斗期间还有一部分当地居民加入战斗，完成侦察、弹药、卫生和工程保障等任务。因此，敌军集团的数量比建制兵力要多。"

　　朱可夫是一位有着丰富经验的优秀指挥员，他不仅遇事冷静，而且具有灵活的运筹全局的能力。他仔细分析了这次战役在强攻柏林时的各种可能性：连同乌克兰第1方面军攻打柏林的部队一起，到4月26日兵力已经达到464,000人，各种口径火炮和迫击炮12,700门，火箭炮2,100门，坦克和自行火炮1,500辆，都高出德军数倍，在兵力数量上有胜利的基础。参战部队中，很多经历了列宁格勒、斯大林格勒和基辅战役，具有城市攻坚战的经验。德军兵力虽然有一定的规模，但是经过多次打击，已经成了强弩之末，并且建制比较混乱，特别是经过空军和炮兵的强大突击后，其指挥设施已经遭到巨大破坏，不容易协调起来。但是柏林巷战与本土巷战又有较大的区别，是军队的独立作战，而且德军还有居民的支持，并且巷战难以展开大规模的兵力，所以战斗将是异常艰苦的。

　　想到这儿，朱可夫已经基本确定好了攻打市区的思路：多向突破、连续突击、强击作战。

　　苏军进入市区的部队全部改编为强击群和强击队。这些强击群和强击队装备有坦克和包括大威力火炮在内的各种口径火炮，并配备有工兵分队和迫击炮分队。需要克服江河障碍的强击群和强击队，还配备了渡河器材。苏军一步步地攻占了德国首都的一个个街区。

从苏军总参谋部的战役态势图上可以看出，随着各路进攻部队向市中心的挺进，各个集团军的进攻地带逐渐缩小，它们像一把把插向柏林中心的锋利长矛。

为了对付德军的街垒防御，苏军在战斗中摸索出一套在城市作战中使用大规模坦克部队的作战战术。

最初，苏军的坦克成纵队沿街道向前推进，但是沿街道拉开的坦克纵队会造成堵塞，并且容易遭到德军长柄反坦克火箭弹从侧面的攻击。只要第一辆坦克被击中起火，其他的便无处躲藏。因此，在强击柏林的第一天，苏军的坦克就改变了队形，它们与步兵、炮兵以及工兵密切协同作战，使装甲车辆的损失降到了最低程度。

城市作战，特别是在柏林这样的大城市中作战，要比在野外条件下作战复杂得多。在城市内，大兵团司令部和指挥员对战争进程的影响要比在野外小得多。因此，许多情况下取决于分队的下级指挥员和每个士兵的临战状态。苏军将部队的指挥，主要建立在充分相信各分队指挥员的才智的基础上。各攻击分队充分发挥独立作战的精神，不断攻克一个个堡垒。

近卫步兵第79师第220团切尔尼亚耶夫少尉指挥的强击队领受的任务是：将盘踞在阿尔特－马肯大街和塔肯多夫大街交叉路口的一座高大石头建筑物里面的敌人驱赶出来。德军拼命加强这座楼房的防御。他们在地下室里配备有小口径火炮和自动枪手，在二楼配备了步兵和重机枪。此外，还与相邻的楼房保持了火力联系。

切尔尼亚耶夫少尉在仔细观察情况后，确定了攻击方案。他命令重机枪指挥员弗拉先科和两名反坦克枪射手向这栋楼房的窗户射击；瓦西列夫斯基中士用45毫米火炮去消灭敌人的机枪和随后重新出现的发射点；其他小组在火力掩护下抓住有利时机突击。

苏军的反坦克枪、机枪以及火炮突然开始射击。在猛烈火炮的压制下，隐藏在大楼墙壁后面的德军暂时减弱了火力。特鲁巴切夫中士指挥的强击群利用这个机会，一边射击一边向前冲，首先接近了楼房。战士们向地下室门内以及窗内扔了几颗手榴弹，随后冲进楼房，打死了德军的炮手和所有自动枪手。

与此同时，尼基金中士指挥的巩固胜利小组，紧跟着特鲁巴切夫的强击群冲入楼内。进入一个房间之前，尼基金小心翼翼的打开房门，迅速向屋里扔了一颗手榴弹，几个德军士兵应声倒下，其余的全部溃逃。

苏军逐个房间搜索，一步一步清剿，终于将这座楼房全部占据。

第5突击集团军、第3突击集团军攻打的市中心的作战地域内，分别有帝国办公厅和国会大厦。他们担负着攻打市中心的主要任务。

第5突击集团军成功的突击，受到了朱可夫元帅的高度赞扬。

考虑到任务的艰巨性，指挥部又给第5突击集团军加强了坦克第11军。

它们从东向西，首先要强渡斯普里河。

近卫第26军和第32军担负着从东向西直捣中心的任务。

尼克拉伊·瓦西里耶夫上士是该集团编成内的第266师832团6连的一个炮长，他首先随炮兵连来到高地。

↑一辆苏军坦克行驶在柏林街头。

"开火！"瓦西里耶夫挥动着小旗。

第5突击集团军的炮火打响了。

在向市区的攻击中，283团一个连冲到了街角，遇到了一个筑有几处坚固工事的房屋。这幢建筑以其有利的位置和坚固的设防，直接阻碍着283团的进攻。由于该连所处位置不利，德军居高临下，几次冲击都未能冲进大楼，正面冲击遇到了很大的困难。

党小组长库兹涅佐夫带着一个小组，隐蔽地绕到大楼侧后，从后面勇猛地突了进去。

大楼内的德军全然不知，在面向街心方向的一个射孔后面，一个德军正操纵着机枪疯狂地向外射击。库兹涅佐夫想也没有多想，举枪就是一个点射，德军士兵应声曲仰在墙角，机枪火力点哑了，大街上火力减弱了许多，后续分队相互掩护着接近了大楼。冲击大楼的苏军冲上屋顶，逐层搜缴。

在二楼楼梯至楼道的拐弯处，一名苏军突击队员转身向左侧楼道冲击，在七八米远的地方迎面撞上了一个手提自动步枪的德军士兵，两人同时发现了对方，几乎同时举起了枪，可惜德军士兵扣扳机的手稍微慢了一点，先四仰八叉地躺在了那儿。

战斗仍在继续。

强击队又冲进了一幢楼房。突击队员们突然与一伙德军撞在了一

↓苏军驻柏林的首任城防司令员别尔扎林（左）

起，刺刀派上了用场。上尉乌拉克英采夫扑向德军，以娴熟的刺杀功夫连续刺死10名对手。一阵激战过后，又一幢楼房落到了苏军手里。

第5集团军早于其他集团军进入市区，进入市区后，该集团军所辖各个部队一路勇猛突击，进展比较顺利，集团军司令正指挥着各军准备向亚历山大广场、威廉皇宫、柏林市政管理局和帝国办公厅推进时，4月24日，苏联最高统帅部任命该集团军司令员别尔扎林上将为苏联驻柏林的第一任城防司令员和苏军卫戍司令员。

在奥得河到柏林市区的斯普里河之间的战斗中，第3突击集团军一路猛打，生俘、击毙德军数千人，所经之处，德军尸横遍地，被毁以及丢弃的武器装备比比皆是，一片狼藉。慑于这支部队的勇猛，德军投降者日益增多，特别是在强渡斯普里河时，苏军士兵刚刚架好桥，约有20名德军士兵就已经首先过了桥，向苏军投降了。

柏林市中心，一个连接着15条铁路的铁路枢纽部还平静地躺在那儿，虽然有的路段已经被苏军的炮火炸毁，但是德军还是希望借此进行抵抗。公路，也被炸弹的弹坑和被炸建筑的成堆瓦砾堵死了。这时一些德军士兵利用残存的路段在向各方面运送着作战物资，他们启用了一些可以临时搬上铁轨的小型牵引车，在铁路枢纽处向各方运送着物资，铁路枢纽还没有死亡。

崔可夫指挥的近卫第8集团军和近卫坦克第1集团军，已经把这个运输中枢列在了重要目标的名单上。他们从东南、南部向柏林市挺进，与突击第3集团军遥相呼应，他们并没有打算彻底破坏这个枢纽部，因为，铁路本身是中性的，它控制在谁的手中，就可以为谁服务。所以，这两支部队把目标定为"歼灭固守敌军，控制周围建筑，尽量保护一些重要设施，控制技术人员。"

突击铁路枢纽部的战斗开始了。

两个集团军，几万人的队伍要同时开进或攻打枢纽部是无法展开的，两位集团军司令部经过商议，决定用2个步兵师和1个坦克师加强部分炮兵组成突击集团，由朱可夫司令部统一指挥，其余兵力在外围作战，或者继续完成其余任务。

德军为了延长自己的生存时间，想尽了一切可能阻止苏军的手段，他们以车站建筑为基础，先是改造成可以互相支撑的支撑点群，用水泥围子把数辆坦克筑起来，只是露出炮塔，在四周构成环行防护圈，坦克兵没有办法出来，也没有办法退，他们要么打，要么就死。兵力防御中，希特勒把大量的坦克都这样使用了。在铁路线上，一串串装满煤炭、沙石、废旧车辆和机器以及其他还没有来得及卸下的物资组成了几道列车障碍，一节连着一节，一排挨着一排，挡在重要建筑物前，坦克顶不翻，撞不断，步兵机动、射击也受到很大的限制，炮兵也难以直接瞄准。

苏军突击部队见状立即改变了集中全歼战术，他们把大炮和坦克组合在一起，在坦克必须经过的地段上，他们先集中强击炮炸断列车的连接部，而后坦克强行顶开单节车厢，有时用坦克顺铁路推走车厢，用这些办法解决了坦克被阻碍的问题。步兵则化整为零，每十几个人组成一个小分队，在障碍缝隙中穿梭，密密麻麻的到处都是攻击的小分队，对那些难以用炮火摧毁的坦克发射工事，他们用多个小组多个方向此起彼落地向前围攻，使坦克不知道打哪一处好，击东则西进，击南则北进，就这样，各分队都先后贴近了水泥围子，用炸药包一个个解决了他们，攻击部队势如破竹，用了两个多小时的时间就控制了整个枢纽部。

近卫第8集团军与柏林战役的其他部队一样，每天都在挺进着，几次酣战之后，他们与同其对进的突击第3集团军仅仅只有2.5公里了，一旦他们的手握在一起，希特勒就将被彻底挤出这个世界，他将随他在全世界扩张出去的版图一起消失。

几路大军潮水般卷进，希特勒大营外的一个个支撑点被拔掉了，一个个大小不等的效忠集团被生擒或歼灭了，一座座建筑、一条条街道逐步落入苏军之手，苏军大小不等的红旗在凸出的建筑物的顶部一面面地增多起来，正义之师正在吞噬着邪恶，胜利的曙光在升起，法西斯的末日在降临。

又经过4月28日一天的激战，柏林守军已经被分割成三个部分：一部被围困在柏林东北部，一部被围于蒂尔加滕花园地域，这两个集团的联通地带只剩下1,200米；蒂尔加滕花园和被围的另一集团——维斯滕德及鲁莱本地域德军的咽喉地带只有500米。

第8集团军强攻蒂尔加滕花园区的行动开始了。为了准备对最后目标的攻击，第8集团军和其他集团军一样进行了休整，攻击国会大厦的第3突击集团军又新投入了一个军。为攻克最后的堡垒，集团军司令员们都指示部队要充分做好准备。

崔可夫的一支部队提出通过地铁干线潜入蒂尔加滕花园区。这是一个大胆的设想，但是崔可夫没有马上表示同意，先向侦察员们反复地了解情况。他得知了一些重要的细节：柏林南部市区的地铁站大都设在地面，因而到目前为止一直没有利用这些隧道。而那些设在地上的干线会把苏军引向相反的方向。还有，柏林地铁车站狭窄、拥挤、隧道深度只有3~4米，飞机轰炸后，许多路段已经被泥土堵满，或者被水淹没。

还有两条从泰姆泊尔霍夫机场方向通往蒂尔加滕花园区的隧道能不能利用呢？崔可夫提出首先要进行侦察。

亚历山大·扎姆可夫是一位出色的侦察员，他担当了这次侦察任务。

扎姆可夫下到了地铁站内，下面一团漆黑，伸手不见五指。

他沿着黑洞洞的隧道向前走了300米，里边静得可怕，突然，前方出现一个亮光点。

侦察员轻轻地匍匐前进。

他一步一步地接近亮点，那是一盏由挂在墙壁的避险洞里的蓄电池供养着的小电灯。扎姆可夫的全身器官进入了高度警觉状态。德国人的谈话声！香烟味！罐头味！

扎姆可夫认定这儿有一群德国人。

接着，德国人又打开了第二盏灯。并对准了侦察小组的方向，然后他们在暗中隐藏起来。

侦察小组伏在地上向前观察。

一个大铁门镶嵌在一堵砖墙里，横堵住了整个隧道。前进了几十米，突然枪声大作，德

↓柏林之战中，寻找掩体步步为营的苏联士兵。

军似乎听到了动静,自动枪、长柄火箭弹一齐打来,侦察员们躲进了墙壁上的避弹洞。他们决定消灭这股敌人。

扎姆可夫一摆手,几颗手榴弹同时扔过去,间距很小的几声巨响,使昏暗中的德军乱了阵脚,侦察小组乘势向前冲击了200多米,德军急速撤退了,这才使得侦察员们判断清楚,这股德军不是守隧道的,可能是警戒哨一类。

向前冲击过程中,前面又见到了一堵墙,德军就是这样用逐段设置堵墙的办法,控制着隧道。

侦察员把情况向崔可夫做了汇报。

崔可夫放弃了以大量兵力从隧道进入蒂尔加滕花园区的设想,开始了强渡运河。

运河把蒂尔加滕花园区同强击部队隔离开来,地下不通,他们就必须强渡这条运河。

步兵们在火力掩护下直接从河里渡过去了,他们采用先向河内投诱饵,吸引敌人火力点射击,然后集中压制再过河的办法。坦克与过河步兵协同作战,打开了运河对岸的登陆场。

长8公里、宽2公里的蒂尔加滕花园区处在了苏军的包围之下。这个椭圆形的孤岛,成了德军的最后一个核心堡垒。通信枢纽部、指挥所、防空司令部都设在这儿,占据着一所地上地下共6层的钢筋混凝土结构的建筑。帝国办公厅里希特勒及其600多名党徒还巢居在这儿,很多沉重高大的方柱支撑着有棱角的建筑,显得十分阴森可怕。北边的国会大厦,经过多次炸弹的破坏,已经成了一座空荡荡的庞然大物,歌剧院、宫殿、博物馆均已经变成了支撑点和抵抗枢纽部。

柏林的解放,整个德国的解放,就取决于对蒂尔加滕花园区的攻击,取决于对帝国办公厅里希特勒老巢的最终捣毁。

No.2 国会大厦,不惜一切代价

国会大厦,是古老德国的象征,帝国的议员们,曾经以身居大厦商议国事而自豪,它的繁荣,是德意志兴旺的标志,同理,它的坍塌,也是法西斯灭亡的象征。而今天,这种灭亡的钟声已经敲响:一座富丽豪华的古典式大厦已经被改造成试图延缓法西斯灭亡的支撑点。四周的门窗被堵得严严实实,一个个观察孔、射孔伸向四方,俨然一座中世纪的古堡。以该堡为中心,四周的建筑物也同时被改造成防御的堡垒,作为大厦的重要支撑。周围平坦的花园,被掘得一片狼藉,堑壕、工事彻底夺去了昔日花园的美丽。作为希特勒支撑自己的砝码,这座大厦战堡已经在这儿静静等了几十个昼夜,无论它的形象多么丑陋,苏军都必须去面对他,攻克它。

一场强攻帝国大厦的殊死战斗就要开始了。

突击第3集团军特别荣幸地接到了这个任务。

第3集团军的侦察队,早在部队攻打大厦外围时,就做了详细的侦察,从抓到的各类德军俘虏口中还得到了一些基本情况。

中国古代有句名言：知己知彼，百战不殆。攻打国会大厦之前，苏军已经对德军以及大厦的情况摸的很熟。

大厦位于蒂尔加滕中央公园东北角，紧靠斯普里河南岸。

大厦周围的建筑有内务部大楼即吉姆勒宫、帝国剧院、政府大楼、勃兰登堡大门。他们构成了大厦的屏障。

火力方面，科尼格斯操场上大量高炮控制着通往大厦的接近通道。各建筑与大厦火力相交叉。

交通方面，莫尔特克桥是唯一越过斯普里河通往国会大厦的一座桥，而且还有多层火力控制。大厦周围的空地，防坦克壕灌满了水，交通壕与大厦地下室紧密相连。

大厦守备队，共有兵员1,000名，来自空投到大厦地域的罗斯托克市海军学校学员，还有炮兵、飞行员、党卫军支队和国民突击队。

希特勒下达了疯狂的命令，要不惜一切代价守住大厦。

朱可夫和库兹涅佐夫命令，要不惜一切代价拿下大厦。

大厦地域，苏德两军刀兵相见。

4月29日，零时30分。

步兵第765团第一营和步兵第380团第一营，在炮火的掩护下，一举夺得莫尔特克桥，这是攻占国会大厦的必由之路，在此之前，步兵曾经试图攻占该桥，但是在付出惨重代价之后，始终未能如愿。

现在，通向国会大厦的大门被打开了！

紧接着，苏军对防守坚固的支撑点内务部大楼进行了强攻。

被称之为"吉姆勒宫"的内务部大楼，是一个固若金汤的建筑物，大楼下层和半地下室的墙有两米多厚，并有土堤加固，门窗都用砖紧紧堵死，并且筑有防护栅栏。一部分窗户设置的射击孔和观察孔，把斯普里河置于严密的火力控制之下。

清晨，苏军对吉姆勒宫实施了十分钟的炮火袭击。猛烈的炮火，一时把德军打得毫无还手之力。特别是M－31火箭炮，给吉姆勒宫造成极大的破坏。炮手们把火箭炮沿着古马奥里特大街和克龙普林岑河街运到街角大楼的二楼上，从那儿直接瞄准吉姆勒宫射击。

在炮火的掩护下，步兵第150师第756团从莫尔特克过河到对岸，开始了夺取吉姆勒宫的战斗。

这是一场短兵相接的鏖战。

到下午1时，第756团才占领了面向施立芬沿河大街的一角，然后艰难地突入院内。

这一天，第756团、第674团、第380团的各个分队，为攻占这座建筑物进行了殊死战斗。吉姆勒宫内的法西斯分子，进行着绝望而又顽固的抵抗。战斗一直持续到第二天凌晨，这座堡垒才被苏军攻克。

帝国剧院，同样是一座坚固的堡垒。

苏军在经过了一番不亚于攻占吉姆勒宫的激烈战斗后，才好不容易从希特勒分子手中夺下了这座剧院。

现在，该轮到苏军士兵，在这儿上演一幕幕活话剧了！——其实，准确地说，苏军士兵已经在剧院前，以自己的勇猛气概，表演了一场精彩的反法西斯话剧。

4月30日凌晨5时整，帝国剧院、国会大厦硝烟四起，炸裂声震耳欲聋，苏军炮兵的集中射击、直瞄射击开始了，担任强攻的各部士兵，越过瓦砾堆，跳过各种弹坑和壕沟，在一排排被削去树头、烧焦表皮的树干间穿梭。他们看准了距离国会大厦300～500米的两条大沟，一条是防坦克壕，在大厦南侧；一条是用掘开法修地铁挖的，尚未覆盖，沟里都灌满了水。各分队在这儿占领了出发位置。

炮火在不停地射击，一队队士兵在向前运动着，在一片炮声中，150师、171师各个分队都占领了出发位置。

大厦紧缩于高墙和胸墙掩体内，苏军士兵开始琢磨怎么突破它、越过它。

国会大厦是德军的最后一块重要阵地，德军在这最后的阶段几乎拿出了浑身解数，企图靠它来延缓自己走向死亡的进程。守住大厦，不仅有政治上的需要，还有军事上的需要，那就是大厦居高临下，以其一点控制一片。再就是里边有1,000多人的有生力量。

步兵第150师师长沙季洛夫，已经随部队攻克了若干座大小城镇，论城市作战的经验他可是行家里手，但是这次他没有完全拘泥于过去的经验，他的指挥所靠前了，就设在距离大厦不远处的一座不被人注意的小建筑物里。在这儿他看到了部队炮火准备和接近部队的大部分情况。

4月30日13时整，几乎没有感觉到时间差，第一群炮弹整齐地向大厦击去，整个大厦顿时有一种被定时起爆的感觉，一霎那间穿起了一件烟裙。紧随而来的是一束束火箭弹的啸声。大厦主体，旧伤痕再添新疤。有的墙壁被炸裂，有的角部坍塌，有的地方则直接被击穿成一个大洞，有的地方只是被挖走一块墙皮。

希特勒军队是背水一战，战亦死，不战亦死，反不如以战换取一线生机。希特勒已经把他们推向了绝路。

这时，来自大厦各层火力点和周围建筑物的火力越打越猛，苏军的伤亡急剧扩大，第一批突击分队被迫撤了下来，向国会大厦的第一次强攻失败了。

经过第一次冲击，大厦的重要火力点也都暴露了出来。

苏军指挥部决定，于当日18时再次强攻。

接到命令，攻击部队进行了周密的准备，他们根据敌人火力点的位置，给每一门火炮进行了分工，有的几门炮对准一个火力点，并围绕主突击方向将炮火兵力相对集中，他们强行换下了受伤的战士和军官，对兵力进行了补充。

18时终于到了，这是一个真正复仇的时刻，这次炮火准备不再是盲目地乱打了，每门大炮对准目标，非常准确地打掉了一批重要的火力点，给德军火力以有效地压制。

仅仅几分钟之后，苏军就到达了国会大厦，很快，大厦底层多处就飘起来红旗，这红旗

↑国会大厦在战火中变得百孔千疮。

极大地鼓舞了攻击大厦的全体官兵，也鼓舞着在大厦地区作战的各个部队。

彼得·皮亚特尼斯基是苏军党组织的负责人，冲击中，他亲自扛着红旗，一边甩手榴弹，一边向大楼冲击，在红旗的背后，他的连队飞似的向大厦冲击。他已经在连队先头登上了通往大厦入口的多级阶梯，正在向前飞奔时，不知道哪里打来一颗流弹，指挥员饮弹牺牲。下士谢尔宾接过红旗继续向前冲，大厦门口的圆柱上终于飘起了他们的红旗。

重型炮兵分队，这时也不能使用大炮了，他们端着冲锋枪一起冲入大厦，插上了自己的红旗。

苏军士兵冲到了圆顶形的前厅，隐蔽在周围的德军向苏军打来，他们灵活地利用一根根圆柱躲避敌人，一步步地逼近敌人，苏军德军犬牙交错，纠缠在一起，双方端起刺刀，一场面对面的冷兵器厮杀在前厅展开。德军拼刺的功夫不如苏军，一个个地毙命。另一部分有的退守房间，有的钻入地下室，有的到了上一层，苏军开始分路追杀。

国会大厦的房间里，堆满了木质办公设备，手榴弹的爆炸引起了大火，德军钻入地下室，为了把他们赶出来，苏军调集来了喷火器，一团团凝固汽油燃烧的火焰，使大火在楼内四处蔓延。德军出来了，一场烈火中的搏斗又开始了，德军且战且退，被逼入大火之中，有的带着火焰从楼上跳下去被活活摔死。

沿着先头分队的突破口，三个强攻营都进入了大厦，近千名苏军与近千名德军在大厦之内展开了乱战。狭路相逢勇者胜，刚刚进入大楼的苏军，谁也说不清哪儿会突然冒出敌人的子弹来。他们凭着凌厉的攻势，互相掩护，一个房间一个房间地搜索，为了躲避大火，德军到了上层，并且死守楼梯，使苏军每攻打一层都付出较大代价。

二层的楼梯口3挺机枪架在了水泥墙后边，紧紧卡住了通路，十几具苏军士兵的尸体堆在了楼梯入口处。喷火兵佐罗夫斯基把最后一罐凝固汽油送了上去，敌人的机枪哑了，可是大火又布满了楼梯，苏军士兵们待火势稍小，一个个越过火障，又去投入新的战斗。

三个小时过去了，楼内一片漆黑，加之不熟悉楼内情况，战斗更加艰难了。双方摸着黑继续打。中士彼得森冲到了暗处，与一名德军士兵背靠背互相掩护着，都以为是自己人，借着窗口的一丝光线，他才发现德军的大扣子，说时迟那时快，一刀刺下，结束了德军士兵的生命。在漆黑的乱战中，米宁中士摸到了顶层，于4月30日22时30分，把一面红旗插在了顶层外边的雕塑群中。

突击第3集团军的第5号红旗，象征着他们攻击的第5个重要目标，津岑科团长自从师长那里接过这面旗子之后，又把他授予了侦察员坎塔里亚和叶戈罗夫。他们分别和列别斯特中尉指挥的战士一起，带着特殊的使命，边打边向楼顶冲去，侦察员们凭着身体的敏捷躲过了德军数次追击，于4月30日晚11时15分，把第3突击集团军这面最大的红旗竖在了法西斯帝国议会大厦的最高处。

柏林战役进入了最高潮的部分。

在最高潮的部分苏军取得了伟大的胜利。

对德作战的大局已定，德军的投降已经是指日可待的事情了。

第7章
CHAPTER SEVEN

元凶的末路

★希特勒最初不同意将可以调出的兵力调到东线去。然而，随着战役过程的发展，事实上证明了古德里安的建议是正确的，而希特勒最终也不得不从西线调出大量的兵力来加强东线的防御，以阻止苏军的西进。

★希特勒已经意识到，希姆莱的背叛为他敲响了警钟，在此之前，他曾经犹豫不决，他动摇过，也期待过，后来，他作出了决定，一经决定就不可更改，任何压力、任何劝说都不能动摇他的决心。

No.1 歇斯底里的希特勒

让我们把目光回到1945年2月初。

希特勒是举世公认的战争狂。他的大名与第二次世界大战密不可分。

希特勒上台后，他极力使整个经济为战争做好准备，并打破凡尔赛条约的束缚，积极扩军备战。1935年3月16日，希特勒公开撕毁凡尔赛条约，宣布实行普遍义务兵役制，建立一支和平时期由36个师组成的德国陆军。

希特勒在一份专门备忘录中，为德国在1936年通过的4年计划提出了如下目标：

一、德国军队必须在4年内具备作战能力；

二、德国经济必须在4年内为战争做好准备。

希特勒的扩张计划大致可以分为三个阶段。

首先，建立一个囊括中欧的大德意志，作为核心，它主要包括奥地利、捷克的苏台德地区和波兰的但泽走廊等有大量德意志人居住的地区。

其次，打败法国，消灭苏联，夺取欧洲大陆的霸权，并以此作为称雄世界的基础。

最后，向海外发展，战胜英美，统治全世界。

总之，用一句话来概括就是："先大陆，后海洋。"希特勒的野心是很大的，可以说他为之付出了很大的努力，但是，终究事与愿违，他不可能实现自己的奋斗目标，不可能再站在帝国办公厅楼房正面那个小小的阳台上来接受人们的欢呼了，也不可能再坐在元首办公厅发号施令，指挥一场屠杀人类的战争了。

2月初的一天，德军高级将领们来此谒见希特勒。古德里安作为陆军总参谋长首先对东线的情况进行了汇报。他的汇报简短扼要，或许这与他的性格是分不开的，另一方面也取决于他与希特勒的特殊关系。在1941年进攻莫斯科的战役失败后，他曾经被解除了职务。1944年7月20日，德军总参谋长卡里杰尔因政变被撤职后，他才重新得到赏识，并被任为现职。

他主张东线要保持相当强的兵力，他特别清楚东线的形势和苏联的军事优势，知道东线对德军的危险性。他提议集中一切现有力量组织和保持东线的坚强防御，为此必须削弱西线，放弃一切为了面子而进行的攻势。

然而，希特勒最初不同意将可以调出的兵力调到东线去。然而，随着战役过程的发展，事实上证明了古德里安的建议是正确的，而希特勒最终也不得不从西线调出大量的兵力来加强东线的防御，以阻止苏军的西进。

1945年2月到3月，德军在西线的情况也如同东线一样十分被动。英美盟军在抢过雷马根大桥并在莱茵河上建立了新的桥头堡之后，便进入了德国本土，由此再往前，盟军基本上便没有什么障碍了。这时，希特勒经过宣传，宣布发动"全民战"，动员男女老少都加入战争，以抵抗东西两线的进攻。

1945年3月，当德国就要走向崩溃的边缘的时候，古德里安忍不住想要干预政治了。他通过负责外交部和总参谋部之间联系的巴拉东公使，与外长里宾特洛甫谈妥了会晤一事。只

→ 赶着去见希特勒的古德里安。

是在这次会晤中，里宾特洛甫才从古德里安口中得知战争即将失败。古德里安想让里宾特洛甫同意这么一种观点，即希特勒应当在一切条件下开始与英国人和美国人进行谈判。但是，里宾特洛甫不同意，理由是希特勒会"把他赶出去，让他滚蛋或者枪毙他"。

在这种情况下，古德里安决定去见希姆莱，他俩一致认可让戈林去见希特勒，于是希姆莱便去找戈林。希姆莱同戈林谈了约有4个小时，戈林也完全认为必须走这一步，但是却同样拒绝去见希特勒，并说不能破坏对希特勒的忠诚。同时，他也说"这样希特勒会把我赶跑的"。只是在这种手足无措的情况下，希姆莱才决定单独活动，他在政治上看得比希特勒要远。他曾经没有通知希特勒就从集中营里释放了数千名丹麦和挪威政治犯。

大约在3月20日左右，希特勒在元首办公厅的军事会议上"劝"自己的参谋长古德里安到疗养院去治疗心脏病，古德里安懂得了希特勒的意思，道谢之后离去了。

下一个感到在希特勒面前失信的是戈林。一次，高级将领们又被希特勒召到元首办公厅去讨论形势。当海陆军将领们汇报完毕后，空军开始汇报空战情况。这时，希特勒中途打断了汇报，重新询问有关新型驱逐机的情况。这个问题几个月以来每过一段时间他就会提起。当希特勒听到一架新型飞机也没有起飞时，他沉默了一会儿，紧咬着嘴唇，然后愤怒地对戈林说："戈林，你的空军不配作为武装部队中的独立兵种。"这句话就像冰雹一样落到了戈林头上。

总之，希特勒既不了解战况，也不了解自己的部下。他这种不正常的做法，他这种变态的心理，已经决定了他不可能有效地阻止苏军的进攻，不可能挽回败局。

No.2 戈林的背叛

柏林。地下暗堡。

希特勒过于悲伤，这几天发生的一切对于他来说都太过突然了。抛开苏军大军压境不谈，仅他集团内部发生的几件事情就让他受不了：先是古德里安公开反对希特勒并不怕解职；后是海因里希公开反抗，进而下达模棱两可的命令；再就是文克违抗命令，不肯按照统帅部指令行事；现在又冒出来一个戈林——他指定的继承人——公开反叛，他怎么承受得了？

深夜，几辆小汽车打着昏暗的车灯疾驰在汉堡通往卢贝克的公路上。尽管星稀月暗，路无行人，但小车一律挡着窗帘，好像要挡住什么秘密似的。进入市区，小车又东绕西拐，最后在艾因堡大街公园旁边的一幢小楼停下。希姆莱和舍伦贝格先后从前后车中走了出来，嘀嘀咕咕的不知道说了些什么，在几名党卫军官的簇拥下走进小楼。

这是瑞典驻德港口城市的领事馆。希姆莱一行的目的是请瑞典的伯纳多特伯爵从中斡旋德国和英美等西方国家的关系，以德国向盟军投降来保住德国的最后一点领土。

这是德国人为停战事宜和瑞典人进行的最后一次交涉了。

希姆莱抬起头，好像是看到一线希望似的，把目光集中在伯纳多特身上。他知道伯纳多特在瑞典是很有声望的外交家，在英美等国也很有影响，只要认真斡旋，英美等国是会认真考虑他的意见的。但是他不知道，正当伯纳多特帮他上下活动，艾森豪威尔和丘吉尔都表示愿意接受德国投降时，斯大林发现了他们的企图，并正式对盟国的这种行为提出了强烈抗议。鉴于苏联的压力，英美等盟国不得不改变了单方面接受德国投降的动议，伯纳多特也就不敢大包大揽，不留余地。他轻轻地看了看希姆莱，请他谈谈具体想法。

在摇曳的烛光的映照下，希姆莱显得十分憔悴，无精打采。稍加思索，他告诉伯纳多特："请伯爵设法让美英等国停止西线的攻击，允许德国把西线的部队调往东线和布尔什维克作最后的斗争，而后，我们向盟国投降，不知伯爵是否同意我们的想法？"

伯纳多特不急于表态，他冷静地问：

"万一乞降被拒绝的话，您准备怎么办？"

"如果是那样，我将担任东线的总指挥，尽最大力量与苏联人周旋，决一死战，直到我战死沙场。"希姆莱果断地回答。他不相信盟军会拒绝投降，因为他已经截获电报，知道了丘吉尔对蒙哥马利的指示：要仔细收集和注意存放好德军武器，以便于日后顺利地再发给我们必须与之合作的德国士兵……英国首相已经有意，别的国家的工作就好做了。他还相信，关键时刻英国人会为了自身利益而主动帮助德国人说话。

"请相信我会通过我的国家去帮助贵国周旋，但是也请诸位做好两手准备。"伯纳多特刚要送希姆莱一行出洞，就在不远处传来了飞机的轰炸声……

夏勃回来时候意外地发现希特勒正在玩弄着刚从保险柜里取出来的大瓦瑟枪，给人一种即将要自杀的感觉。恰恰就在这时，戈培尔以及全家到了。仿佛在深水中抓到一块木筏，希特勒极为惊喜，他亲切地和戈培尔全家打招呼，欣然接受了戈培尔"不要走向自我毁灭"的劝说，而后命令他的宣传部长利用柏林的电台告诉全体人民："元首在柏林，而且将同他的部队一起为保卫首都血战到底。"他同时命令，西线部队全部撤回柏林，保卫首都。

No.3 希特勒房间里的枪声

暗堡的内部是阴森凄凉的。尽管有他最宠爱的情妇爱娃·布劳恩和大批随从围绕着他，但希特勒还是感到一切都是那样的寂寥。明天就是他56周岁的生日了，他不愿意再听到关于苏军进攻情况的报告和种种不利于他的决心的建议，只想静下心来好好想点什么，他将了将引以为豪的胡须，一间又一间的巡视着他那地下领地。房顶很矮，走廊犹如地窖的狭窄过道一般使他感到一种前所未有的压抑，豆大的水珠不时地从几处斑驳破裂的水泥中渗出滴下，使他感到一种深深的厌恶。32间拥挤不堪的房间，有好几个被漆成战列舰般的灰色，使阴森的地下增添了几分冷酷。他无心再转，掉过头来走进位于西南角上的属于他的三个房间。这是暗堡32个房间当中较大的3个，每间4.6米长，3米宽。附有抽水马桶和淋浴喷头。他先走进了最靠边的卧室，望着那仅有的一张单人床，一个床头柜和一张梳妆台，呆呆地愣了会儿神，而后轻轻地叹了口气，走进了隔壁的起居室。这里同样简陋，仅有一把躺椅，一个咖啡茶几和一把椅子。他想坐下休息一下，却不知道怎么感到十分烦恼，狠狠地摔了一下椅子，怒冲冲地走出了房门，又狠狠地把门关上。

最近几周里，希特勒的健康每况愈下，昔日那种湛蓝颜色、炯炯有神的目光已经渐渐被呆滞取代，眼球深陷且充满血丝。褐色的头发仿佛一夜之间变得灰白。他再也站不直了，走起路来不但抬不起脚，而且有一条腿总在后面拖着。他的双手颤抖得越来越厉害，左手需要右手的扶持才能摸到胸前，站立的时候常常需要用腿紧靠桌边才能支撑住，躺下来时不得不靠贴身侍卫林格帮他把脚抬到睡椅上才能躺平。他已经失去了昔日的威严，使暗堡里的人不大相信他还是帝国的元首，而更多的相信只是他们的"头"。

希特勒的幻想终于被事实粉碎了。4月28日，苏联人已经靠近市中心，歇斯底里的电报一封接一封地从地下室发出。

一个小时以后，一个确切的消息终于从外部传到了地下室，这一消息是由新闻局的一名工作人员从宣传部带来的，此人的任务是抄送和翻译重要的国外消息，然后送交元首。他叫海因茨·罗伦次，送来的是有关希姆莱与敌人谈判的消息。

听到这个消息，希特勒登时勃然大怒。这是他所受到的最沉重的打击。"忠诚的海因里希"这位唯一不受任何怀疑的纳粹党领袖背叛了他，从背后捅了他一刀。

此时，希特勒已经意识到，希姆莱的背叛为他敲响了警钟，在此之前，他曾经犹豫不决，他动摇过，也期待过，后来，他作出了决定，一经决定就不可更改，任何压力、任何劝说都不能动摇他的决心。

此后，他又用约有一周的时间才决定了此余生。现在，已经到了实行这一决定的时候了。

4月28日到29日夜，他终于取消了希姆莱的继承权，写了他最后的遗言，并同爱娃·布劳恩完了婚。

午夜刚过，希特勒来到格莱姆的房间，向他下达最后的命令。希特勒脸色苍白，坐在床边，向他说明使命的双重意义：第一，必须出动空军，轰炸有可能向总理府发起进攻的苏军阵地；第二，必须逮捕叛徒希姆莱——当希特勒开始提到这个名字时，双手发抖，声音变得含混不清。

格莱姆和汉娜·莱契像来时一样，冒着生命危险飞出了柏林。

→ 希特勒与爱娃。

凌晨4时，两份遗嘱已经签名，为了使这两份对后世极为重要的遗嘱不致遗失和转交方便，又将他们一式打了三份，希特勒在这两份遗嘱上签了名之后，戈培尔、鲍曼、克雷布斯和布格道夫以见证人的身份也在遗嘱上签了名。作为私人遗嘱的见证人在上面签字的有戈培尔、鲍曼和最后8年中与希特勒形影不离的空军副官科拉·冯·贝洛上校。

希特勒已经开始准备自杀。据这一天外界传来的最新消息称，墨索里尼已经一命呜呼了。这位法西斯的先驱和希特勒的同党，在欧洲推动独裁统治方面是希特勒的楷模。他在各个阶段的起步和失败也早于希特勒。如今，他以自己独特的方式勾画了一个失败暴君的必然命运。

下午，希特勒的外科医生哈泽教授来到地下城堡，希特勒让哈泽毒死了他的爱犬勃隆狄。另外两只家犬是由原来照料他们的上士开枪打死的。希特勒又给他的两位女秘书分发了毒药，以便在紧急情况下服用。他说，非常遗憾，他不能送更好的礼物。他表扬了她们的精神，并补充说，希望将军们能够像她们一样忠诚可靠。

这天下午的晚些时候，当新的一天工作开始后，各位将军像往常一样带着各自的战报来到地下暗堡。总理府卫队长蒙恩克少将报告说，局势略有好转，西西里亚火车站已经从苏军手中夺回，然而总的军事发展仍然没有什么变化。

中午，形势越发不妙，有消息说：弗里德里大街的地铁隧道已经落入了苏军手中，总理府附近的优斯大街地铁被部分占领。动物园全区失守，苏军已经越过波茨坦广场和魏登坦大桥。

希特勒不动声色地听完这些报告，他大约下午2点钟才吃午饭。希特勒镇静自若，没有提及他的打算，虽然他已经为即将举行的仪式做好了准备。

希特勒吃罢午餐辞退客人后，又单独一个人静坐了片刻，然后在爱娃·布劳恩的陪同下走出自己的房间去参加另一个告别仪式。参加这个告别仪式的有鲍曼、戈培尔、克雷布斯、布格道夫、哈韦尔、瑙曼、优斯、京舍、林格以及4位妇女等人。戈培尔夫人没有在场，由于她的孩子也将一起死去，因此她难以克制自己，这一天她都在自己的房间里，哪里也没有去过。

希特勒和爱娃同大家握手告别之后回到自己的寝室，其他人也都被送走了，只有几名高级牧师和几名必不可少的值班人员在通道里。

这时，希特勒的房间里发出一声枪响。

282

第8章
CHAPTER EIGHT

帝国终焉

★别尔谢涅夫少校被指定为苏军军使，在谈判地点，他义正词严地重申，德国人必须无条件地投降，否则他们将在24小时之内被全歼。

★5月9日凌晨4时左右。满载着德国无条件投降书和在柏林战役中被粉碎的法西斯军队各师军旗的飞机，徐徐在机场降落。顿时，机场响起了欣喜若狂的欢呼声。和平，盼望已久的和平，终于降临了！

No.1 降或不降

第8集团军司令部。

崔可夫意识到德军投降的日子就在眼前，但是他又做了种种防止德军施展各种花招的安排。他向政治部以及客人们很客气地道了歉，并做了必要的安排，驱车前往前线指挥部。

按照崔可夫司令员的指示，集团军参谋长别利亚夫斯基建立好了可靠的通信联络，并指示集团军情报处的几名参谋和翻译人员立即赶到了崔可夫处。

深夜，崔可夫和副官两人静悄悄地等待着德国军使的到来。

5月1日的清晨已经悄然来临。3点55分，门终于打开了。

德军陆军参谋长克莱勃斯走了进来。他依然是一身整齐的将军装束。此人中等身材，体格健壮，头剃得精光，脸上挂着几道伤疤，脖子上挂着一枚铁十字勋章。随同而来的还有坦克56军参谋长、总参谋部一名上校参谋和一名翻译。

未等崔可夫开口，那人先进行了声明，说话间，还带着一种不甘屈辱的神情：

"我要告诉您一件非常机密的事情。您将是我通知此事的第一个外国人。4月30日，希特勒已经通过自杀结束了自己的生命，自愿离开了我们。"

崔可夫心中一惊，他确实不知道这件事的发生。但是他早就做好了心理准备，无论多大的事情，都要镇定自若。

接着克莱勃斯宣读了戈培尔给苏联最高统帅部的信，信中说由戈培尔全权与苏联领袖取得联系。此外，还有两份谈到全权证书和附有新的帝国政府和德国武装力量最高统帅部名单的希特勒遗嘱。他想搪塞可能要他回答的问题。

以上这些内容，对苏军来说确实是重要新闻，但是他们最关注的还是德军彻底投降的问题。

克莱勃斯十分狡猾，一直咬着要苏军同他们的所谓

↑苏军近卫第8集团军司令员崔可夫。

新政府进行停战谈判不放。持续一昼夜的谈判毫无进展。

5月1日的清晨已经来临，天色大亮，谈判还没有最后的结果。这时，第28集团军军长雷诺夫中将用电话报告崔可夫，告诉他4时30分德军曾约定苏军一名军使去动物园东北角与德军军使再次会面。

别尔谢涅夫少校被指定为苏军军使，在谈判地点，他义正词严地重申，德国人必须无条件地投降，否则他们将在24小时之内被全歼。

然而，德军守备力量早已发生了分裂，一批主降，一批死抗。事情趋于复杂。前来谈判的克莱勃斯一直咬定新政府的地位，崔可夫寸步不让。

第8集团军与德军帝国办公厅的电话接通了。克莱勃斯还在崔可夫指挥所里向办公厅通了话，办公厅请求苏军让克莱勃斯回去。苏军同意了他们的意见。

克莱勃斯在电话里重读了一遍苏军提出来的投降条款：

1. 柏林投降。
2. 所有投降者都交出武器。
3. 保证官兵生命安全。
4. 治疗德军伤员。
5. 为用电台与盟军谈判提供方便。

第三帝国领导人不同意投降。邓尼茨仍然试图加速东西方的分裂。在他看来，没有比这种方法更能拯救德国了。

所以，在东线，他们的士兵与苏联红军进行着殊死的战斗。而在西线，一看到盟军就立即投降。

德国的居民也纷纷逃向西部。

5月4日，邓尼茨派汉斯·冯·弗里德堡海军上将，带着指示到盟军最高司令部，安排在西线的德军残余部队的投降事宜。

艾森豪威尔再次要求在东线、西线全面投降。他还邀请苏联驻盟军最高司令部的联络官苏斯洛马洛夫将军一起参加谈判。

艾森豪威尔让助手告诉弗里德堡，他拒绝在无条件投降之前会见任何德国官员。弗里德堡则回答说，自己没有权力签字。

在盟军的压力下，弗里德堡只得打电话给邓尼茨，请示批准在投降书上签字。邓尼茨没有批准弗里德堡的请示，相反，他做了最后一次努力来分裂盟国。

他派德军总参谋长阿尔弗雷德·约德尔上将到兰斯安排在西线投降。约德尔告诉盟军，德军愿意，而且非常迫切地希望尽快向西方投降，而不向红军投降。

No.2 攻克柏林

5月1日，苏军的攻势终于使德军承认了自己的失败。莫斯科以及苏联的其他城市沉浸在一片欢乐声中。

德军一面谈判，一面投降，一面抵抗，在5月1日这最后的日子里，柏林还有7万人在抵抗，他们不准备投降。

而这一夜，苏军攻势却越来越猛了，79军与步兵第4军会合了；坦克第12军与第28军、第8集团军会合了；机械化第1军与近卫坦克第3突击集团军会合了。

这天晚上，苏军第79师无线电台收到了一份俄文电报："我们是德坦克第56军，请停止射击。柏林时间12点50分我们派几名军官到波茨坦桥，识别标志是一面红底色白旗。"

苏军立即用俄语作答，并在指定地点接受了德坦克第56军的投降。

朱可夫发出最后通牒，魏德林必须于5月2日7时前全部解除武装并投降。

5月2日，早晨7时。

崔可夫的指挥所接到电话说，柏林城防司令魏德林将军已经来到阵地前沿。不一会儿，魏德林将军被带到指挥所。

检查了各种证件，索科洛夫斯基将军要魏德林将军草拟彻底投降命令。

事实上，绝望中的德军，早就在等待着这一命令。

整个柏林都是一片白色。

白床单、白窗帘、白桌布、白上衣、白内裤，甚至连小孩的白尿布也派上了用场。

魏德林命令一下，整个分队、整个大部队都投降了。

5月2日15时，柏林守军全部停止了抵抗。2日日落前，柏林全部被苏军占领。一天内，苏军白俄罗斯第1方面军生俘德军10万余人，乌克兰第1方面军俘虏了3,400人。

苏军新任柏林卫戍司令员别尔扎林上将开始在柏林建立秩序。

苏联红军攻克柏林的消息像闪电一样传遍了全苏联，同盟国电台也中断了安排好的节目，广播了这一重大消息。

5月2日23时30分，324门火炮组成的礼炮队进行了24次齐射，以此祝贺自己的胜利。

至此，攻克柏林的战役达到了胜利的高潮。

No.3 投降书

5月7日，凌晨2点。

史密斯将军、摩根将军、布尔将军、斯帕茨将军以及一位法国代表和苏军的苏斯洛巴洛夫将军，聚集在兰斯的职业技术学校二楼的文娱室。

签字仪式开始了。

← 正在投降书上签字的德国代表约德尔（前中）。（左图）

← 正在投降书上签字的德军元帅凯特尔。（右图）

约德尔把德意志国家交到了盟军手中，并正式承认纳粹德国已经覆灭。

一墙之隔的另一个房间。艾森豪威尔正在一边踱步，一边大口地吸着烟。望着窗外一片春色，艾森豪威尔感到：新的生活来到了！

半个小时后，签字仪式结束了。

接着，艾森豪威尔亲自向盟国联合参谋总部口授了一份电报：

"盟军的任务已经在1945年5月7日当地时间2时41分完成。"

1945年5月8日，一个历史上值得纪念的日子。

柏林坦贝尔霍夫机场。

1945年5月9日，零时17分。

凯特尔开始不慌不忙地签署投降书。每签完一份，凯特尔总要装腔作势地仰到椅子上，等候秘书递给他另一份。军事投降书的内容是：

一、我们这些签名者代表德国最高统帅部，同意我们的陆、海、空军所有的武装力量以及现在由德军统帅部指挥的一切力量向红军最高统帅部，同时向盟军远征军最高统帅部无条件投降。

二、德国统帅部要立即命令陆海空所有的司令官和德军统帅部指挥下的所有兵力，于1945年5月8日中欧时间23时1分停止军事行动，停留在此时他们所在的地点，彻底解除武装，向当地的盟军司令官或作为盟军最高统帅部代表的军官移交他们的全部武器与军用物资，不许破坏与损坏机车、轮船、飞机以及发动机等有关设备，以及作战用的车辆、装备、仪器和一切军事技术装备。

三、德军最高统帅部要立即派出合适的指挥部，保证执行红军最高统帅部和盟军远征军最高统帅部以后所发布的一切命令。

四、本投降书将不妨碍盟国或以他们名义签订的、适用于整个德国与德国武装力量投降的其他总文件进行替换。

五、若德国最高统帅部或其指挥下的某一武装力量不按照这个投降书形式，红军最高统帅部以及盟军远征军最高统帅部将采取他们认为必要的惩罚措施或其他行动。

六、本投降书用俄文、英文和德文写成。只有俄文和英文的文本才是准确的。

德军最高统帅部代表：凯特尔、弗里德堡、施普通夫（签字）

1945年5月8日，于柏林零时30分

所有的投降书拿到另一张桌子上。

朱可夫元帅戴上金边眼镜，迅速在每份投降书上签字后，美、英、法代表也一一在上面签上了自己的名字。

5月9日凌晨4时左右。莫斯科。

满载着德国无条件投降书和在柏林战役中被粉碎的法西斯军队各师军旗的飞机，徐徐在机场降落。

顿时，机场响起了欣喜若狂的欢呼声。

和平，盼望已久的和平，终于降临了！

↓正在德国无条件投降书上签字的朱可夫元帅。

第9章
CHAPTER NINE

纽伦堡
国际审判

★在伦敦，大不列颠以及北爱尔兰联合王国政府、美利坚合众国政府、法兰西临时政府以及苏维埃社会主义共和国联盟政府，于8月8日正式缔结了关于对欧洲轴心国首要战犯起诉和惩处的协定。

★康斯坦丁·冯·诺伊拉特是外交部长里宾特洛甫的前任，他曾经帮助纳粹上台，并在驻扎在捷克的党卫军送交给他的屠杀令上无精打采地签了字，法庭得出结论，四条罪状都成立。被判以十五年徒刑。

No.1 审判与处罚

1945年2月，雅尔塔。

苏英美三大巨头再次相聚在一起。胜利在望时，他们考虑最多的是如何分享胜利果实。

当然，对给世界人民带来深重灾难的法西斯分子进行的惩罚，也成了三大巨头的话题之一。

三大巨头一致同意，要在战后解除德国武装力量，解散德国的总参谋部，在一切领域内清除纳粹和军国主义的影响，其中重要的一条，便是惩治战犯。

雅尔塔会议的成果之一，是决定召开联合国制宪大会。

1945年4月25日，在美国旧金山歌剧大院内，50多个国家的共计282名代表，以及世界各国的政治家、外交家、记者等5,000多人，出席了历史上最庄严的大会。

这是一个既充满矛盾，又充满合作气氛的大会，大会结束前，终于按照计划通过了《联合国宪章》。6月26日晨，各国代表依次在《宪章》上签字。

就在这次会议上，各国代表就一系列审判战犯的具体问题展开了热烈的讨论。

在伦敦，大不列颠以及北爱尔兰联合王国政府、美利坚合众国政府、法兰西临时政府以及苏维埃社会主义共和国联盟政府，于8月8日正式缔结了关于对欧洲轴心国首要战犯起诉和惩处的协定。

这就是《伦敦协定》：

第一条　依照德国管理委员会的决定应建立国际军事法庭对战犯进行审判。

第二条　本协定所述国际军事法庭的宪章、权限和任务均规定于所附的国际军事法庭条例中，条例为本协定的基本组成部分。

第三条　各签字国均应采取必要步骤，以对掌握在其手中而应交付国际军事法庭审判的首要战犯进行起诉理由的调查，并为审判做好准备。

第四条　在莫斯科宣言中所规定的，关于解送战犯至其犯下罪行所在地国家的决定，不受本协定影响。

第五条　联合国各成员国政府得以通过外交途径向联合王国政府递交声明参加本协定。

第六条　为审判战犯而设置在任何一个盟国领土上，或在德国的国家法庭，或者占领区法庭的权限和审判均不受本协定影响。

第七条　本协定在签字之日起，有效期一年。

对纳粹分子进行审判和惩处，已成为定势。

纽伦堡，德国著名的城市。

整个二战期间，纽伦堡成为纳粹的巢穴，自从有了德意志工人党时起，每年的年会都在这儿举行。

因此，希特勒得意地宣称：纽伦堡是帝国的党代会之城。

盟国恰恰选择了这一地点，作为对德国纳粹分子审判的地点。

历史，是公正的：曾经是纳粹党巢穴的纽伦堡，今日，成为清算纳粹分子罪行的审判台。

1945年11月20日，上午10时零3分。

庄严肃穆的欧洲国际军事法庭，在纽伦堡的正义宫开庭了。

20日的开庭时间不长。

就在鲁登科中将的开庭致词完毕后，庭长宣布了法庭的权利和审判程序。

根据国际军事法庭宪章规定，法庭有五项法权：

（一）为正式审讯传唤证人，要求证人出席并作证，向证人提出问题；

（二）对被告进行审问；

（三）要求提出文件或其他证明材料；

（四）要求证人宣誓；

（五）委托代表执行法庭所赋予的任务，包括根据委托而对证据进行调查。

法庭的审理，按照如下程序：

（一）宣读起诉；

（二）法庭询问每一个被告本人是否承认有罪，或否认有罪；

（三）起诉当局提出初步说明；

（四）法庭询问起诉当局和辩护方面，是否希望向法庭提供证据，并裁定任何证据的可接受性；

（五）听取起诉当局的作证，再次以后，听取辩护方面的作证，然后调查为法庭所接受而由起诉当局或辩护方面提出的反证；

（六）法庭可以在任何时候向证人和被告提出问题；

（七）起诉当局和辩护人应对任何作证的证人和被告严加诘问，并有权采取对证人和被告的盘问；

（八）然后由辩护方面发言；

（九）起诉当局在辩护人之后发言；

（十）被告作最后发言；

（十一）法庭宣布判决和刑罚。

第二天，继续开庭审判。

No.2 罪魁的结局

戈林，这位曾经是帝国第二号人物的纳粹，做梦也没有想到，几个月前希特勒把他投入监狱，几个月后，他又坐到欧洲军事法庭接受审判。

1946年9月30日。

戈林换上了他最好的衣服出席宣判仪式。

劳伦斯大法官庄严地宣判了对戈林的判决：

戈林是推动侵略战争的元凶之一，他经常、几乎一贯起了推动作用，而且紧随希特勒行事。所以，不存在任何减刑的可能。他既是政治的，也是军事的首脑。他是奴隶劳工计划负责人，也是制订在国内外镇压犹太人和其他种族计划的负责人。所有这些罪行他都已经供认不讳。他本人的证词足以证明他的罪行。这种种罪行是骇人听闻的，根据全部材料，对这样的人，根本不能宽宥。

被告赫尔曼·戈林，根据起诉书你被认为有罪的各项，国际军事法庭判处你绞刑！

10月15日夜晚，11点44分。

新换班的看守突然看到戈林情况不对：全身扭动紧缩，显然是吞服了剧毒药物。

戈林死去了。他确实吞服了氰化钾。

戈林由于"机灵"而免上绞刑架。

这样，纳粹党的"天才"外交家约翰·里宾特洛甫中了"头彩"，成了第一个走上绞刑架的纳粹战犯。当他听到自己和戈林一样，被判处绞刑时，一下子瘫了下去。

赫斯是一个谜，一个至今没有解开的谜。

1923年，在参加著名的"啤酒馆暴动"后，鲁道夫·赫斯与希特勒同时被抓，并一同关到兰茨贝格要塞服刑。

正是在那里，希特勒与他一起完成了《我的奋斗》。

可以毫不夸张的说，《我的奋斗》，是希特勒和赫斯两人共同努力的"结晶"。

依仗这层关系，赫斯成为希特勒的左膀右臂。

1939年，就在希特勒下令进攻波兰前几个小时，他宣布，赫斯是他离任后接替他的第二号继承人。

谜一样的人，做出了谜一样的事。

1941年5月10日晚上10时。英国苏格兰伊戈尔斯哈姆附近，随着一声巨响，睡梦中的村民被惊醒了。

村民们应声看到，一块高地上火光熊熊，还不时传来爆炸声。

原来，一架飞机坠毁了。

村民们在附近的树林中找到了一个正在搜寻罗盘的人。

这个人，正是纳粹党第三号人物赫斯。

这天下午，赫斯自己驾驶着一架梅塞施米特－110战斗机，从德国奥格斯堡起飞，飞往苏格兰。

消息传来，希特勒惊呆了，他搞不明白，赫斯为什么会出走英国，而且是在这个时候。希特勒立即召集所有纳粹首脑开会，以便想出一个能向德国和世界公布这件令人难堪的事情的办法。

到英国后的赫斯，大谈自己肩负重要使命。他说纳粹的一切行动都是英国造成的。如果英国让德国在欧洲自由行动，那么德国也就同意英国在英帝国内自由行动。否则，一个伟大的帝国———个我从来也不想毁灭甚至不想伤害的伟大帝国，将遭到毁灭。

由赫斯一人主讲的会谈一结束，英国就把赫斯当成战俘看守起来。

直到二战结束，英国才将赫斯放了出来——那是为了可以让纽伦堡军事法庭审判他。

赫斯最后被判处无期徒刑。但他为何飞英，至今还是一个难解的谜。

No.3 裁　决

1946年9月30日，长达248天的审判进入了高潮。这一天，纽伦堡军事法庭宣读了长达250页的判决书。

被告席上的人坐着听适用他们的四条起诉理由：共同策划或密谋发动侵略罪；破坏和平罪；战争罪；违反人道罪。摄影机在转动着，照相机在卡嚓卡嚓地响，荧光闪闪，映得被告席上的人们脸上出现死人般的青白色。

赫尔曼·戈林，是仅次于阿道夫·希特勒的发动侵略战争的推动力量。戈林创立了"盖世太保"的集中营，后来把他们交给了希姆莱。他签署了最残酷的反犹太人令。他指示希姆莱和海因里希在欧洲的德国势力范围内彻底解决犹太人问题。

法庭认为赫尔曼·戈林在所起诉的四条理由上的罪名都成立。被国际军事法庭判处死刑。

赫斯是纳粹集团的元老之一，地位仅仅次于希特勒和戈林。他还签署了使捷克和波兰解体的命令。赫斯在起诉理由的一、二条有罪，即密谋侵略和破坏和平罪。法庭判处其无期徒刑。

法庭认为，阿西姆·冯·里宾特洛甫的四项罪名全部成立。法庭判处其绞刑。

凯特尔"所犯罪行是如此骇人听闻，罪行是如此累累，即使对一个军人来说，执行上级命令也不能考虑减刑。"被宣布判处死刑。

卡尔登勃鲁纳被证明："他也曾经看到囚犯们被以不同的方式处死：绞死、射杀、毒气……"他被认为在起诉理由第三和第四条上有罪，被判处绞刑。

阿尔弗德雷·罗森堡"在西方攫取了21,903件艺术品"、"掠夺东部占领区的原材料"、"清洗占领区的犹太人"。四罪全部成立，被判处绞刑。

"汉斯·弗兰克的大部分罪恶计划是通过警察执行的。弗兰克在权限上同希姆莱有纠葛……希特勒在解决许多这些争执时都偏向希姆莱……有些罪恶的政策并不是由弗兰克首创的，这一点也可能是真实的。""但是，当他接任波兰总督时，弗兰克曾经说，'波兰要成为德意志帝国的奴隶'。""该被告在每一项血腥政策上都予以合作。当他接任波兰总督时，那里有250万波兰犹太人。当他离开时，只剩下10万了。"在起诉理由第三、第四条上有罪，被判处死刑。

尤利乌斯·施特赖歇尔"煽动谋杀和种族灭绝，很清楚，这构成了基于政治和种族原因的迫害……犯了违反人道罪，犯了第四条罪状。"法庭宣判其为绞刑。

瓦尔特·丰克"在他参与执行的各项计划中从来不是重要人物"，法官的话暗示可以减刑，尽管丰克被认为在三条罪状上都有罪，处以无期徒刑。

邓尼茨设立了他的德国潜舰可以在其所在的区域击沉任何可以望得见的东西，这显然违反伦敦公约中关于海战的规定。他还执行了"突击队命令"，并试图使用集中营中的劳工来建造船只。他在罪状第二和第三条上有罪。他的前任，身为海军总司令的雷德尔海军元帅，在罪状第一、第二和第三条上被判有罪，处以十年徒刑。

巴尔杜尔·冯·席拉赫，法庭认为他犯有第四条罪状，即违反人道罪。

绍克尔对奴役劳工计划负有全部责任，他曾在残酷和困苦不堪的条件下执行这一计划。"犯有罪状第三条和第四条，被判以死刑。

约德尔起草侵略战争计划罪和传达"突击队命令"以及"政委令"上犯下的罪行。法官说："他不能在所谓军人应不惜一切代价地予以服从的骗人鬼话的背后来掩盖自己。"约德尔在所有四条罪状上都有罪，被判处死刑。

康斯坦丁·冯·诺伊拉特是外交部长里宾特洛甫的前任，他曾经帮助纳粹上台，并在驻扎在捷克的党卫军送交给他的屠杀令上无精打采地签了字，法庭得出结论，四条罪状都成立。被判以十五年徒刑。

塞斯·英夸特作为德国在荷兰的最高统治者，杀死了6万名荷兰犹太人，他被宣布在四条罪状中犯有三条。被判处死刑。

"斯佩尔从事的种种活动并不等于是……筹划侵略战争。"在第一、第二条上无罪。至于对士兵和平民的暴行，"斯佩尔知道，当他对绍克尔提出要求时，这些需求将由强制服役的外国劳工来补充……他把集中营的劳工用于他自己控制的工业。"他在军事工业中使用苏联战俘，看来违反了《日内瓦公约》。法庭宣布："斯佩尔本人对于执行这一劳工计划并不负有直接的行政责任……他对绍克尔没有获得行政控制权……他与实施奴役劳工计划中出现的暴行没有直接关系……他冒着相当大的个人危险……反对希特勒的焦土政策。"斯佩尔在第三第四条罪状上有罪。但是奴役五百万外国劳工的主要责任落到了绍克尔的肩膀上。法庭判其20年徒刑。

马丁·鲍曼被缺席审判判处死刑。

至此，法庭的任务完成了，对战争罪行的审理结束了。

↓纽伦堡审判的现场。